DATE DUE

BRODART, CO.   Cat. No. 23-221-003

ADIOS, POETA...

colección andanzas

Libros de Jorge Edwards
en Tusquets Editores

JORGE EDWARDS
ADIOS, POETA...

TUSQUETS
EDITORES

1.ª edición: noviembre 1990
2.ª edición: enero 2000

Fotografías: 1, 2, 3, 5, 9, 10, 12, 19, 21: gentileza Fundación Pablo Neruda;
4: gentileza de la familia de Luis Oyarzún, 6, 14, 15, 18: proporcionadas por el
autor; 7, 11, 13, 17, 20: © Sara Facio; 16 © Inge Morath, Agencia Zardoya
/Magnum Photos

Diseño de la colección: Guillemot-Navares
Reservados todos los derechos de esta edición para
Tusquets Editores, S.A. - Cesare Cantù, 8 - 08023 Barcelona
ISBN: 84-7223-191-7
Depósito legal: B. 1.025-2000
Fotocomposición: Foinsa-Ptge. Gaiolà, 13-15, 08013 Barcelona
Impreso sobre papel Offset-F Crudo de Papelera del Leizarán, S.A.
Liberdúplex, S.L. - Constitución, 19 - 08014 Barcelona
Impreso en España

Indice

III

I

It was, I think, in the month of August...

Thomas de Quincey, *Samuel Taylor Coleridge*

Yo, a su edad, era igual de flaco que usted.
Pero era, además, extremadamente lúgubre.
Me vestía siempre de murciélago...

Pablo Neruda a Jorge Edwards
Adiós, Poeta...

El poeta del traje de gabardina

Creo que escuché pronunciar por primera vez la palabra «Neruda», bastante extraña antes de que uno se acostumbre a ella, en los patios del colegio de San Ignacio de Santiago de Chile, en el edificio antiguo, ahora demolido, de la calle Alonso de Ovalle. Esto debe de haber ocurrido allá por 1945 o 1946, cuando yo, antes de cumplir todavía los quince años de edad, me encontraba en el tercer año o cuarto de humanidades. En el país, desde luego, se conocía desde hacía tiempo, aun cuando era la de un autor todavía bastante joven, la poesía de Pablo Neruda, pero este conocimiento estaba muy lejos de ser fomentado en mi casa o en el colegio. En las estanterías de mi casa predominaba la literatura francesa o anglosajona, aparte de algún libro de historia de Chile o de algún ensayo conservador sobre nuestras instituciones políticas. Mis maestros jesuitas, por su lado, me habían obligado a aprender de memoria una traducción rimada de «El vaso roto», de Sully Prudhomme, impresionados, quizás, porque su autor había ganado el Premio Nobel, y solían declamar en clase, con voces trémulas, en medio de nuestras risotadas mal disimuladas, a Gabriel y Galán, a Núñez de Arce, a Quintana. Con eso consiguieron provocar en mí, y creo que en la mayoría de mis compañeros, una especie de saludable prejuicio en contra de toda delicuescencia poética. Nos tocó estudiar, sin embargo, el manual de técnica literaria del señor Eduardo Solar Correa, que había sido un crítico de buen gusto, y sus citas bien escogidas, en las explicaciones de métrica, me llevaron, primero, a la lectura de Quevedo, de San Juan de la Cruz, de Villamediana, de Rubén Darío, y poco después, al final de

11

mis trece o ya en el umbral de mis catorce años, me convirtieron en poeta secreto, incipiente y algo vergonzante.

La revelación nerudiana vino a producirse, pues, en un terreno que ya había sido parcialmente abonado, y el hecho de que no formara parte de las preferencias de mi familia o de mis preceptores sólo sirvió para darle más fuerza. Fue Raimundo Larraín, amigo y compañero de curso, el primero en pronunciar frente a mí ese nombre exótico, el primero en mi memoria, por lo menos. Raimundo, que más tarde se haría célebre como coreógrafo de los ballets del marqués de Cuevas, era, en esa época, un precursor en muchas cosas, un innovador inquieto, ocurrente, sorprendente, que entraba por una puerta, decía algo y, cuando alcanzábamos a reaccionar, ya había partido con sus invenciones a otra parte. Una tarde cualquiera, en el colegio, llegó y me preguntó si había oído hablar de Pablo Neruda. Yo no había oído una sola palabra, y si había oído, no había prestado la menor atención. «Es un poeta fantástico», declaró Raimundo: «¡Mira!», y se puso a recitar:

> Cuerpo de mujer, blancas colinas, muslos blancos,
> te pareces al mundo en tu actitud de entrega,
> mi cuerpo de labriego salvaje te socava
> y hace saltar al hijo del fondo de la tierra...

Fue una recitación exaltada, mágica, altamente erótica. Mi recuerdo sitúa la palabra «Neruda», tomada de un narrador checo de fines del siglo pasado, en los patios del fondo de ese colegio, junto a columnas de madera pintada de color marrón, y entre el rumor de los gritos y los pelotazos de los alumnos que se dedicaban al fútbol, deporte que las autoridades ignacianas fomentaban con singular entusiasmo.

Yo había pasado en el colegio, ya no sé cómo, al final de la prolongada convalecencia de una pleuresía, del grupo de los futbolistas a la minoría de estetas aristocratizantes que capitaneaba Raimundo Larraín. Más bien, Raimundo había resuelto, por sí y ante sí, que los futbolistas sudorosos, acezantes, mal hablados, de overoles desgarrados y manchados de tinta, no eran dignos compañeros míos, y que yo merecía formar parte, en gracia a méritos tan vagos como mi «sensibilidad», mi «inquietud», mi «finura», de esos *happy few* que ya manejaban nociones de filosofía y de arte, que se vestían con refinamiento —chaquetas de *tweed*, mocasines de gamuza que me llenaban de asombro—, y que contaban anécdotas de algún viaje que habían hecho con sus padres a Europa.

La entrada en ese grupo me abrió las puertas de dos lugares, dos espacios casi metafísicos, que pronto revelarían su importancia: la casa del arquitecto Sergio Larraín García Moreno, situada en el barrio de Providencia, a la orilla del canal San Carlos, en lo que era entonces el límite de la ciudad de Santiago hacia el oriente, hacia la cordillera de los Andes, y el balneario de Zapallar, en la costa central del país, unos ochenta kilómetros al norte del puerto de Valparaíso. Ese Zapallar de los años cuarenta era contradictoriamente wagneriano y nerudiano. Los jóvenes nos reuníamos en las noches en una terraza, debajo de las ramas fantasmagóricas de unos eucaliptos, a la luz de las estrellas o de la luna llena, en un ambiente de iniciados, para escuchar el *Parsifal* en discos rayados, tocados con agujas de cacto en una fonola vieja, versión, me dicen ahora, cantada por Lauritz Melchior y Kirsten Flagstad, y para oír en otros discos, editados por el emigrado español Arturo Soria y Espinosa con el sello de Cruz del Sur, partes de *Crepusculario*, el libro de adolescencia, o de *Alturas de Machu Picchu*, la obra más reciente y más sorprendente, más inspiradora, en la voz insólita, monótona, ritual, de ese mismo Neruda que Raimundo había detectado antes que nadie:

La mariposa volotea
y arde, con el sol,
a veces.

13

Mancha volante y llamarada
ahora se queda parada
sobre una hoja que la mece.

Me decían: No tienes nada.
No estás enfermo. Te parece.

Yo tampoco decía nada.
Y pasó la hora de las mieses...

moissons

Cito de memoria, y compruebo, al abrir mi primer tomo de las *Obras completas*, que la memoria todavía me acompaña, salvo que el último verso debe decir: «el tiempo de las mieses...».

En esa misma época, me tocó ver por primera vez al ídolo de nuestras noches rituales zapallarinas, el verdadero dueño de aquella voz tan extraña, en carne y hueso. Eramos un grupo de adolescentes que paseaba por los corredores de la casa del barrio de Providencia que he mencionado antes. Esa casa fue la primera donde encontré, entre muchas otras cosas, y en lugar de los *bibelots* franceses o de las piedras duras y los biombos japoneses de las mansiones de la burguesía santiaguina, dos o tres dibujos de Pablo Picasso, un óleo, encima de la chimenea, de Salvador Dalí, una edición del *Ulysses*, de James Joyce, ilustrada por Henri Matisse, y otra del *Finnegans Wake*, y discos de unos compositores que se llamaban Alban Berg, Bela Bartok, Arnold Schoenberg... Salíamos una noche de la sala de música, donde una de las niñas de la familia había interpretado el *Golliwog's cake walk*, de Claude Achille Debussy, y donde había, encima del negro lustroso del piano, un cuadro de Roberto Matta de colores oscuros —explosiones rojas, verdes, amarillas, en un túnel cósmico—, mientras las voces y las carcajadas de los mayores retumbaban adentro del salón, cuando se abrió la puerta, apareció el animado anfitrión, y dijo con ojillos vivaces, al divisarnos en la penumbra: «Niños, ¿quieren conocer a Pablo Neruda?».

Sus hijas, desde luego, sabían quién era Neruda, y qui-

14

zás estaban cansadas de verlo, y nosotros, los *happy few*, capitaneados en ese momento por el infaltable Raimundo, ya habíamos empezado a saber, pero ni siquiera habíamos soñado con la posibilidad de encontrarnos a boca de jarro con el Poeta en su envoltura carnal. El dueño de casa volvió a entrar y regresó a los pocos segundos en compañía de un hombre más bien gordo, más bien alto, muy mayor para nosotros, pero que todavía se encontraba en los años mejores de la cuarentena. Estaba vestido con un traje de gabardina de color verde botella, en los tiempos en que la gabardina todavía era una novedad rara, que llegaba de los Estados Unidos a precios prohibitivos, y calzaba zapatos de gamuza de color marrón oscuro, los mismos que usaban algunos de los miembros de mi grupo nuevo, y que yo observaba con una mezcla de envidia irresistible y desdén. Llevaba corbata, pero ahora no podría decir si era ya una de esas corbatas delgadas, largas, de bordes paralelos, que en años posteriores compraba o tenía que encargar a una exclusiva tienda de Roma.

El hombre del traje de gabardina verde botella, Pablo Neruda, nos dijo, con la voz que ya le conocíamos de memoria por los discos y con una cara impávida y amarillenta, de ojos chicos y que se fijaban en un punto cualquiera del espacio, que él, a la edad nuestra, había llegado recién de Temuco y estudiaba su bachillerato en un banco del Cementerio General, sentado debajo de unas grandes magnolias. «Yo era muy malo para las matemáticas», dijo. «Le tenía un miedo terrible al examen de matemáticas.» Nosotros, paralizados, embobados, lelos, no dijimos ni preguntamos nada. «*O mathématiques sévères...*», habría podido exclamar, «*je ne vous ai pas oubliées...*», pero todavía no sabía quién era el conde de Lautréamont, y lo ignoraba todo sobre la relación entre la poesía suya y la del personaje que teníamos frente a nuestras narices.

El Poeta, con su voz enterrada, entierrada, dijo alguna cosa más, y regresó a la bulliciosa y risueña compañía de los adultos. Nos pareció adivinar que el compositor Acario

Cotapos, redondo y rechoncho, con ojos desorbitados y picarescos, hacía una de sus gracias en el centro del salón, la imitación, quizás, de un elefante acróbata en un circo, un elefante que coloca un pie en un taburete y levanta el otro, en medio de un redoble de tambores... La puerta se cerró en forma brusca sobre esa reunión de mayores parlanchines, gritones, bromistas, y nosotros nos miramos, no hicimos, creo, el menor comentario, y reanudamos nuestros asuntos.

El final de los años cuarenta, los comienzos de la década del cincuenta, correspondieron al apogeo de una implacable guerrilla entre los poetas chilenos. La vida literaria del país estaba dividida entre los devotos nerudianos; los discípulos de Vicente Huidobro, el poeta de *Altazor* y el novelista de *Mío Cid Campeador*, de *La próxima*, de *Sátiro o el poder de las palabras*, entre muchos otros textos; y los compadres, parientes, amigos y amigotes de Pablo de Rokha, otro de los fundadores de nuestra vanguardia, autor de *Los gemidos*, de *Escritura de Raimundo Contreras*, del *Canto épico a las comidas y a las bebidas de Chile*. Circulaba en manoseadas copias a máquina un poema inédito de Neruda, impublicable de acuerdo con las normas de aquellos años, lleno de epítetos contra «el De Rokha», el Perico de los Palotes de algunos escritos posteriores, y en que Vicente Huidobro, el afrancesado, el decadente, el señorito, tragaba semen «en las valvas de la prostituta».

Se recordaba que Braulio Arenas, poeta y miembro destacado de las huestes huidobrianas, uno de los fundadores del grupo surrealista chileno de «La Mandrágora», había corrido por el pasillo central, durante un acto en el Salón de Honor de la Universidad de Chile en que el orador principal era Neruda, le había arrebatado el discurso de las manos, insultándolo a gritos, y después se había abierto camino hacia la salida a trompazo limpio.

Pablo de Rokha, en esos mismos años, publicaba su revista *Multitud*, que desde el título y el diseño gráfico —hojas de papel de diario, gruesos titulares en colores rojos y negros—, implicaba una toma de posiciones, una forma de marxismo-leninismo puro y duro, y dedicaba gran parte del espacio a combatir a Huidobro, encarnación del intelectualismo europeizante, del cosmopolitismo, y a Neruda, símbolo del comunista aburguesado, blando, complaciente. Ya preparaba la diatriba excéntrica, por momentos patética, interesante en algunos detalles, que publicaría poco después con el título de *Neruda y yo*.

Por su parte, Vicente Huidobro regresó a Chile al término de la segunda guerra mundial, donde se había enrolado en las fuerzas aliadas y llegado a presentarse en París, en los días que siguieron a la caída de Berlín, en posesión de un aparato viejo que exhibió ante la prensa, con la mayor seriedad, como el teléfono particular de Adolfo Hitler, botín que declaraba haber conquistado durante el asalto a la ciudad, y murió en 1948 en su propiedad de Cartagena, frente al mar de la costa central y a no demasiada distancia de los parajes nerudianos de Isla Negra.

Yo ya estaba en el último año del colegio de San Ignacio. Ya me había convertido en poeta incipiente, y era tan lector de Huidobro como de Neruda, pero todavía no había empezado a participar en ajetreos literarios. Después supe que dos de mis compañeros de generación, Enrique Lihn y Jorge Sanhueza, habían partido en tren a Cartagena, balneario venido a menos de nuestra costa central, y habían acompañado a Vicente Huidrobo hasta su tumba en un cementerio de pueblo. El homenaje de Lihn, que se convertiría al cabo de los años en antinerudiano recalcitrante, algo obsesivo, y de Sanhueza, que seguiría el camino exactamente inverso, no era casual. La gente de mi generación, recién salida de la adolescencia, se hallaba muy cerca de la vanguardia y del surrealismo. Adorábamos *Residencia en la tierra*, el gran libro de la primera madurez de Neruda; conocíamos casi todos sus poemas de memoria; jurábamos por

«Walking around», por la «Barcarola», por el «Tango del viudo» y teníamos, a la vez, una marcada desconfianza, o al menos una distancia, frente al tono retórico, épico, hugoniano, de muchos de los textos mayores de *Canto general*, el libro que Neruda estaba por terminar en aquel tiempo y que se anticipaba en revistas y en folletos más o menos clandestinos. Nos fascinaba una de las personas de Neruda, la del poeta hermético, misterioso, angustiado, sugerente, que se extendía entre «Galope muerto», el primero de los poemas de *Residencia en la tierra* («Como cenizas, como mares poblándose, / en la sumergida lentitud, en lo informe...»), y «Las furias y las penas», de *Tercera residencia*, y pronto, tres o cuatro años más tarde, nos tocaría convivir en el ambiente local con otra, fenómeno que no habíamos previsto y que constituiría más adelante una fuente de equívocos y hasta de conflictos serios.

A todo esto, los chistes y el anecdotario antinerudiano abundaban en el Santiago literario de aquellos años, amplificados, seguramente, sin que nosotros nos diéramos cuenta, por la hostilidad del gobierno de Gabriel González Videla, a quien Neruda había ayudado a llevar al poder, puesto que había sido jefe de su campaña electoral en 1946, y a quien después, en 1947, privado de su fuero de senador y exiliado, fustigaba desde Europa con tonos parecidos a los de Victor Hugo en Guernesey, el de los ataques a Napoleón el Pequeño. «Pablo Neruda es igual de tonto que los escritores criollistas», contaban que decía Vicente Huidobro: «Va al campo y ve las mismas cosas que ven ellos. Ve, por ejemplo, que las vacas rumian y que los bueyes se mueren. Pero él, más astuto, les pone aceitito vanguardista. En lugar de escribir: "el buey se muere", como escribiría un Luis Durand o un Mariano Latorre [los novelistas mayores de aquellos años, cuyo regionalismo ya estaba gastado y desacreditado], escribe: "la muerte llega a la lengua del buey"...»

Dediqué muchas horas a conversaciones que no dejaban de ser instructivas, a pesar de su ociosidad esencial, en el cuadrilátero formado por La Bahía, el São Paulo, el Café

Bosco y el Iris, cuadrilátero que limitaba al norte con la Plaza de Armas y al sur con la Alameda, entre la iglesia de San Francisco y la Plaza Bulnes, es decir, el corazón del Santiago de entonces, con los escritores que empezaban a aparecer y con algunos personajes que ya estaban consagrados en nuestro mundillo: el poeta Teófilo Cid, otro de los surrealistas de «La Mandrágora», que había sido funcionario del Ministerio de Relaciones Exteriores, pero que se había convertido en un desdentado y desharrapado parroquiano de los boliches más miserables de Santiago, un «maldito» al estilo chileno; Helio Rodríguez, hombre sociable y amable, corrector de pruebas en la Editorial Zig-Zag, que todos conocíamos como «el Tigre Mundano»; el poeta Eduardo Molina, uno de nuestros afrancesados mapochinos, que nunca había publicado un verso; Eduardo Anguita, que sí era poeta de calidad notable, de inspiración religiosa, además de buen cuentista y ensayista; Luis Oyarzún Peña, uno de los maestros de aquel tiempo, hombre de ideas y de humor, conversador, profesor, escritor de calidad. Recuerdo divagaciones nocturnas, al filo de la embriaguez, alrededor de una botella de vino áspero, una panera, un recipiente de greda lleno de pebre, en el recinto lóbrego, meado de gatos, del Club de los Hijos de Tarapacá, en los altos del Café Bosco. Yo vivía a tres o cuatro cuadras de distancia de ese café, en la vereda de enfrente de la que entonces todavía llamaban «Alameda de las Delicias», hoy Alameda del Libertador Bernardo O'Higgins. Ya era alumno de la Escuela de Leyes, pero el estudio y las horas de sueño resultaban invariablemente postergados para hacer chistes e invenciones librescas, o para hablar de Kafka, o de Jorge Luis Borges, o de Antonin Artaud o de narradores fantásticos al estilo de Aloysius Bertrand o de Marcel Schwob, o para escuchar interminables anécdotas sobre Alberto Rojas Jiménez, el amigo que «viene volando» después de su muerte en la célebre elegía de Neruda, sobre Jorge Cáceres, poeta y bailarín, o sobre Joaquín Cifuentes Sepúlveda, que cumplía con el extraño rito de saltar por encima de los ataúdes de sus amigos recién muertos. Se deslizaba la noche en medio de minucias más o menos divertidas y se postergaba todo, incluyendo en ese todo, desde luego, el momento de iniciar la propia obra.

En la bohemia de ese tiempo y de esos lugares, conocí a otro personaje pintoresco, demasiado cínico y demasiado refinado, a su modo, para tomar en serio esos cenáculos de pan con pebre, dotado de una evidente sensibilidad literaria malgastada en un periodismo amarillo, de ribetes canallescos, y que inesperadamente iba a servirme de introductor en los círculos nerudianos. Mario Rivas González había viajado y conocido el mundo en su juventud en compañía de su padre, Manuel Ramón Rivas Vicuña, político y diplomático destacado en las décadas del veinte y del treinta. Su conversación era fascinante para mí debido a su conocimiento del mundo, de la Europa de entre las dos guerras, de Turquía en los finales del Imperio Otomano, pero también, y sobre todo, porque era un formidable memorialista e historiador privado de esa clase chilena provinciana y a la vez extravagante, divertida, un poco delirante, de la que salían nuestras familias.

Mario Rivas era un verdadero desollador, un humorista obsceno, un gacetillero que conservaba restos, atisbos remotos, del talento de un François Rabelais o de un Francisco de Quevedo. Vivía cerca de mi casa, en un pequeño departamento de la calle Mac Iver, en un ambiente de gente de teatro, periodistas noctámbulos, escritores sin obra, guardaespaldas, y, después de una tarde dedicada a aporrear a toda prisa su máquina de escribir para llenar su extensa columna «Donde va Vicente, va la gente», del diario *Las noticias gráficas*, empataba las horas de la noche conversando con sus ocasionales visitas y bebiendo vino. Se decía que conseguía anuncios para su página por medio del chantaje, amenazando a señores de buena posición con publicar alguna aventura galante o algún escándalo que él había podido detectar. De ahí su infaltable bastón, que adentro, decían, escondía un afilado estoque, y de ahí sus fornidos guardaespaldas, pero eso, a los jóvenes poetas, escritores, gente de teatro, que lo visitábamos, no nos inquietaba excesivamente. Veíamos a Mario como una suerte de Robin Hood del periodismo incrustado en la selva santiaguina de entonces, que despojaba a los ricos abusadores para desplegar su generosidad entre noctámbulos y artistas de poca fortuna, y es posible que esa piadosa visión no fuera del todo inexacta.

En ese tiempo, o quizás un poco más tarde, conocí a Pablo de Rokha, otro de los personajes literarios importantes del Santiago de aquella época. Llegué, ya no recuerdo cómo, quizás para entregarle un ejemplar de mi libro, a la casa de Juan de Luigi, ensayista y crítico destacado en la prensa de izquierda, y mi visita coincidió con la presencia, habitual, según entendí, del poeta de *Escritura de Raimundo Contreras*. El león rokhiano, menos fiero de lo que lo pintaban, se ejercitó, para variar, en su obsesiva crítica contra Neruda. Juan de Luigi sostenía que Neruda era d'annunziano y que tenía una manía de construir casas y de coleccionar objetos, de fabricarse un escenario, parecida a la de Gabriel D'Annunzio, otro poeta que había dedicado no menos esfuerzos a la elaboración de su personaje que a la de su obra poética. De Rokha, por su parte, atacaba el coleccionismo de Neruda, aunque sin la ferocidad que uno habría podido imaginarse, como si Juan de Luigi, con su formación europea, le impusiera una especie de respeto intelectual y de recato. De Luigi hacía un distingo interesante: comprendía que el hombre de los «Tres cantos materiales», del capítulo de *Canto general* titulado «El Gran Océano», reuniera en sus casas caracolas marinas, mariposas disecadas, veleros dentro de botellas, dientes de cachalote labrados y mascarones de proa. Le parecía ridículo, en cambio, que persiguiera por cielo y tierra ediciones de bibliófilo. Eso estaba bien, a su juicio, para el refinado y decadente D'Annunzio; no para el sudamericano visceral, dotado de un sentido especial de la naturaleza, pero declaradamente indiferente al saber libresco.

En aquellos años ya habían empezado a circular los

21

buses pequeños y más rápidos, que los santiaguinos bautizaron de inmediato con el nombre de «liebres». Después de la tertulia con De Luigi, entramos a uno de esos vehículos, Pablo de Rokha y yo, para emprender lo que se veía entonces como un largo viaje desde el oriente precordillerano hasta el centro de la ciudad. El viejo bardo, que había mantenido una actitud reservada, casi domesticada, frente al crítico, pareció recuperar ahora su genio propio. «A este lado de la trinchera», me dijo, con gesto agrio, cansado, mientras la liebre daba barquinazos por la avenida Irarrázaval, «estoy yo, illeno de piojos!, y al otro lado están los maricones, Vicente Huidobro y Pablo Neruda...» Así habló, en términos precisos de guerra o de guerrilla, el que años más tarde definiría su propia voz lírica como la del «macho anciano», y el que terminaría con sus días de un pistoletazo, en los inicios de la década de los setenta. Era un poeta auténtico, personal, de un tono inconfundible, pero rendía excesivo tributo a cierta retórica tremendista, a un americanismo y un populismo que empezaban ya, en los años cincuenta, a sonar repetidos, trasnochados. La obsesión contra Huidobro y Neruda, que al final se concentró en el solo Neruda, *Neruda y yo*, resultaba amarga y a la vez triste, autocorrosiva.

La llegada a Los Guindos

Miro esos años con la perspectiva de ahora y llego a la conclusión de que fui, de que conseguí ser, felizmente, un bohemio más bien controlado, un bebedor excesivo, pero que se mantuvo lejos del alcoholismo, y que no prolongaba las cosas hasta esos amaneceres en los que un toque de «pichicata» salía al rescate de los náufragos del Café Bosco, o del todavía más peligroso y sórdido Café Iris. Continuaba con mis estudios de leyes, sin entusiasmo alguno, desde luego, pero con un mínimo de disciplina, y encontraba espacios en el día, sobre todo en la segunda hora de la mañana, la del curso de derecho procesal de don Ramiro Méndez Brañas, para escribir mis primeros cuentos, ya que había pasado de un modo natural, sin mayor conciencia del asunto, de la poesía a la prosa. En la mitad de 1952, es decir, en el cuarto año de Leyes, reuní los ocho cuentos que me parecían mejores, unificados alrededor del tema de la infancia y de la adolescencia, y los publiqué con el título de *El patio*. Fue una edición privada, de quinientos ejemplares, hecha en la imprenta casera del hermano de Arturo Soria, Carmelo, que veintitantos años después, en los terribles primeros tiempos de la represión pinochetista, moriría asesinado.

Después de repartir ese libro a los suscriptores de la edición, que habían contribuido a financiarla, a la familia y a los amigos, a la crítica, puse cuatro ejemplares en el correo, como quien lanza una botella al mar, para tres de los escritores de la lengua que más admiraba y para el gran crítico chileno de esos años: Gabriela Mistral, que se encontraba de cónsul en Nápoles, y Hernán Díaz Arrieta, más conoci-

23

do por su seudónimo de Alone, que se hospedaba en su casa; Jorge Luis Borges, leído entonces por una ínfima minoría, y que era alcanzable en la dirección bonaerense de la revista *Sur*, y Pablo Neruda, que acababa de regresar de su famoso exilio en esos meses finales del régimen de Gabriel González Videla, y cuya dirección del barrio de Los Guindos había encontrado de la manera más simple: consultando la letra N en la guía de teléfonos.

Pasaron dos o tres meses, quizás más, sin que sucediera nada, hasta que un día me encontré con Mario Rivas González en los parajes de la Alameda esquina de Mac Iver, esos espacios equidistantes del Café Bosco y de mi caserón de la casi esquina de Carmen, y me informó, con la formalidad humorística que lo caracterizaba, resabio de otros tiempos, deteniéndose en la vereda, juntando las piernas, accionando con el grueso y reluciente bastón defensivo: «Pablo Neruda me preguntó por ti. Me pidió que te llevara a su casa uno de estos días». Eso fue todo, y ahora sólo puedo imaginar mi asombro, mi nerviosismo reprimido. El silencio y el olvido habrían sido mucho más cómodos, pero el caso demostraba que el correo podía funcionar como una maquinaria comprometedora y perturbadora. Partimos, pues, «uno de estos días», como había dicho Mario, a Los Guindos: un día de la primavera del año de gracia de 1952, posiblemente un domingo de octubre o de noviembre.

Yo no conocía, en la ingenuidad de mis veintiún años, los usos y los estilos de la comunidad literaria, y menos los de sus vertientes de izquierda, y esto se reflejó, antes que nada, en la elección de la vestimenta para ir a Los Guindos: me puse cuello y corbata, y un traje de lino blanco, impecable, recién mandado hacer, que era mi orgullo, mi carta de éxito mundano, y sobre todo galante, en aquellos días de mi recién adquirida mayoría de edad.

Ahora, evocando la escena retrospectivamente, y después de haber conocido durante largo tiempo al personaje, me parece que Pablo Neruda se divirtió para sus adentros frente a mi dandysmo un poco despistado y juvenil, dandysmo que hacía juego de alguna manera con la figura de mi introductor en esa casa: un pije desclasado, venido a menos, relegado a una dudosa zona marginal de la sociedad chilena de aquel tiempo, acompañado de un pije joven, que todavía lo tenía todo por aprender, y que se mostraba, sin embargo, contra viento y marea, temerariamente dispuesto a seguir el escabroso camino de la literatura.

«Ser escritor en Chile», me dijo de entrada, «y llamarse Edwards, es una cosa muy difícil.» La frase, en aquel momento, me pareció un tanto enigmática, y no le di, por lo demás, la menor importancia. El aludía a ese carácter de símbolo de poder económico que tiene el apellido entre nosotros, un símbolo que empezó a fraguarse a mediados del siglo pasado en la rama rica de la familia, la que desciende de Agustín Edwards Ossandón, hermano de mi bisabuelo e hijo del primer Edwards llegado a Chile, y que proyecta una sombra entre áurea y problemática sobre todo el resto de la parentela, cualquiera que sea su situación de fortuna, ricos más o menos antiguos, pobres o nuevos pobres. «*C'est comme s'appeler Rotschild*», descubrí que explicaba Neruda, después de haber hecho la presentación mía, en París, muchísimos años más tarde, a un grupo de franceses, en forma perfectamente innecesaria y no sé si con un punto de satisfacción secreta.

Cuando me lo dijo aquella vez, en la antesala de la casa de Los Guindos, yo no sabía que era amigo de larga data de Joaquín Edwards Bello, escritor que sí pertenece a mi rama, que tiene un lugar sólido en la literatura chilena de este siglo, y que fue mi verdadero precursor en la tarea, más difícil, en realidad, de lo que yo suponía entonces, de llamarse Edwards en Chile y ser al mismo tiempo, en lugar de banquero o abogado, escritor de ficciones y cronicones.

Neruda dijo, en seguida, que había estado leyendo mi libro, y agregó: «Usted escribe con una tranquilidad que me ha llamado la atención. Una tranquilidad muy curiosa...». Entendí que el Poeta se refería al tono distanciado, irónico, antitruculento, poco frecuente en aquellos años en Chile y que era propio de los relatos de *El patio*, pero no estuve seguro, quizás, precisamente, por inseguridad, de que la afirmación constituyera un elogio. «Quizás», me dije, y sentí que la perplejidad provocada por la frase sobre el apellido Edwards se agregaba a esta otra.

Recuerdo con toda nitidez la impresión que sentí al entrar en compañía de su dueño a la biblioteca de la casa. Mi generación era lectora y discursiva, literaria hasta el tuétano, filosofante, proclive a la pedantería. Muchos de mis amigos, émulos del «frenético libresco» de una de sus páginas célebres, sentían una clara desconfianza frente al vitalismo nerudiano y a su condición de poeta social, poeta tribuno. Yo le había escuchado a Ricardo Benavides, aspirante a profesor de literatura y persona mucho más avezada que yo en estas delicadas materias, que Neruda era un hombre puramente instintivo, sin ninguna cultura, un genio en estado vegetal, como murmuraban algunos, o un gran mal poeta, como había dicho Juan Ramón Jiménez, y que en su casa no tenía más que ediciones de sus propias obras. El joven Ricardo Benavides sostenía esto con gran énfasis, ante la sorpresa de Gastón Rudoff, entonces estudiante de filosofía, y mía, durante unas reuniones de madrugada, en horarios heroicos, que destinábamos a elaborar una minuciosa traducción en verso del *Don Juan* de Lord Byron. Ya no sé cómo se nos había ocurrido planear esas reuniones, ni por qué el *Don Juan*, pero el hecho es que las críticas de Benavides, más precoz y más enterado que nosotros, eran similares a las de Juan de Luigi y a las de los círculos huidobrianos.

Pues bien, me acordaba de esas apasionadas afirmaciones al entrar, en compañía del Poeta, cuya voz había conocido deformada por las rayaduras del disco y por las agujas de cacto, a una habitación amplia y alta, equivalente a dos pisos de una casa normal, donde los libros llegaban hasta el techo, libros de todos los autores imaginables, y donde se les podía pasar revista a lo largo de un pasillo lateral situado a media altura. Junto al escritorio, de gruesa madera clara y que parecía haberse mantenido en bruto, sin barnizar, había algunas fotografías célebres: Edgar Allan Poe, Walt Whitman, Charles Baudelaire en la versión de Carjat. Después, a lo largo de los años, se agregaron otras, un Arthur Rimbaud, un Maiakovski, pero las que recuerdo en mi primera visita son aquellas tres, y recuerdo el efecto que me produjo la mirada sombría, devastada, ojerosa, del poeta de *Las flores del mal,* una de cuyas ediciones originales, con páginas arrancadas para eludir la censura, figuraba en aquellas estanterías. Neruda, recién llegado de su exilio, ya había publicado el *Canto general* y estaba en la etapa, estalinista sin ninguna duda, de *Las uvas y el viento.* Había renegado abiertamente, hacía no mucho tiempo, de *Residencia en la tierra,* la poesía que había escrito desde sus veintiún años, en el Santiago de 1925, hasta la víspera de la guerra civil española, diez años más tarde, años en los que había pasado por el Extremo Oriente, Buenos Aires, Barcelona y Madrid. Había dicho, con otras palabras, que *Residencia,* el libro que deslumbraba a mi generación, representó en la juventud suya un período demasiado amargo, oscuro, angustioso, que al final sólo le presentó dos alternativas: la autodestrucción, el suicidio, o la salida a la salud mental y moral, que sólo podía consistir en una salida de la soledad a la solidaridad.

La mirada maldita de Charles Baudelaire revelaba que la atmósfera de *Residencia,* a pesar del acento épico de *Canto general,* a pesar de *Las uvas y el viento,* a pesar de los actos de contrición del propio autor, no había abandonado por completo y en forma definitiva esa casa. Creo que me sentí, en el fondo, aliviado por esa comprobación, mientras miraba los viejos volúmenes de poesía de Quevedo y de Góngora, una suntuosa edición de Molière destinada a la biblioteca del Señor Delfín de Francia, los dibujos hechos en la dedicatoria del *Romancero gitano* por Federico García Lorca, las ediciones originales de Poe, de Baudelaire, de Walt Whitman, de Marcel Proust, y la colección de caracolas marinas, instalada en una sala anexa, a la que se llegaba después de abandonar el sector de los libracos de navegaciones y de ciencias naturales.

Después de recorrer aquellos interiores, donde el recogimiento de los libros, de las miradas de los poetas del pasado, se unía al de la madera de los «Cantos materiales», madera natural, sin afeites, y al de las caracolas silenciosas, con sus nombres latinos colocados en pequeñas etiquetas, salimos al jardín de la casa. Los amigos estaban reunidos alrededor de una mesa rústica, debajo de un parrón, y Neruda me presentó de la siguiente manera: «Miren, ustedes... Este es el escritor más joven de Chile. Y el más flaco...». Después agregaría que él, a mi edad, era igual de flaco que yo, pero, además, «extremadamente lúgubre», y que se vestía «de murciélago», con sombreros de alas anchas y con las grandes capas de obrero ferroviario que desechaba su padre. Al final de esa visita insistiría en llevarme a su dormitorio y mostrarme las fotografías de su juventud, las de los años de *Crepusculario* y de su llegada a Santiago, que habían sido hechas en tonos sepia o de oro viejo por Georges Sauré, uno de los clásicos de la fotografía chilena.

Nada más diferente de los comedores afrancesados del Chile de aquellos años que la mesa nerudiana del jardín, con su madera gruesa y tosca, su despliegue de verduras de todos colores, sus jarras panzudas de vino pipeño, de tinto con frutillas, de duraznos en vino blanco. Había habas tiernas, cebollines de largos tallos verdes, cebollas picadas, tomates, escudillas de greda negra de Quinchamalí rebosantes de pebre (aceite con hierbas, cebollas y ajos picados, diferentes ajíes), grandes vasos acanalados de color verde oscuro que se llamaban, como aprendí en ese momento, «potrillos», y que eran necesarios de necesidad absoluta para beber esos vinos. Ahora pienso que algunas escuelas de la pintura chilena —la de Nemesio Antúnez, desde luego—, salieron de esas formas y de esos cromatismos, que el Poeta había traído de sus tierras del sur de Chile, pero también del Oriente, de España, y sobre todo de los mercados populares mexicanos, que nunca dejó de calificar con el adjetivo de «maravillosos». La Hormiga, Delia del Carril, esposa suya desde los años de Madrid y de la guerra, paseaba entre los amigos con un aire discreto, amable, diciendo alguna cosa a alguien, dando algún recado, haciendo alguna broma suave, casi maternal. De pronto se ponía muy seria y escuchaba con suma atención, con su rostro de medallón antiguo, enmarcado por cabellos enteramente blancos. O arremetía con furia a favor de algo o en contra de algo. Porque había en la Hormiga, por lo menos en la que conocí en Los Guindos a fines de 1952, una mezcla de mundanidad discreta, de buen tono, y de evidente pasión política. En alguna ocasión, en los meses y años que siguieron, me reprochó severamente, en su tono siempre bondadoso, de abuela cariñosa (era alrededor de veinte años mayor que el Poeta), el que mis amigos y yo fuéramos unos desordenados, unos revoltosos, unos «jóvenes anarquistas». Así, concretamente, nos calificó, aun cuando no hablaba de una militancia, sino de una actitud, un estilo. Pero esa reacción suya se produjo en un contexto preciso que intentaré describir más adelante. En ese primer encuentro recuerdo su deambular entre amable y distraído, a veces atento y a veces difuso, con ingresos súbitos al primer plano, seguidos de vagas desapariciones.

La atmósfera que dominaba en la casa de Los Guindos, por lo menos la atmósfera más visible, era de distensión, de soltura, de informalidad, de cierta sencillez deliberada. Se prodigaban las expresiones humorísticas, y un conjunto de juegos y chistes que parecían, ahora tengo que admitirlo, más o menos conocidos y repetidos. Las comidas no eran con asientos fijos ni se producían a horas demasiado regulares. Alguien partía de repente a comprar menestras o licores al almacén de la esquina. Los amigos, de brazos arremangados, intervenían en la cocina, y el dueño de casa, si estaba de humor, se reservaba el rol de *barman* y hacía combinaciones misteriosas en algún recipiente profundo. Entre esos amigos me acuerdo de Rubén Azócar, hombre de baja estatura, grueso, cara ancha y pelo retinto, autor de una novela interesante sobre Chiloé, su tierra natal, *Gente en la Isla*, y profesor de castellano, especialista en *La Araucana*, el poema épico de don Alonso de Ercilla, de Tomás Lago, que en su juventud había escrito un libro en colaboración con Neruda, *Anillos*, y que había desarrollado un curioso mimetismo con los movimientos, con el tono de voz y hasta con la manera de conversar del Poeta; de Orlando Oyarzún y Manuel Solimano, amigos de su juventud, dos hombres vigorosos, corpulentos, que hablaban con voces bien timbradas, un poco enfáticas, como si estuvieran conscientes de la teatralidad del escenario, y que siempre parecían dispuestos a realizar alguna hazaña gastronómica; del costarricense Joaquín Gutiérrez, que era la encarnación del escritor comunista de aquellos años, vale decir, el perfecto estalinista, casado con una hija del editor Carlos George Nascimento, que trabajaba en la editorial de su suegro y escribía en *El Siglo*, y del poeta Angel Cruchaga Santa María, diabético, de rostro intensamente rojo y pelo blanco, casado con Albertina Azócar, uno de los amores de juventud de Neruda, inspiradora, entre otras musas estudiantiles, de los *Veinte poemas de amor*. Poco antes de ese encuentro, Angel Cruchaga había escrito una crónica elogiosa sobre *El patio*, mi primer libro, en el diario *La Discusión*, de Chillán. En mis visitas siguientes a Los Guindos, Angel me asombraría porque, después de tomarse dos copas de vino tinto, se ponía rojo como una brasa y pronunciaba unos discursos exaltados, líricos, pero de contenido absolutamente vago, gaseoso, que todos escuchaban con una especie de condescendencia. A pesar de eso, había escrito poemas de notable calidad, y Jorge Luis Borges, muchísimos años más tarde, en su departamento bonaerense de la calle Maipú, me dejó estupefacto al recitar uno de esos poemas de corrido.

Son los primeros rostros de la casa de Los Guindos que me vienen a la memoria. Mi recuerdo de esa visita con Mario Rivas, en la primavera de 1952, es el de que los amigos actuaban en forma ruidosa, ostentosa, altamente visible, mientras las mujeres colaboraban en las tareas domésticas o tendían a formar grupos separados. Colocadas en la sombra, en un segundo plano discreto, conversaban en voz baja, y miraban a los hombres con una mezcla de paciencia y de indiferencia, sin excesiva curiosidad. La única que mostraba, en verdad, una personalidad más acusada y más independiente, a pesar de su modo distraído, era la Hormiga. Más adelante conocería en los círculos nerudianos a mujeres fuertes, originales, que actuaban con autonomía y con fantasía, especie humana que abundaba, por lo demás, en el Chile de esos años, pero no recuerdo haber encontrado a personajes así en ese primer día. Pablo Neruda hablaba y bromeaba. Mario Rivas, de acuerdo con su costumbre, parloteaba hasta por los codos, provocando reacciones de incredulidad, escándalo, risa, y trataba a medio mundo, cosa que me sorprendió mucho en ese ambiente, de «roto». Rubén Azócar, acompañado quizás por Orlando Oyarzún y por Solimano, se iba a un lado del jardín y se ponía a jugar a la rayuela, juego que consiste en Chile en tirar desde una distancia determinada un «tejo», un cilindro metálico, sobre una lienza estirada encima de una caja con arena. A mí me asombró descubrir que los compañeros más cercanos del gran poeta de la lengua se entretuvieran de ese modo tan rudimentario, tan infantil. ¡Qué habrían dicho mis amigos filósofos, intelectuales, discursivos, fanáticos de Martin Heidegger, de Rainer Maria Rilke, de Jorge Luis Borges y Franz Kafka! La desconfianza frente al saber abstracto, el anticosmopolitismo, constituían todo un programa en el Neruda que conocí en esa época. El Poeta observó desde el principio, desde ese encuentro inicial, que nosotros, la gente de mi tiempo y yo, formábamos una generación más intelectualista, más lectora, que sentía curiosidad por todo y que, según su conclusión irónica, «lo sabía todo». Más tarde nos tocaría conocer las cartas al escritor argentino Héctor Eandi, enviadas en su juventud desde el Extremo Oriente, y quedaría demostrado que esa conclusión implicaba, además de una ironía, una crítica. «Tengo hasta cierto desprecio por la cultura, como interpretación de las cosas», escribía desde Colombo, Ceylán, el 24 de abril de 1929. «Me parece mejor un conocimiento sin antecedentes, una absorción física del mundo, a pesar y en contra de nosotros. La historia, los problemas "del conocimiento", como los llaman, me parecen despojados de dimensión, ¿cuántos de ellos llenarían el vacío? Cada vez veo menos ideas en torno mío, y más cuerpos, sol y sudor. Estoy fatigado...»

Esa actitud antiintelectual, que mantuvo toda su vida, que no cambió con los cambios políticos que veremos más adelante, llegaba a extremos que en verdad, «intelectualistas» como éramos, nos costaba mucho tragar. A Luis Oyarzún, una de las personas que más influía en nosotros por su ingenio extraordinario, inimitable, y por su cultura filosófica y literaria, le había dicho que la única filosofía que valía era la de que los obreros tuvieran un buen bistec y un sólido par de zapatos. Lucho comentaba la frase con una risa entre escandalizada y burlona. Yo leía, sin embargo, la carta de Colombo y, de todos modos, la fascinación inicial, la que me había provocado «Entrada en la madera», por ejemplo, con su adoración religiosa de la materia, su «absorción física del mundo», y con la epifanía de los versos finales («y hagamos fuego, y silencio, y sonido, / y ardamos, y callemos, y campanas»), se reanudaba en toda su fuerza, en todo su deslumbramiento.

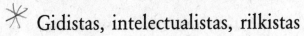

intelectualismo α comunismo y Stalín

> «Qué hicisteis vosotros,
> gidistas, intelectualistas, rilkistas...»
>
> *Canto general*

Ya lo dije. Yo era intelectualista y era rilkista, y todavía no era gideano o gidista por la sencilla razón de que aún no había leído las obras de André Gide, con la excepción de *Alimentos terrestres* y de la *Sinfonía pastoral,* que más bien me habían aburrido, y de la obra de teatro *Edipo,* que había visto en Santiago en la versión de Jean-Louis Barrault, y donde la combinación del texto literario y de la interpretación —*«Jailli de l'inconnu; plus de passé, plus de modèle...»—,* me habían encantado, me habían dejado durante una hora completa boquiabierto.

En ese acercamiento de 1952 había, por lo tanto, un malentendido, mejor dicho, una ambigüedad esencial, puesto que yo admiraba al autor de *Residencia en la tierra,* ligado a esa manera de ser «extremadamente lúgubre» de sus años juveniles, pero el Poeta de Los Guindos había abandonado esa etapa en forma enteramente explícita, uniendo a conciencia, como diría en «Reunión bajo las nuevas banderas», poema cuyo título ya era todo un manifiesto, sus «pasos de lobo / a los pasos del hombre». El poeta de la tristeza se había transformado en el de la alegría; el de las sombras, el de las «alas negras del mar», en el de los colores vivos y populares, desplegados en su propia mesa; el del ensimismamiento, que veía el mundo con la visión de «un párpado atrozmente levantado a la fuerza», en el de la voz colectiva. Ese poeta ya no se encontraba con él mismo

33

en todas partes, no era el personaje único de su escritura, como sucedía con sus viejos colegas del simbolismo y del romanticismo. Había descubierto, por el contrario, la existencia de los otros, y se había retirado del primer plano, como el «hombre invisible» de la primera de las *Odas elementales*, oda que aparecería en *Pro Arte*, la revista que dirigía el activo y benévolo Enrique Bello, hombre más cercano a la generación de Neruda que a la mía, y cercano, también, al Partido Comunista, en el mes de noviembre de ese mismo año de 1952. El joven melancólico de *Crepusculario*, tan delgado como yo a mis veinte años, el hombre de la angustia existencial de *Residencia en la tierra*, se había propuesto como tarea adquirir las dimensiones, el espesor carnal y tangible, propios de un poeta realista, cosa en la que encontraba, no sin motivos, una relación con el universo literario de Rabelais y de Victor Hugo. La desaparición psicológica del «hombre invisible» coincidía, pues, con su crecimiento físico. Rafael Alberti y él, al final de la guerra española, en el París de vísperas de la segunda guerra mundial, medían sus grosores respectivos contra la hilera de libros de una biblioteca privada, en una casa de las cercanías de la catedral de Notre Dame. «¡Yo llego hasta *Los trabajadores del mar*!», exclamaba uno, y el otro alcanzaba hasta unos centímetros más lejos, hasta rozarse con el formidable *Gargantúa*.

A pesar de esa adhesión tan rotunda y tan entusiasta a las teorías estéticas de su partido, la casa del Poeta, su biblioteca, sus conversaciones privadas, su sentido del humor, eran reveladores. Al hombre, a pesar de sus propios excesos, no se lo podía confinar en los límites estrechos de un dogma. Hacerlo era practicar un reduccionismo abusivo. Su rechazo de *Residencia en la tierra* había sido una decisión intelectual libre, además de un homenaje a la teoría, pero había indicios variados, coherentes, insistentes, que demostraban que continuaba vinculado con la vanguardia, sumergido, por contradictorio que esto fuera, en la poesía de «Barcarola», de «Melancolía en las familias», de «El fantasma del

34

buque de carga». La lógica formal, por lo demás, el respeto de los principios de identidad y de contradicción, estaban bastante lejos de ser sus preocupaciones más importantes.

Esa intuición mía de su contradicción fue más fuerte al conocer, a fines del 52 o en pleno verano del 53, su casa de Isla Negra. Ahí se notaba la unidad entre los numerosos poemas del mar de *Residencia*, el libro «repudiado», y los de «El Gran Océano», penúltima sección de *Canto general*, la obra maestra del Neruda nuevo. La mirada de un poeta casi religioso, primitivo, mirada que por momentos me hacía pensar en un anfibio prehistórico, ordenaba el ambiente de esa casa de un modo que recordaba a Edgar Poe, a Herman Melville, a cierto Victor Hugo, al Julio Verne del capitán Nemo y del *Nautilus*, esa embarcación que penetraba con música de órgano en el silencio de las profundidades submarinas.

Margarita Aguirre me había propuesto viajar desde Viña del Mar, donde nos encontramos por casualidad, hasta Isla Negra. Había conseguido que un amigo de Neruda le prestara un Renault chico, una especie de garrapata mecánica, y yo haría de chófer. Ahora recuerdo un vertiginoso viaje por tierrales y pedregales, por montes y collados, entre campos sembrados de lentejas resecas y potreros solitarios, donde uno que otro animal pastaba y se espantaba las moscas con la cola. Margarita Aguirre era una de las pocas mujeres de mi generación literaria, bautizada después como «generación del cincuenta», y acababa de publicar un primer libro interesante, donde se notaba la influencia de María Luisa Bombal: *Cuaderno de una muchacha muda*. Había conocido al Poeta de niña, en casa de su padre, Sócrates Aguirre, en momentos en que éste era cónsul de Chile en Buenos Aires y colega, por lo tanto, de Neruda, y al cabo de los años sería devorada en parte por el nerudismo, enfermedad que devoró, como ya se verá, a diversos personajes de mi tiempo, y de la que yo conseguí escapar no sin algunas cicatrices visibles y más o menos profundas.

Aquella tarde se presentaron en Isla Negra visitas abundantes y heterogéneas. Conocí a algunos de esos caballeros maduros, buenos liberales en su mayoría, ajenos por completo al ideal político que el Poeta proclamaba entonces a los cuatro vientos: caballeros de caminar un poco vacilante, de cabellos entrecanos, de ojos acuosos, que usaban bastones y gorros de marinero y que formaban parte del paisaje humano de esa costa. Hubo también una concurrencia femenina interesante, atractiva. Y pronto salieron a relucir los infaltables potrillos de vino pipeño y los pequeños vasos de artesanía popular, verdosos o azulinos, llenos de un engañoso combinado que el Poeta preparaba y revolvía con un cucharón en una enorme jarra. Se contaban chistes y anécdotas, alguien quizás cantaba con una guitarra, se recitaban poemas cómicos y de circunstancias. Probablemente se comía poco y mal, porque todavía eran los tiempos de la Hormiga, buena conversadora, amiga delicada, pero dueña de casa más bien olvidadiza. Los vasos, en cambio, se mantenían siempre llenos, porque el Poeta fue toda su vida un *barman* eficiente, un hombre de cultura alcohólica, como se dice en Chile, país bebedor, y en mi memoria de esa noche conservo una sensación confusa de movimiento continuo, de gente que entraba y salía. Nosotros mismos, Margarita Aguirre, Marta Jara, escritora de una generación anterior a la nuestra, y yo, abandonábamos de pronto el calor de la chimenea, la sombra de los mascarones de proa, y pasábamos al frío, a la oscuridad, al estruendo del mar y su llovizna salobre, que humedecía las rocas, los arbustos temblorosos.

La casa de Isla Negra, en aquella época, sólo tenía su cuerpo central, de piedra, que corresponde al salón principal de ahora con su segundo piso, y un ala donde estaba la cocina y un par de dormitorios. Sus dimensiones no pasaban de la tercera parte de las que llegó a tener en los años finales, años en que el Poeta desarrolló a fondo su gusto por la arquitectura espontánea. Se entraba por una puerta baja a un vestíbulo estrecho, de paredes curvas, que tenía conchas marinas incrustadas en el piso en círculos concéntricos. Doblando a la derecha, se llegaba de inmediato a la sala principal, de techo muy alto, semejante en eso a la que tuvo al final de su vida en Normandía. Había grandes mascarones de proa colgados de las paredes, veleros a escala, objetos náuticos, dientes tallados de cachalote esparcidos en una gran mesa rectangular, pisapapeles de cristal de formas heterogéneas. Frente a la mesa, un gran ventanal daba directamente sobre el océano Pacífico. Uno tenía la impresión de que el mar se agitaba y estallaba por todas partes, de que la casa, sobre todo en algunos días de invierno y humedad, podía parecerse mucho a una gruta marina. Era la morada de un poeta del mar, de un poeta en cuya poesía el mar y todo lo que se relaciona con él es quizás el tema unificador y definitivo.

Después de esa larga, animada y variada reunión, llegué, ya no podría decir a qué hora, ni en qué condiciones precisas, a mi cama, en una de las habitaciones del ala de la cocina. Caí con una pesadez de plomo, dormí profundamente, con el sueño de la desaprensiva juventud, y a eso de las siete de la mañana abrí un ojo y me llevé la sorpresa de ver al Poeta ya vestido, cubierto con uno de los numerosos ponchos de huaso que usaba en la Isla y con una de sus gorras, que me miraba con impavidez y paciencia.

«Tenemos que izar la bandera», dijo, y después, con la perspectiva de los años, he pensado que esa orden matinal era muy parecida a las que su padre ferroviario subrayaba con un pitazo, cosa que él recordaba con una mezcla de humor, de nostalgia y de no superado disgusto. Se trataba, pues, de una obligación ritual, parte de los hábitos establecidos, y no tuve más remedio que vestirme a la carrera y acompañarlo en la ceremonia, en un extremo del jardín rústico, al final de un sendero donde había un banco de piedra y un ancla herrumbrosa semi enterrada. Todo consistía en levantar el emblema del Poeta, una bandera azul con un instrumento náutico de forma circular, un pez en el centro y las letras de la palabra «Neruda», ¡la extraña palabra «Neruda»!, distribuidas en el exterior del círculo. La izamos, pues, con la necesaria lentitud, la contemplamos durante unos segundos, mientras flameaba al viento, y partimos en

37

la garrapata motorizada en dirección a El Tabo, unos seis kilómetros hacia el sur, en busca de pertrechos esenciales: pan, probablemente, y tomates, y diarios, y quizás vino. Pero el diminuto y aporreado Renault, como si el peso del voluminoso poeta realista fuera excesivo, empezó a toser y a temblar en una subida, después de cruzar el antiguo puente del estero de Córdoba, y ya no quiso caminar más. Al cabo de algunos intentos inútiles, el Poeta y yo, que en materias mecánicas éramos de una ignorancia comparable, nos bajamos, resignados, y nos pusimos a mirar el oleaje. La mañana estaba espléndida. Las olas avanzaban desde lejos, con un fragor y un despliegue de espuma verdaderamente gloriosos, habituales en esa costa. Miramos un rato, y en seguida, a falta quizás de una ocupación mejor, nos desabrochamos nuestros respectivos marruecos, en lo que se podría calificar como el mejor estilo chileno, y pegamos una meadita a la orilla del camino.

Allí, con esa meada a dúo, criolla y solemne, termina el recuerdo de mi primera jornada en Isla Negra. Poco después me vi reunido con un grupo de personas, artistas y escritores, en una oficina de la muy santiaguina calle de San Antonio, a pocos metros de la Alameda. El Poeta nos había convocado para hablarnos del proyecto de un Congreso Continental de la Cultura. También había acudido a la convocatoria, entre otros, Benjamín Subercaseaux, gidista confeso, alguien que uno habría podido definir como el André Gide de Santiago de Chile, lo cual me hizo pensar que las afirmaciones y, sobre todo, las exclusiones poéticas, no podían aplicarse al pie de la letra en la vida cotidiana. Si en esa reunión y en ese anunciado congreso había espacio para un gidista mayor y de renombre, también podía haberlo para un joven rilkista e intelectualista, que ahora se hallaba embarcado, además, en la aventura de leer a gente tan sospechosa como T.S. Eliot, Ezra Pound, William Faulkner y hasta el decadentísimo Truman Capote. Asistí a ésa y a otras reuniones, me integré a una comisión de trabajo, pero, en parte a causa de mi indiferencia de entonces por los temas políticos, y a causa, también, de las defecciones de algunos invitados de primera hora, utilizadas con habilidad por la llamada prensa de orden, empecé a sentir una incomodidad creciente.

En esa época sólo veía a Pablo Neruda en forma ocasional, casi siempre rodeado de gente, en funciones más o menos públicas, instalado, casi siempre, en una especie de escenario. Sus casas, desde luego, eran teatrales, escenográficas. La de Los Guindos, de hecho, tenía un pequeño teatro al fondo del jardín, y no hablemos de la teatralidad de los mascarones de proa, de los veleros suspendidos de los muros de piedra, y del mar en el gran rectángulo del ventanal, en la de Isla Negra. Yo gozaba con fruición del espectáculo, pero lo contemplaba de lejos, desde una distancia impuesta por la fama del personaje, por la diferencia de edad, por el celo de los nerudianos espontáneos y de los seguidores oficiales. Recuerdo a uno de estos últimos, sentado en la terraza de Los Guindos, en una de mis primeras visitas, diciéndome con voz arrastrada, insidiosa, a propósito de *El patio*: «El primer libro es muy fácil. Lo que cuesta es el segundo. Son muchos los que han escrito un buen primer libro, con gran éxito, y después han desaparecido de la literatura...». Lo decía con un aire de sincera conmiseración, con verdadera lástima, como si su deber consistiera en advertirme: «No cante victoria, joven, antes de tiempo...».
Otra persona, en las columnas de *El Siglo*, el diario del Partido Comunista, decía que yo me mostraba en *El patio* como un crítico de la sociedad. Los cuentos parecían recorridos por un airecillo de insatisfacción, de inadaptación al orden establecido. El autor, por desgracia, sólo llegaba hasta ahí. «Jorge Edwards no se atreve a pelear», continuaba el texto, escrito por uno de los habituales de la casa de Los Guindos, y eso significaba, en concreto, que no me atrevía a ingresar a las filas del glorioso partido, que me quedaba en el limbo de los indecisos y de los tibios.

En ese tiempo, Neruda, de vez en cuando, hacía una declaración que la prensa recogía con gran alharaca y que a mí me parecía francamente monstruosa, pero que tendía, como los jóvenes católicos que ahuyentan de la cabeza los malos pensamientos, como el joven católico que había sido hasta hacía muy poco, a descartar y olvidar. En una entrevista de *Pro Arte*, un semanario que después, en su decadencia, se fue transformando en publicación quincenal, mensual, trimensual, y hasta bianual, antes de desaparecer del todo, pero que en aquel tiempo todavía era importante, Neruda hablaba textualmente de «la influencia de novelistas como Faulkner, llenos de perversidad, o poetas como Eliot, falso místico reaccionario, que dispone de un cielo particular para la nobleza británica». Aun cuando no carecían, en su agresividad folletinesca, de gracia literaria, esas declaraciones no calzaban en absoluto con el Neruda a quien yo había encontrado, afable, humorista, rodeado de retratos de los poetas malditos, de libros de simbolistas tardíos al estilo de Jules Laforgue o Tristan Corbière, esos antecesores directos del T.S. Eliot que él condenaba, con su cielo particular y todo, al infierno de la Historia.

Observaba al Poeta, o lo contemplaba ligeramente boquiabierto, pero tenía escasas ocasiones de conversar con él más o menos en serio. Mis conversaciones reales, mis discusiones, mis intercambios más abiertos y más efectivos, tenían lugar con personajes de mi generación —Enrique Lihn, Alejandro Jodorowsky, Jorge Sanhueza, Alberto Rubio—, y con los mayores a quienes ya he mencionado y que encontraba en cafés y bares de mala muerte, o en el Parque Forestal, un espacio que separaba mi casa y el cerro Santa Lucía de la Escuela de Leyes, a la que llegaba después de cruzar por sus senderos y de atravesar el puente de Pío Nono, sobre las aguas casi siempre escuálidas del río Mapocho. Entre esa gente había escritores auténticos, había escribidores y había autores de obras imaginarias o imposibles, como las que figuran en el catálogo de Pierre Menard del cuento de Borges. Ninguno se acercaba, desde luego, a la fuerza, y sobre todo a la fertilidad torrencial de Neruda. Nos reuníamos en ese maloliente Club de los Hijos de Tarapacá, el de los meados de gato; en el Bosco; en el Centro Social de los alemanes de la calle Esmeralda, cerca del límite sur poniente del Parque, centro cuyas salas estaban presididas por un busto grasiento de Wolfgang Amadeus Mozart, en el Pinochet Lebrun o en el Club Ciclista de la calle Bandera, y hablábamos de este mundo y del otro, en broma y en serio, reincidiendo de un modo obsesivo en los temas de la literatura. Un día, por ejemplo, un par de contertulios se proponía demostrar que la conversación, una conversación cualquiera, estaba salpicada de títulos de posibles novelas o libros de poemas. «En términos generales», acotaba alguien, intentando iniciar una frase, y Teófilo Cid, nuestro surrealista y nuestro maldito principal, con la boca negra, con manchas de color lila en los labios, levantaba la uña encorvada de su largo dedo índice, detalle que después he recordado al describir el índice mefistofélico de Apolinario Canales, en *El anfitrión*, y vociferaba: «¡Título!».

En una de esas reuniones me encontré sentado en una mesa de café, en un callejón sin salida que partía de la calle San Antonio, con Eduardo Anguita, el poeta de *Definición y pérdida de la persona*, el amigo y discípulo de Vicente Huidobro, el autor, junto al Volodia Teitelboim joven, de una *Antología de poesía chilena nueva*, libro que me había servido de introducción a nuestra vanguardia poética y que conocía casi de memoria. También había otras personas en esa misma mesa, pero ahora sólo las recuerdo de un modo confuso. Es muy probable que Fernando Undurraga, a quien conocíamos como «la Cata», disertara, enhiesto, un poco rojo, sobre algún tema que él consideraba de interés apasionante, o explicara alguno de sus extraordinarios proyectos literarios o comerciales, un drama en cinco actos sobre Moisés, o una silla plegable que sanaba milagrosamente del dolor de espalda, proyectos que siempre quedaban en eso, en proyectos. Y también es probable que el Chico Molina, Eduardo Molina Ventura, poeta sin poemas, divulgador in-

41

fatigable y oral de las obras de Gaston Bachelard y de la poesía de Saint-John Perse, le aportillara sus historias.

Recuerdo muy bien, en cambio, que Anguita, que parecía vivir en un estado permanente de incandescencia, en una exaltación que lo penetraba hasta la misma médula de los huesos, adoptó, de pronto, un tono bajo, serio, persuasivo. Se trataba de proponer públicamente al Congreso Continental de la Cultura que ampliara su base. Si ellos aceptaban discutir sobre los problemas de la cultura bajo Stalin, un grupo importante de escritores y de intelectuales se incorporaría a los debates. Cuando hablaba en esa forma, pequeño, delgado, puro nervio, Anguita ponía una mirada profunda y adquiría un color de rostro todavía más cerúleo, más ceniciento. Ese día sacó un texto de sus faltriqueras y lo hizo circular. Aseguró que el papel, tal como lo leíamos nosotros en ese instante, contaba ya con un apoyo muy amplio.

Fue el primero de una larga serie de manifiestos que he firmado en mi vida, y no fue, sin duda, el menos instructivo y de menores consecuencias. Debí concluir que, antes de estampar la firma en una hoja de papel, aunque sea sobre una mesa llena de manchas de café, de vino, de tabaco, de moscas, hay que pensarlo dos y hasta tres veces. Digo todo esto porque supuse, con la mayor honestidad y con el mayor candor, que el manifiesto de Anguita y de sus amigos permitiría que el Congreso saliera de la encrucijada en la que me parecía que se había colocado. Los ataques de la prensa no comunista arreciaban; invitados extranjeros importantes no confirmaban su asistencia; en Chile se producían deserciones significativas.

He revisado ahora los diarios de la época, cuya tipografía anacrónica y papel amarillento, roído por las ratas de la Biblioteca Nacional, me han transmitido mejor que ninguna otra cosa la sensación del tiempo transcurrido, y he podido reconstruir algunos episodios. El compositor Juan Orrego Salas, muy conocido en el país y en todo el continente, publicaba una carta en *El Mercurio* en los primeros días de marzo de 1953. El sabía, afirmaba, que había intelectuales comunistas en el Congreso y no creía justo negarles la posibilidad de participar, pero había esperado que los problemas pudieran plantearse con cierta ecuanimidad. Ahora observaba, por desgracia, que los organizadores incurrían en actividades «desconcertantes desde el punto de vista cultural». Entre esas desconcertantes acciones citaba el hecho de que Pablo Neruda y otros miembros del Congreso hicieran una invitación pública al presidente argentino Juan Domingo Perón, entonces en visita oficial a Chile, para que hablara en el Salón de Honor de nuestra principal universidad. En opinión de Orrego Salas, ese gesto suponía una «deslealtad con los colegas argentinos perseguidos».

Por otro lado, Gabriela Mistral, entonces único Premio Nobel de Literatura de Chile y de toda América Latina, cónsul vitalicio en algún lugar del mundo, después de firmar una convocatoria en compañía de los ensayistas Baldomero Sanín Cano y Joaquín García Monge, daba la impresión de replegarse, de «recoger cañuela» con una diplomacia muy ladina y criolla, muy propia del *establishment* chileno de aquellos años. Los periodistas le preguntaban si era promotora del Congreso Continental de la Cultura, y ella contestaba: «Los ausentes no podemos provocar ni dirigir desde lejos actividad alguna, cultural ni política...».

En resumidas cuentas, creí que el llamado de Eduardo Anguita y de sus amigos sería la solución esperada por todos. Todos se incorporaban a la reunión y todo se discutía en su seno libre y abiertamente. El texto reconocía que el Congreso sería un acontecimiento «que no hay objeto en ignorar», pero planteaba algunas reservas fundamentales. «El comunismo», sostenía, «se niega a desligar la política de cualquier otra actividad humana», y por eso era ingenuo pensar que los comunistas hicieran un congreso «en el cual ellos dejen de moverse para orientar partidistamente las deliberaciones.» Se hablaba, en seguida, de los ensayos de «cultura dirigida» en los países comunistas, y se consignaba la resolución de los firmantes de «no adherir al Congreso mientras no haya una garantía formal en el sentido de que será

posible suscitar un debate sobre las cuestiones enunciadas».
El Manifiesto continuaba con algunas reflexiones de carácter filosófico. Había que defender la libertad y la dignidad humana. Defender al hombre era defender la cultura. La libertad surge, afirmaba, en un sistema donde la verdad se impone sin recurrir a autoritarismos. Reconocía que el problema de liberar al hombre de la miseria era urgente, pero para conseguir ese fin no se podía «sacrificar a la persona». El Manifiesto, por fin, hacía un llamado a todos los que deseaban formar opinión sobre esos asuntos y también a los adherentes al Congreso, «a fin de intentar con ellos un diálogo sereno, elevado y constructivo, pero al mismo tiempo, franco».

El Manifiesto fue publicado por *La Nación*, el diario del gobierno de turno, presidido entonces por el viejo general Carlos Ibáñez del Campo al frente de una coalición centrista y vagamente populista, el viernes 24 de abril de 1953, cuando faltaba un par de días para la apertura oficial del Congreso. Ahora bien, entre las escaramuzas de comienzos de marzo y esa fecha había ocurrido un hecho fundamental, cuyas consecuencias decisivas conoceríamos mejor a medida que pasara el tiempo. El día 6 de marzo se había comunicado desde el Kremlin la noticia de la muerte de Josef Vissarionovich Stalin. No cabía duda de que el retraso del Congreso, planeado originalmente para celebrarse en marzo, fue una de las primeras de aquellas consecuencias. El Partido Comunista de Chile había estado de duelo y había acordado, entre otros puntos, iniciar una campaña de reclutamiento de militantes con el nombre de «Promoción Stalin», en homenaje al «sabio maestro desaparecido». El Poeta, por su parte, en Isla Negra, había recibido la noticia «como un golpe de océano» y había dedicado al camarada Stalin un largo poema, publicado después en la sección IV, «Es ancho el nuevo mundo», de su libro *Las uvas y el viento*.

Sólo me acordaba de dos o tres de los firmantes de aquel Manifiesto ya remoto, aunque no del todo anacrónico. Recorrer la lista de los nombres en la página amarilla de *La*

Nación, nada menos que treinta y cinco años más tarde, me deparó algunas sorpresas y algunas perplejidades. Figuraba, por ejemplo, el «escritor» Eduardo Frei Montalva, futuro presidente de nuestra República, junto al también «escritor» Jacques Chonchol, futura cabeza de nuestra reforma agraria que provocaría una ruptura de la Democracia Cristiana desde su ala izquierda en los años finales de la presidencia de Frei, se incorporaría después al gobierno de Salvador Allende y terminaría en el exilio. Otros adherentes al Manifiesto eran Julio Silva Solar, que después pasaría de la DC a la Izquierda Cristiana; Radomiro Tomic, que sería el candidato a la sucesión presidencial de Frei en la elección ganada por Allende; Jaime Castillo Velasco, teórico en esos años del humanismo centrista y anticomunista representado por el Manifiesto, y defensor encarnizado, durante la dictadura de Pinochet, de los derechos humanos, y Gabriel Valdés Subercaseaux, que tenía la originalidad de no firmar como escritor sino como abogado. Veinte años más tarde todos ellos influirían de una manera o de otra en la dramática historia chilena reciente. Ese humanismo equilibrado que representaban a comienzos de 1953 se adelgazaría y tendería a la polarización: las fuerzas centristas se volverían centrífugas, huidizas.

En cuanto a los escritores creativos, ahora me parece que su presencia en el Manifiesto era más bien escasa: un católico observante, unido a la vanguardia literaria, Eduardo Anguita; un novelista de la vieja escuela, Eduardo Barrios; un surrealista criollo, Teófilo Cid; Luis Oyarzún Peña, que en una carta muy posterior que me envió a París desde el sur de Chile, en los momentos más tensos de la Unidad Popular, se definiría a sí mismo como «cristiano de izquierda», pero marcaría su franca distancia con respecto al clima político y moral imperante, caracterizado, a su juicio, por la abismante grosería y violencia verbal del periodismo de ambos extremos.

Poco más tarde, cuando el Congreso ya estaba en plena actividad, me encontré casualmente con Pablo Neruda y la

Hormiga, acompañados de gente a quien no conocía, en la vieja Galería Imperio, cerca de la confluencia de las calles Estado y Agustinas. Después de firmar, me había mantenido a prudente distancia del secretariado de ese evento y no había vuelto a verlos. El Poeta se apartó del grupo que lo seguía y se me acercó, serio, pero con expresión amistosa.

—Ese Manifiesto —dijo— sólo fue una maniobra para destruir nuestro congreso. —Creo que insinué una protesta, una defensa tímida—. Lo que pasa es que eres muy ingenuo —insistió él—. Todavía te falta experiencia política.

En otras palabras, Anguita y sus amigos, en esa covacha oscura del callejón de San Antonio, entre vino y vino, habían sorprendido mi buena fe. Delia del Carril agregó algo en este mismo sentido: una palmada leve en la mejilla, una reconvención de abuela cariñosa, un tácito «ya comprenderás, ya captarás algún día lo que estamos tratando de explicarte».

Era previsible, en realidad, dadas las circunstancias que predominaban en aquellos años, que la respuesta de los organizadores consistiera en un rechazo tajante. Si no la preví, si experimenté, más bien, una de mis primeras decepciones políticas, quizás la primera de una seguidilla más o menos prolongada, sólo se debió a esa ingenuidad de que me había hablado el Poeta. Yo era un novato, un recién llegado, y me había metido entre personas mayores, personas que sabían que una declaración, más allá de lo que significaban las palabras de acuerdo con el diccionario, era equivalente a una movida en un tablero de ajedrez. La movida provocó la reacción prevista, y los maestros, los conocedores del arte, procedieron a efectuar la segunda movida. «Se insiste ahí», declararon los firmantes del Manifiesto, aludiendo a la previsible respuesta negativa que habían recibido, «en el propósito de eludir, bajo el pretexto de que son cuestiones políticas, el planteamiento de problemas vitales para el desenvolvimiento de la cultura del mundo...»

Se habían efectuado conversaciones entre algunos de los firmantes del Manifiesto y los miembros del Comité Chileno del Congreso. En ellas se había comprobado que existían discrepancias notorias, pero los autores del Manifiesto, en su segunda declaración pública, afirmaban que una discusión entre hombres de cultura no tenía por qué suscitar «recelos y divisiones, ni pensamos que sea necesario llegar a la unanimidad absoluta de todos los problemas tratados por una conferencia».

A todo esto, el Congreso Continental de la Cultura se había inaugurado el domingo 26 de abril de 1953, a las diez de la mañana, en el Teatro Municipal de Santiago. El proscenio estaba ocupado, entre otros, por el pintor Camilo Mori; por el escritor y «gidista» confeso Benjamín Subercaseaux; por Pedro de la Barra, fundador del Teatro Experimental de la Universidad de Chile; por Pablo Neruda; por el novelista Fernando Santiván, que aún no había publicado sus notables *Memorias de un tolstoyano*; por el novelista y dirigente comunista Volodia Teitelboim; por Enrique Bello, que dirigía la revista *Pro Arte*; por el doctor Salvador Allende, que había sido candidato por primera vez en las elecciones presidenciales del año anterior, en las que había triunfado el general Ibáñez, y por el escritor y político ibañista Baltazar Castro. Entre los invitados extranjeros más notables, después de todos los anuncios y deserciones, figuraban el pintor mexicano Diego Rivera, el novelista Jorge Amado, que empezaba a darse a conocer fuera del Brasil, la escritora argentina María Rosa Oliver, el poeta cubano Nicolás Guillén.

Era, en buenas cuentas, el mundo de la izquierda comunista de aquella época, con algunos compañeros de ruta, algunos aliados ocasionales y algunos que podrían ser calificados, dentro de una terminología de entonces y de ahora, de «tontos útiles». Aun cuando las ausencias eran importantes, Diego Rivera y Nicolás Guillén estaban en el apogeo de su celebridad. El ambiente intelectual santiaguino, a pesar de todo, o a causa, quizás precisamente, de la polémica previa, se sintió sacudido, sacado de su letargo más o menos permanente. Muchos pensaron de buena fe, sin necesidad de estar cerca de las posiciones comunistas, que discutir de los problemas de la cultura bajo Stalin, el «sabio maestro desaparecido», habría sido una ocupación perfectamente ociosa y extemporánea. Los crímenes de Stalin sólo eran difundidos en aquellos días por el *Reader's Digest* y por una prensa muy comprometida con los intereses de la derecha. El Congreso, pues, a pesar de sus tropiezos iniciales, tuvo numerosos seguidores, sobre todo entre los jóvenes, y los firmantes del Manifiesto quedamos, al final, como unos aguafiestas y unos majaderos, un destino que ahora, al cabo de muchas vueltas y revueltas, me parece perfectamente honorable.

Releo ese texto y llego a la conclusión, a pesar de su retórica un poco anticuada, de su tono vagamente idealista y vagamente formalista, de que podría firmarlo de nuevo. Era necesario discutir sobre los problemas de la cultura bajo Stalin. No cabe ninguna duda. ¡Cuántas rectificaciones, cuántas lamentaciones, me tocaría escuchar a lo largo del tiempo! Lo endiablado, lo retorcido del caso, era que las rectificaciones, lamentaciones, revisiones, nunca terminarían de llegar al fondo del problema.

«Nous avions les moustaches trop longues», repetía Neruda, ¿admitiendo que el ingenuo había sido él?, en una terraza de París, en las cercanías señoriales del Barrio Latino, frente a un jardín de invierno. El Neruda anterior, el del encuentro en la Galería Imperio, ya había escrito, probablemente, el poema elegíaco que le penaría más tarde:

Stalin es el mediodía
la madurez del hombre y de los pueblos...

Ya había afirmado, se entiende que con licencia poética, que el Maestro «ayudó a los manzanos / de Siberia / a dar sus frutos bajo la tormenta», probable alusión a alguna de esas innovaciones agrícolas que se cantaban, primero, como panaceas, y que en la apertura siguiente se daban como ejemplo de fracasos de una economía burocratizada. Y había citado en verso su conversación con un pescador de erizos, «el viejo buzo y poeta, / Gonzalito...».

La verdad es que algunos de sus mejores poemas de ese período se refieren a los poetas populares, que constituían un fenómeno muy característico de la vida chilena de aquel tiempo, especie humana en extinción hoy día, y que tendían, en la visión de Neruda, a identificarse, a confundirse con la naturaleza, como ese Abrahám Jesús Brito de *Canto general*, que «fue haciéndose agua por los ojos, / y por las manos se fue haciendo raíces...».

Este Gonzalito de *Las uvas y el viento*, sin embargo, sólo funcionaba, por lo menos en el interior del poema, como un pretexto y una caricatura:

«Era más sabio que todos los hombres juntos», me dijo mirando el mar con sus viejos ojos, con
ojos del pueblo.
Y luego por largo rato no nos dijimos nada.
Una ola
estremeció las piedras de la orilla.
«Pero Malenkov ahora continuará su obra», prosiguió
levantándose el pobre pescador de chaqueta raída.

Me pregunto si ya había empezado a arrepentirse de ese lamentable homenaje en los días del encuentro en la Galería Imperio. Sentado junto al fuego de su chimenea de Isla Negra, bajo la sombra protectora de los grandes mascarones, un indio del Canadá, una sirena del Mediterráneo, el Poeta sociable, en cuya mesa cenaban cinco o seis invitados casi todas las noches, recibía las «copuchas» y las informaciones de todas partes, desde Pekín y Moscú, hasta París, México y Santiago. Moscú, en las semanas posteriores a la muerte de Josef Vissarionovitch, debía ser un hervidero de rumores y especulaciones, y allá vivía el astuto y bien conectado Ilya Ehrenburg, que lo captaba todo y se encargaba de hacerlo llegar, sin pelos en la lengua, a los oídos de su amigo y camarada chileno. Pablo Neruda iniciaría a partir de entonces una larga y compleja evolución, un proceso de conocimiento desengañado, seguido de un esfuerzo de voluntad y de disciplina que casi siempre se sobreponía, al fin, al desengaño. Lo curioso es que yo, a partir de esas ingenuidades y esas inexperiencias, que habían servido, de algún modo, para disculparme, emprendería el recorrido inverso: empezaría a sentir la fascinación de la izquierda e incluso de su dogmatismo, de su actitud totalizadora y simplificadora. Caería en esos vertiginosos extremos, como mucha gente de mi tiempo, y después iniciaría una curación lenta, impulsada por algunos de los sucesos más dramáticos de nuestra época: el discurso de Nikita Kruschev sobre los crímenes de Stalin, la revolución cubana y sus accidentes, Mayo del 68 en París, la Primavera de Praga y su abrupta interrupción, la Unidad Popular Chilena y su caída... El muro de Berlín, agrego ahora, y lo agrego con un dejo de satisfacción personal, caería cuando los muros míos, mis prisiones mentales, ya se habían desplomado por completo (o *casi* por completo)...

En algún momento, en aquellos comienzos de la década del cincuenta, tendría la extraña sensación de haberme situado a la izquierda de Neruda, el vate militante, y las cosas después volverían a su sitio, si es que tenían un sitio destinado para ellas, en esos años de espejismos.

El encuentro en la Galería me dio confianza para presentarme en las puertas del Teatro Municipal, en la noche en que Nicolás Guillén ofrecía un recital de su poesía. Al fin y al cabo, la entrada era libre, y el Teatro no era propiedad del Congreso Continental de la Cultura, sino de la ciudad de Santiago. Había un abismo de distancia, sin embargo, entre Pablo Neruda, aun cuando fuera el Neruda de los homenajes a Stalin, y los militantes comunistas de nivel medio. Uno de ellos, instalado en la puerta en calidad de cancerbero, se me acercó y me dijo: «¿No es usted uno de los firmantes del Manifiesto ése...?». Lo dijo a la manera de esos jesuitas vascos de la generación antigua, con un estilo que para mí, alumno egresado hacía poco de aquellas aulas, era perfectamente inconfundible, asombrosamente simétrico: ¿no fue usted uno de los que alborotaron en clase, de los que transgredieron, de los que pecaron? Mi amiga la escritora Teresa Hamel escuchó la interpelación y anunció que corría a hablarle de esto a Neruda. ¡Precisamente! Y el sacristán cancerbero, que más tarde se pasaría al Partido Socialista y ocuparía un cargo de cierta importancia en el gobierno de Allende, bajó la guardia de inmediato.

Ahora recuerdo a Guillén en el escenario del Municipal, aquella noche, ante un público en su mayoría juvenil y que deliraba de entusiasmo. Después lo veo en el Café Bosco, junto a Perico Müller, que entonces escribía cuentos con algo de éxito y que derivaría bastante pronto al anticomunismo militante y furibundo; junto a Mario Espinoza, uno de los excéntricos literarios de mi generación, y a los poetas Irma Astorga y Hugo Goldsack. Quince o más años más tarde, Nicolás Guillén, convertido en personaje oficial de la revolución cubana, haría piruetas peligrosas encima del balcón de su departamento de un decimoctavo o decimonoveno piso, frente al Hotel Nacional de La Habana y al mar Caribe, en un intento curiosamente fútil de mostrar que sus años de bohemia no habían terminado del todo. Haría esas acrobacias nocturnas, bajo la influencia de un ron extraseco «a las rocas», y se presentaría al día siguiente, de terno azul oscuro, circunspecto, con una medalla muy soviética de estilo prendida en la solapa, a una ceremonia oficial. «¿También te veías con Nicolás Guillén?», me preguntaría Fidel Castro, en vísperas de mi accidentada y anticipada salida de la isla, y quedaría demostrado, en el tono, en el gesto, que el poeta de *Sóngoro cosongo*, a pesar de sus medallas y de su militancia, tampoco era santo de la devoción del Comandante en Jefe.

El simple y como siempre implacable paso del tiempo se encargaría de revelar, por lo demás, que los dos poetas más conocidos de ese encuentro, Nicolás Guillén y Pablo

Neruda, a pesar de las identidades ideológicas, hacían pésimas migas. De todos modos, Nicolás fue invitado en ese mes de abril de 1953 a una fiesta en la casa de Neruda y Delia del Carril en Los Guindos, fiesta destinada a celebrar el término de esas jornadas. El Poeta quiso que también asistieran los escritores jóvenes, y yo, a pesar del incidente del Manifiesto, fui especialmente llamado.

Al comenzar la reunión, flotaba en la atmósfera un rumor sordo, que solamente los iniciados podían captar en todos sus matices. Parecía que las relaciones entre Neruda y Guillén habían llegado a un punto crítico, y se sospechaba, en contra de los anuncios oficiales, que el poeta de Cuba no aparecería. No apareció, en efecto, en toda la noche. El resto de los invitados extranjeros, con Jorge Amado a la cabeza, y un conjunto destacado de escritores y artistas nacionales, además de los amigos más fieles del dueño de casa, llegaron a la cita de Los Guindos. Entre los jóvenes recuerdo ahora a Jorge Sanhueza, el singular Queque Sanhueza, y a Alberto Rubio, cuyo primer libro de poemas, *La greda vasija*, acababa de ser comentado y aplaudido por el mundillo literario local.

Nunca conocí los detalles del problema que había planteado Nicolás Guillén. Se decía, o más bien se daba a entender, que su envidia de Neruda, pese al enorme éxito que había logrado en Santiago, lo volvía loco. Sí recuerdo, en cambio, que la fiesta de Los Guindos, pese a los intentos de alcanzar la alegría a la fuerza, no despegaba nunca. Predominaba cierto estiramiento, cierto ambiente de diversión forzada, que en el fondo era beato, jerarquizado, ceremonioso. Fue el grupo de los jóvenes, al que se incorporó de buen grado Angel Cruchaga Santa María, viejo poeta de estilo y actitud angélicos, tal como lo indicaba su nombre, el que puso, al fin, la nota discordante y francamente alegre. Con su pelo blanco y su cara congestionadamente roja a causa de la diabetes y de los vinos ingeridos, Angel, de pronto, provocado por nosotros maliciosamente, apretó los rasgos faciales, cerró los puños y manifestó con un gruñido su oposición al culto de la personalidad del dueño de casa, culto que flotaba de un modo sutil en la atmósfera. Fue una salida cómica y sorprendente. El Queque Sanhueza, que en esos años tenía un aspecto de guerrillero romántico, aunque pacífico y en miniatura, era un notable experto en provocar estas situaciones y hacerse humo en el instante decisivo. En plena vigencia de la ley anticomunista, le había entregado al presidente González Videla, que bajaba de su automóvil oficial frente a la Escuela de Leyes, uno de los feroces poemas punitivos escritos contra él por Pablo Neruda en el exilio. El presidente, sin saber de qué se trataba, se lo había metido en un bolsillo y lo había agradecido con una de sus conocidas sonrisas de oreja a oreja.

A todo esto, avanzaba la noche y el poeta Rubio llegaba a extremos de exaltación eufórica, con su cara angulosa, afilada, curiosamente parecida a la de César Vallejo, que adquiría gradualmente una palidez azulina. Yo, autor de cuentos de atmósfera urbana, que transcurrían en caserones polvorientos del barrio bajo de Santiago, entre primos, empleadas domésticas, ancianas señoras, me subí a una silla y le dije a Neruda, que pasaba y nos miraba con una sonrisa socarrona: «La Patria no son los grandes volcanes, los ríos arteriales, las cordilleras, las selvas de *Canto general*. Nada de eso. ¡La Patria son las tías!». Hablaba de las tías en el sentido de la vieja, variada y omnipresente parentela, que pululaba por mis relatos y por los de otros autores de mi tiempo. «¡La Patria son las tías!», repitió Neruda, riéndose y levantando el puño.

Después supe que los señores que estaban aquella noche en Los Guindos, o por lo menos algunos de los señores, militantes abnegados, esforzados trabajadores del intelecto y de la pluma, y las señoras, esas señoras que tendían a reunirse en la sombra y a colaborar, domésticas, discretas, en las tareas de la casa, habían criticado con indignación nuestra conducta revoltosa. Se nos hacía el honor de invitarnos junto a celebridades literarias y artísticas de todo el continente, y nosotros sacábamos los pies del plato, nos bebíamos hasta los conchos, nos encaramábamos a las sillas y le hacíamos, para colmo, bromas irreverentes a nuestro anfitrión, nada menos que una gloria de las letras mundiales.

Hubo, pues, quejas irritadas, y supimos que Neruda había tomado decididamente nuestra defensa. «Acuérdense ustedes», había dicho, «de que nosotros, cuando éramos jóvenes, hacíamos exactamente las mismas cosas.» Esa reivindicación de su locura juvenil, de las locuras de sus amigos, era un tema constante suyo. Quería lograr la síntesis de la disciplina política y de una forma de euforia anárquica, disparatada, fantasiosa, que había sido característica de su juventud. Sospecho que en esos años era una tentativa imposible. Después, con el cambio de la perspectiva política, el poeta maduro, que en su juventud había coleccionado crepúsculos, intentaría recuperar las extravagancias de otra época y coleccionarlas en *Estravagario*. Pero falta todavía para que lleguemos a esta etapa.

Amor y afonía

En mi visión actual, ese congreso de comienzos de 1953, con su estalinismo puro y duro, pétreo, y con mi conflicto personal, que el Poeta supo sortear y suavizar, fue seguido por años más bien grises. Grises para mí, por lo menos. Egresé de la Escuela de Derecho e intenté ganarme la vida como abogado, como pequeño arrendatario agrícola, como periodista. No descartaba del todo la alternativa de ingresar al servicio diplomático, pero lo veía como una posibilidad más bien remota. Después de publicar *El patio*, escribí dos o tres cuentos más, que desaparecieron, y una novela breve, que estropeé de tanto corregirla y reescribirla. Otra novela, más larga, producto del contagio con el estilo faulkneriano, el de *Mientras yo agonizo*, fue tirada en un acto de arrebato a una chimenea. Horas antes la había leído a un auditorio de señoras jóvenes, condescendientes, sonrientes, y, de pronto, sin haberlo previsto, me había encontrado en una situación incómoda. Leía una escena en la que el imberbe protagonista, en una capilla de pueblo, se confesaba de haber tenido pensamientos obscenos y de haberse masturbado. Leía, incapaz de interrumpir la lectura, y me ruborizaba hasta la punta de las orejas; las simpáticas auditoras se miraban entre sí, divertidas, y yo, en mi fuero interno, sentía que ese rubor era una acusación, un síntoma flagrante. Cerraba la página, mal conmigo mismo, aunque bien, sin darme yo cuenta, con las auditoras, y dos horas más tarde las hojas comenzaban a enroscarse, presa de las llamas.

Poco después del Congreso, me tocó intervenir en la organización de un concurso de poesía de la Federación de Estudiantes de la Universidad de Chile. Era un concurso similar al que había premiado al Neruda adolescente de *La canción de la fiesta*, cerca de treinta y cinco años antes. Neruda aceptó ser miembro del jurado, junto a Angel Cruchaga Santa María y a Luis Oyarzún. Jorge Sanhueza y yo quedamos encargados de hacer una preselección de los poemas, que llegaron por centenares, quizás por miles, para facilitar la tarea de los tres jueces.

Recuerdo haber estado de visita en la chacra Santa Julia, en una habitación destartalada, de paredes blancas, increíblemente llena de papeles, entregándole manuscritos, ¡más papeles!, al inefable Angel Cruchaga. El poeta angélico no tenía un centavo, y el municipio de Ñuñoa, dueño de Santa Julia, le prestaba un par de habitaciones de ese caserón viejo para que pudiera vivir en compañía de su mujer, Albertina Azócar. Después convinimos con Sanhueza y con Lucho Oyarzún, el más joven de los miembros del jurado, en llevarle los poemas a Neruda a su casa de Isla Negra. Eso prometía ser un paseo, además de útil, divertido. Yo conseguí el automóvil de mi madre, un flamante Chevrolet gris del año 50, un vehículo de nariz corta, compacto, que ella me prestó a condición de que fuera conducido por el chófer de la familia, condición que en el transcurso del día y del viaje revelaría su carácter extremadamente sensato. A la comitiva se agregó un amigo inseparable de Oyarzún, Roberto Humeres, hombre mayor que todos nosotros, persona inteligente, amena y desocupada.

Era una mañana nubosa y ventosa, con apariciones esporádicas del sol. Partimos a la costa por el camino de Los Pajaritos, que une los arrabales del poniente de Santiago con el pueblo vecino de Maipú y que transcurre entre árboles añosos, y nos bajamos un momento en la plaza de Maipú, como personas que disponían de todo su tiempo, a estirar las piernas, comprar cigarrillos y beber, quizás, las primeras cervezas de una intensa jornada. Luis Oyarzún, que ya había sido profesor mío en los cursos de filosofía del Instituto Pedagógico, era uno de los conversadores más amenos, variados, sorprendentes, humorísticos, que he conocido. Podía contar con la misma gracia una anécdota exquisitamente inglesa de Lord Dunsany o un episodio vivido por él en el valle de Caleu o en algún pueblo perdido del Ecuador. Su amigo Roberto Humeres, el «proustiano» número uno del Santiago de aquellos años, era una persona que siempre parecía disponible para todo, aun cuando se sabía que tenía o que había tenido un empleo público en alguna parte. Ese día, en flagrante desacuerdo con el carácter de la excursión, viajaba con un traje cruzado de color gris, corbata de seda y sombrero enhuinchado. Me recordaba el verso residenciario: «Marchito, impenetrable, como un cisne de fieltro...». Con su sombrero y con su mano en el pecho, con una cara ancha, fofa, blanquecina, que nunca dejaba de sorprenderme, Humeres cumplía la función de provocar, de aguijonear en forma permanente el ingenio de Oyarzún, agregando, a veces, una crítica, una reserva, una cita en francés, una contradicción burlona, mientras el movimiento del automóvil lo desestibaba gradualmente, sin que él consiguiera sacar la mano del pecho para apoyarse y recuperar el equilibrio, de modo que a la mitad del viaje ya estaba tumbado en su asiento, con la cabeza apoyada en la puerta que vibraba sin descanso, haciéndole un masaje de película de Chaplin, y con el sombrero fuera de su sitio, dejando al descubierto un cráneo medio despoblado y exangüe.

El Queque, pequeño, movedizo, de rasgos finos, un «Lord Byron en miniatura», como lo había definido mi amiga Marta Montt en una de esas ocasiones escasas en que el *côté de Zapallar* se entrecruzaba con el de Isla Negra o del Café Bosco, hablaba con una sonrisa burlona pegada a los labios y con los ojos en la distancia, llevando la conversación al disparate, al absurdo. Ahora reflexiono y me digo que el humor del Queque no era un fenómeno aislado. Era el humor de sus tíos Sanhueza, fundadores de la revista satírica *Topaze*, y probablemente el de su padre, persona que no alcancé a conocer y a quien, debido a su baja estatura, le decían «el Pichiruche» pero ahí funcionaba también la vena de un Juan Tejeda, el autor de las crónicas de

Máximo Severo, que había dejado escrito su cruel epitafio: «Quiso ser escritor: llegó a ser escritor chileno»; la de Acario Cotapos, compositor del poema sinfónico *El pájaro burlón*; la de José Santos González Vera, que me insistía en que los mejores versos de Neruda eran los siguientes, de extrema juventud: «Patria, palabra triste, como termómetro o ascensor...»; la de Vicente Huidobro y sus seguidores. Es decir, el humor que practicaba Jorge Sanhueza con notable brillo era un hecho cultural, relacionado de algún modo con la vanguardia estética y con la sátira política, no ajeno a las influencias externas de un Alfred Jarry, de los surrealistas franceses, y de escritores de nuestra lengua como Ramón Gómez de la Serna, Macedonio Fernández, Oliverio Girondo, sin olvidar al chileno Juan Emar, es decir, Alvaro, Pilo, Yáñez, que había formado su seudónimo con la expresión francesa *j'en ai marre*. Ese día, el tercer ocupante del asiento de atrás del Chevrolet, el Queque, Jorge, no dejó de hablar y de bambolearse, con sus ojillos disimulados por unos anteojos de miope y que miraban en lontananza, como si después de cada broma, de cada pulla, de cada afirmación extravagante, tuviera que refugiarse en las brumas de un horizonte vasto y vacío.

No era el grupo más adecuado, como podrá apreciar el avisado lector, para visitar a un poeta realista, y hubo una larga espera frente a la puerta de la casa de Isla Negra, que en aquellos años no tenía el personal ni las ramificaciones decorativas y arquitectónicas que adquiriría más tarde: una espera que probablemente nos inquietó y nos irritó, ya que la figura pública de Neruda, excesiva para nuestro medio, producía reacciones de una susceptibilidad extrema, y cuya explicación sabríamos más adelante. Nos hicieron pasar, por fin, a la sala de la gran chimenea de piedra y de los mascarones, que era el espacio más antiguo de aquella casa «crecedora», el único que servía en aquel tiempo para recibir visitas. Ahora me imagino nuestro silencio y nuestras miradas inquisitivas. Después me acostumbraría a que siempre hubiera objetos nuevos, sorprendentes, en esos santuarios.

El Poeta se presentó pronto, se enteró del tema del concurso de poesía, que sin duda no era la primera de sus preocupaciones, y sugirió que fuéramos a almorzar a la hostería de abajo, una que se hallaba al pie del puente de madera, junto al estero de Córdoba, y que años después sería demolida.

Caminamos hasta esa «hostería de abajo» y nos sentamos en una galería abierta, junto al camino, que entonces era de tierra y muy poco frecuentado. Al rato, como si las costumbres del habitante más ilustre del lugar fueran de sobra conocidas, nos colocaron al frente sendas jarras de «borgoña», esto es, vino tinto con frutillas, y algo de queso mantecoso y aceitunas negras. Jorge Sanhueza y yo sacamos de inmediato a relucir decenas y decenas de manuscritos. Había seis o siete poemas, no más, que nos parecían dignos de sacar el premio, y Angel Cruchaga Santa María, en cierto modo, nos había dado carta blanca, pero, naturalmente, a los miembros del jurado, en este caso Neruda y Luis Oyarzún, les correspondía la última palabra.

Ya he dicho que Neruda tenía algo de saurio, algo de animal antediluviano, sobre todo cuando se pasaba una mano morena por la cara, cuando se acariciaba suavemente la nariz con los dedos y guardaba silencio, masticando alguna cosa, preparándose. Ese día separó del resto una especie de «Canto a la primavera». Es posible que pensara en su «Canción de la fiesta» de 1921. Lo separaba, dijo, porque era un poema «alegre», aun cuando todos comprendíamos que era, también, bastante ingenuo y elemental, pero el Poeta, en aquellos años, se proclamaba a favor de la sencillez y de la alegría. En cuanto al resto, aceptó sin chistar las sugerencias de Lucho Oyarzún y las nuestras, con una salvedad: él no era partidario de las decisiones jerarquizadoras, los primeros, segundos y terceros premios. Había que premiar a los tres o cuatro mejores por igual. ¿Con qué criterio se podía afirmar que una poesía era superior a otra, si se trataba de verdadera poesía? «Yo», dijo, «en mi juventud, siempre me sacaba el tercer premio, o el segundo, o la primera mención honrosa...».

Durante ese almuerzo en la hostería del estero de Córdoba, se habló de poesía, de poetas jóvenes y viejos, y se incursionó en la inagotable chismografía de aquellos años. No sé si nuestra literatura ha decaído, pero nuestra chismografía literaria sí, sin ninguna duda. Luis Oyarzún contó que acababa de pasar unos días en Puerto Rico en la casa de Juan Ramón Jiménez. Con su barba nazarena, el Maestro, instalado en la cabecera de la mesa familiar y sometido a un régimen alimenticio estricto, hablaba, después de haber comido su comida de régimen, tratándolo de «Oyarzun» (con acento en la penúltima sílaba), y picoteaba sin descanso, con un tenedor exploratorio, los platos de sus vecinos. Neruda contó entonces que en Madrid, en las fiestas que se armaban en la «casa de las flores», Rafael Alberti tomaba el teléfono y le recitaba a Juan Ramón versos satíricos que lo volvían loco de rabia, versos en los que lo trataban de pedante, de onanista y de otras gracias. Contó después la historia de un amigo de Juan Ramón, «poeta esdrújulo», que tenía una novia rubia y enorme «con la que pensábamos que se refocilaba en todas las camas de Madrid y de sus alrededores». Pues bien, al estallar la guerra, el poeta esdrújulo decidió casarse con la rubia. A los pocos días, en un café de la calle de Argüelles, entre el fragor de las bombas que caían por todos lados, reunía a una junta de médicos para que le indicaran, después de escuchar en detalle sus informaciones sobre la primera noche de bodas, si la rubia de marras era o no era virgen.

Con los años llegué a conocer el repertorio al revés y al derecho, pero el Poeta siempre introducía un matiz nuevo, un detalle inesperado, un factor de suspenso o de sorpresa. Por ejemplo, a pesar de que todavía proyectaba en aquellos años una imagen de enemigo irreconciliable de Vicente Huidobro, y pese a la hostilidad intransigente de los huidobristas, sostenía que Huidobro era un gran poeta, un poeta que conseguía versos maravillosos, joyas que brillaban en el interior de cada poema. «El problema de Huidobro», decía, «es que fue el peor enemigo de su propia poesía. Su vani-

dad, su exhibicionismo, su sentido histriónico, perfectamente infantiles, le hicieron muchísimo daño. Esa idea de si-
mular su rapto por fuerzas especiales inglesas, después de
haber publicado un panfleto en contra del Imperio Británico... Más tarde supimos que había partido a su "rapto" con
un piyama nuevo, con la escobilla de dientes, con una muda
de ropa limpia... Y su presentación a la prensa europea del
teléfono de Hitler, un aparato viejo, que probablemente
había comprado en el Mercado de las Pulgas...» También
solía contar, y es probable que haya contado esa tarde, que
Pablo de Rokha había tratado de incorporarlo a su clan en
los años de su llegada de Temuco a Santiago. El había empezado a recibir cartas de amor muy hermosas de la hermana del escritor, y pronto había comprendido que él
mismo las escribía. Fue una de las primeras cosas que lo
indujeron, decía Neruda, a tomar una prudente y definitiva
distancia...

La sobremesa fue larga y regada. Nosotros nos acercá-
bamos al vino y Roberto Humeres nos comparaba con las
moscas drosófilas, que se marean y caen en el interior de
los jarros. Después recuerdo un regreso en automóvil a gran
velocidad, mientras caía el crepúsculo sobre los potreros y
lomajes suaves del Pangue y de Melipilla. El Poeta había
vuelto a pie a su casa y no nos había invitado a pasar. Todo
el mundo sabía que su siesta era sagrada. Más tarde, al conocer la historia de Neruda y Matilde Urrutia y al saber
que en aquellos días la ruptura con Delia del Carril ya se
aproximaba, comprendí que su reticencia tenía motivos
mucho más concretos. Matilde probablemente estaba escondida en esa casa, y de ahí la demora en recibirnos. La Patoja, como le decía el Poeta, no tenía la menor vocación de
mujer escondida, secuestrada, y él, que la conocía bien,
había preferido no hacernos pasar. Nosotros, vagos turistas,
exploradores irresponsables de la vida literaria, habríamos
sido testigos eminentemente indiscretos.

No supe demasiado de la ruptura con Delia del Carril y de la aparición de Matilde Urrutia. Estaba todavía muy lejos de pertenecer al círculo íntimo del Poeta y sólo percibí manifestaciones externas, parciales. Tomás Lago, uno de sus mejores amigos, un escritor cuya identificación con el estilo suyo, en la prosa poética de *Anillos*, había llegado a ser tan perfecta que era imposible distinguir los fragmentos escritos por uno y por otro, se distanció para siempre. Había tomado el partido de la Hormiga, Delia, pero los detalles de esa decisión sólo nos llegaron, a los no iniciados, en calidad de rumores y de conjeturas. Alguien contó que Tomás le había reprochado a Pablo que gastaba demasiado dinero en la construcción de la Chascona: la casa, secreta en sus orígenes, destinada a amparar esos amores clandestinos, en los faldeos del cerro San Cristóbal, en el barrio de Bellavista. Ese reproche habría sido transmitido por Pablo a Matilde y habría provocado su furia, una furia que me tocó observar, muchos años más tarde, y que era en verdad temible. Nuestra información, sin embargo, la de los amigos, los conocidos, los colegas literarios, no pasó de ahí. Presenciamos desde los mentideros santiaguinos el cambio de mujer y de domicilio, el distanciamiento de Tomás, el más nerudiano de los nerudianos, director de un Museo de Arte Popular, el del cerro Santa Lucía, en que la contribución de Pablo, al regreso de cada uno de sus viajes, había sido decisiva, y la tempestad de rumores empezó a apaciguarse. Pronto comprendimos que *Los versos del capitán* habían sido un homenaje a la amada secreta, un homenaje que no era demasiado difícil identificar, y eso contribuyó a colocar las cosas en su dimensión literaria y en el escenario mediterráneo de la isla de Capri. Por lo demás, había una sección de *Las uvas y el viento*, «Nostalgias y regresos», donde las alusiones a una pasajera misteriosa eran perfectamente reveladoras:

Tu cabellera es una carta roja
llena de bruscos besos y noticias...

Neruda siempre había sido, más allá de su uso de los temas históricos y políticos, muy visible en ese período, el gran poeta de la naturaleza y del amor: el amor romántico, el amor pasión, el amor carnal, e incluso, como lo demuestra el extraordinario poema «Las furias y las penas», perteneciente a los años de Madrid y de *Tercera residencia*, el amor odio. El predominio de la poesía social y directamente política nos hacía olvidar esto, pero la irrupción inesperada de Matilde Urrutia, precisamente en esa etapa, tuvo una significación bastante clara. Neruda se negaba obstinadamente a ser reducido y etiquetado en su exclusiva condición de militante comunista, a pesar de que se sometió a la disciplina del partido siempre, durante los años del estalinismo y también después, y nunca, ni por asomo, entró en un proceso de disidencia intelectual abierta. No sentía la menor vocación para los ejercicios dialécticos, no podía «ser independiente», como reconoció más de una vez, e intuía con toda precisión que su fuerza no radicaba en eso, lo cual no le impedía, paradójicamente, en algunos aspectos, ser un poeta reflexivo y hasta filosófico.

Delia del Carril, pues, salió de la vida de Neruda allá por el año 55 o 56, y quizás debería salir de este libro, pero antes quiero reunir algunos elementos, piezas que conozco y que podrían servir para que otros formen la totalidad del mosaico. Mi madre contaba que «la Marta Cruz», hermana de los arquitectos Carlos y Alberto Cruz Eyzaguirre, había sido amiga de Delia del Carril en París, en años de juventud, cuando ambas viajaban en calidad de hijas de familias sudamericanas adineradas. Mi madre decía que «la Marta y las Del Carril» iban a misa y comulgaban juntas. ¿Dónde serían esas comuniones, en San Sulpicio, en San Roque, en la Madeleine, y en qué tiempo? En años muy recientes, debe de haber sido el 84 o el 85, me reuní en Madrid con Rafael Alberti. Yo le había comentado a mi agente, Carmen Balcells, mi deseo de contar en un libro todo lo que sabía sobre Pablo Neruda, y ella concertó ese encuentro con el que había sido el verdadero introductor de Neruda y de su poesía en la España de la década del treinta.

«Soy poeta madrugón», me dijo Alberti, cuando Carmen me pasó el teléfono. «¿Te importa que nos reunamos a la hora del desayuno, digamos, a las nueve de la mañana?» Por supuesto que no me importaba, respondí, aun cuando en rigor, y conociendo mi propia capacidad de entusiasmo y hasta de euforia, debió importarme, puesto que la noche anterior hubo fiesta en la casa del escritor Juancho Armas Marcelo, en las afueras de Madrid, y esa fiesta se prolongó para mí en un club nocturno hasta muy altas horas de la madrugada. Tuve tiempo, de todos modos, para dormitar una hora, afeitarme, darme una ducha caliente y bajar a los comedores del hotel a las nueve en punto, en el momento preciso en que el viejo poeta de *Marinero en tierra*, con su melena blanca, vestido de colores alegres, y en la atractiva y sonriente compañía de Nuria Espert, hacía su entrada.

En ese desayuno, que se prolongó hasta pasado el mediodía, Alberti me entregó su versión de la llegada de Neruda a Madrid y de sus primeros encuentros con la Hormiga, versión que él también ha narrado en entregas recientes de *La arboleda perdida*. El Neruda de treinta años, con quien había tenido ya una larga correspondencia, tocó un buen día el timbre de su casa. Se presentó a sí mismo, porque todavía no habían tenido ocasión de encontrarse, y se abrazaron. «Tengo a mi mujer en el taxi, abajo, pero te ruego que no te rías de ella, porque es una giganta.» Alberti le pidió que la hiciera subir de inmediato, ¡no faltaba más!, y era, me comentó, en efecto, una giganta: se sentó en una silla baja, y las rodillas le quedaron a la altura de la cabeza... La giganta se llamaba María Antonieta Agenaar. Neruda la había conocido en la colonia holandesa de Java, durante su etapa de cónsul chileno en el Extremo Oriente, y se habían casado en 1930, cuatro años antes de su llegada a España.

Alberti conocía desde antes a Delia del Carril, y fue él quien se la presentó a Pablo, que pronto, con su manía bautizadora, la llamaría la Hormiga. No por su tamaño, sin duda, porque Delia era una mujer más bien alta, garbosa, sino, quizás, por su perseverancia y su acuciosidad en materias políticas y artísticas (en contraste con su indiferencia por las cuestiones más menudas). Delia tenía entonces cincuenta años y Pablo treinta o treinta y uno, pero el flechazo, al parecer, fue inmediato y mutuo. Después de algún tiempo, se veía a Pablo y a Delia paseando por Madrid en un automóvil descubierto. Delia, con toda su finura, trataba de adaptarse a las costumbres de Pablo, bebedor fuerte, y a veces empinaba el codo en plena calle para beber del gollete de una botella de Chinchón seco.

«La comunista era ella», agregó Alberti, con énfasis. Hace poco he conversado con Roberto Matta, el pintor, y me ha contado que Delia del Carril venía de estudiar pintura en París con Fernand Léger. Se puede pensar, entonces, que Léger influyó en el paso al comunismo de Delia, quien influiría a su vez, algo más tarde, en la conversión política de Neruda. En otra de mis piezas para un mosaico posible, veo a Delia en una mañana de sol, en las afueras de la casa de Isla Negra, en vísperas de la separación, en *short* floreado, que mostraba unas piernas de anciana, besando a Pablo y dejándole la boca llena de pintura roja. Era un espectáculo patético, sobre todo para esa mirada implacable de la juventud, esa mirada que todavía no ha aprendido o no se ha resignado a creer en la caducidad de las cosas.

En seguida, un domingo en la noche, estamos, Delia, Pablo y yo, en uno de los dormitorios de la casa de Los Guindos. Pablo selecciona libros y revistas viejas y me pasa un par de obras de Simenon. Es un notable devorador de novelas policiales, admirador de James Hadley Chase, de Raymond Chandler, de Dashiell Hammett. De pronto se habla de política. No es muy frecuente, en esos años, que Pablo toque temas políticos delante de un no militante, de un lego, salido, además, como era el caso mío, de una familia descaradamente derechista. Pero esa noche, ya no sé por qué, se habla de política, y el contexto me hace pensar, aunque ahora no pueda recordar la fecha y ni siquiera el tema preciso, que el XX Congreso del Partido Comunista de la Unión Soviética, aquél en que Nikita Kruschev denuncia los crímenes de Stalin, acaba de transcurrir, o por lo menos se encuentra *ad portas*, con lo cual nos remitimos a fines del año 55 o a comienzos del 56. Y Pablo dice, en un tono en el que adivino irritación contenida: «Todos los comunistas argentinos son sectarios». La Hormiga protesta, y con razón, puesto que ella, como argentina y comunista, está incluida en ese «todos».

Algún tiempo después se produjeron los sucesos de Hungría, las huelgas y violentas manifestaciones contra el régimen comunista, la intervención de los tanques soviéticos, el ignominioso fusilamiento de Imre Nagy, y Pablo, que regresaba de alguno de sus viajes, bajó de un barco en el puerto de Montevideo y no pudo contestar a las preguntas de la prensa porque estaba absolutamente afónico. Su afonía se prolongó durante semanas, luego desapareció, y reapareció a lo largo de los años que siguieron. Era un curioso mal psicosomático, que le quitaba el habla en el momento más oportuno, o más inoportuno, según cómo se lo mirara. Nunca pensé que esto fuera simple comedia, como pensaron los mal pensados de todas partes, sino el reflejo de una angustia, de un conflicto interno mucho más grave.

Años después de la muerte de Pablo, cuando yo ya estaba con mi familia de regreso en Chile, me encontré de pronto, una mañana de domingo, en compañía de Pilar, mi mujer, y de mi hija Ximena, sin haberlo buscado, en el barrio de Los Guindos. No me costó mucho dar, primero, con la calle Patricio Lynch y, en seguida, con la conocida casa de piedra y grandes listones de madera, que hacía pensar en un refugio en los bosques del sur, al pie de las montañas. Tocamos el timbre y nos anunciamos. La casa, que había conocido atiborrada de libros, objetos, cuadros, estaba casi enteramente desnuda, con aspecto monacal. Se murmuraba que el Poeta había malgastado «la fortuna» de la Hormiga y después la había abandonado en la inopia, pero creo que esto no era exacto. Delia, antes de conocer a Pablo en Madrid, había estado casada con un argentino y habían vivido de administrar un hotel en Mallorca. Parece que después había heredado unas tierras en la provincia argentina de San Juan, pero no valían gran cosa. A todo esto, en los años posteriores a su separación, Pablo, entre sus colecciones, sus comidas, sus caprichos, sus viajes, vivía, como me consta, en un estado de permanente déficit. Entiendo que le hacía llegar algún dinero a Delia. Seguramente poco dinero. Yo no podría afirmar que el desprendimiento en materia pecuniaria fuera una de sus principales virtudes. Siempre andaba escaso de fondos, y los antojos del poeta lúdico, del «niño perdido», antojos que se convertían de inmediato en imperiosas necesidades, podían ser extravagantemente costosos.

Delia nos recibió en cama, en el dormitorio de siempre, debajo de una enorme fotografía de Jorge Opazo, el gran fotógrafo chileno de los años cuarenta y cincuenta: una alameda típica del Valle Central de Chile, con la cordillera cercana y nevada como telón de fondo. En otros muros había dibujos suyos: sus grandes caballos en blanco y negro, en primerísimos planos, que me hacían pensar en antiguas pinturas chinas.

—¿Por qué me has venido a ver? —fue su pregunta, que se repitió a lo largo de la conversación con insistencia.

—¿Por qué? Porque teníamos ganas de verte, Hormiguita. No hay ningún otro motivo.

Ella, perdida en el fondo de lo que había sido su camastro matrimonial, pálida, reducida de tamaño por la edad, permanecía incrédula y nos miraba, contenta, a pesar de todo, con esta visita. ¡Más valía tarde que nunca!

Esa mañana, aparte de esa pregunta reiterada, nos habló del Madrid de antes de la guerra, de Federico, de Rafael Alberti, de Cotapos, de Pablo. Habló con una mezcla curiosa de imprecisión y de intención, de manera que costaba seguirla, pero se notaba que en su memoria había algo muy concreto y digno de comunicarse.

«¡Dime!», insistía, y en ese momento, a sus noventa y siete o noventa y ocho años, volvía a tener un acento de niña argentina que había comulgado cada mañana en San Sulpicio o en la iglesia de la Madeleine, antes de convertirse en discípula de Fernand Léger, en amiga de los poetas españoles de la generación del 27, en comulgante fervorosa de la izquierda revolucionaria.

Si Delia del Carril, comulgante sucesiva de dos religiones, conservaba un acento de pituca argentina, Matilde Urrutia, que había nacido en Chillán, no demasiado lejos del Parral de Neruda, tenía una pronunciación impostada, propia de la persona que ha salido temprano de su provincia y que, para darse a entender en diferentes capitales del idioma, en México, en Lima, en Buenos Aires, ha tenido que abandonar la cantinela criolla y construirse para uso propio una especie de esperanto del castellano, un castellano de circulación continental. Yo me paseaba por la terraza interior de la Chascona, reconociendo el terreno, en mi primera visita, motivada por alguna razón que ya no recuerdo, quizás por los preparativos de una revista, y esa voz, que llegó desde las escaleras que llevaban, por el aire libre, por sol, por noche, por lluvia, al cuerpo principal de la casa, me sorprendió. Recuerdo una observación burlona que hizo Pablo más tarde: «Matilde me dijo que había un diplomático esperando ahí abajo». Eso me hace pensar, ahora, que yo ya tenía el proyecto de ingresar en «la carrera», cosa que Pablo en esa época desaprobaba con singular energía.

Pero Matilde no sólo me llamó la atención por su voz. Era una mujer baja, de boca gruesa y cabellos rojos, atractiva, que caminaba con toda la fuerza de unas pantorrillas bien torneadas, como si estableciera su dominio en cada metro de terreno que pisaba, y que parecía perfectamente decidida a cambiar el orden doméstico de la casa del Poeta. En este aspecto, y en casi todo, era la antítesis perfecta de la Hormiga. La aristócrata Delia del Carril se había metido, hacia la mitad del camino de su vida, en el comunismo, y militaba con disciplina, con abnegación, con obcecación; Matilde era una mujer de pueblo bastante más conservadora, ajena por completo a la mala conciencia burguesa, aficionada a la buena ropa, a la buena vajilla, a los restaurantes de lujo. Pertenecía, paradójicamente, a una de esas familias de tradición comunista que existen en Chile, una donde se encontraban nombres de pila tan extravagantes como Pravda, El Siglo, Lenin o Stalin.

Sin embargo, mientras hablábamos un día, poco después de mi regreso de Cuba, del problema del sectarismo, me contó un episodio que la había marcado profundamente. Uno de sus hermanos, el más unido a ella, militante de toda la vida, cayó de pronto en desgracia en el partido por algún asunto de política interna. Fue expulsado y acusado, como era habitual, como era de ritual después de una expulsión, de las peores cosas: conducta disipada, alcoholismo, sinvergüenzura, estafa. El hombre, «quebrado», para usar un término también ritual, se suicidó. Matilde nunca perdonó a sus acusadores. Cada cierto tiempo le hablaba de este episodio a Luis Corvalán, el secretario general. «Ustedes tienen la culpa de lo que le pasó a mi hermano», le decía, con acento apasionado.

A diferencia, también, de la Hormiga, Matilde estaba dispuesta a imponer sus normas en la casa y a dominar en su cocina y en su servicio. Desde ahora, por ejemplo, sería necesario estar invitado con anterioridad para sentarse a la mesa del Poeta. ¡Nada de salir a comprar comida a las esquinas o de ponerse a improvisar platos! En sus relaciones con el mundo literario, Pablo me la definió en dos palabras, un día que ella había comentado un libro mío: «La Patoja no sabe nada, pero es una lectora natural, de buen instinto. Por eso, ¡no eches sus observaciones en saco roto!». Ella decía que el libro, mi novela *El peso de la noche*, estaba bien, pero que de repente me había aburrido de escribir y lo había terminado en forma brusca. Ahora pienso que a lo mejor no estaba tan errada.

Después de esa primera visita mía, hubo una fiesta en gran forma, que ahora, en la reflexión retrospectiva y con mejor conocimiento de los personajes, veo como una fiesta de presentación de Matilde en sociedad. Fuimos con Pilar, con Enrique Bello y Rebeca Yáñez, y con el cronista y poeta Rubem Braga, coterráneo orgulloso del pueblo de Cachoeira de Itapemirim y viejo carioca de adopción, que era en aquel tiempo, en forma transitoria, diplomático brasileño. Rubem, contemporáneo y amigo de Vinicius de Moraes, había conocido a Neruda durante las visitas de éste a Río de Janeiro, entre los poetas y los escritores de allá, y había vuelto a frecuentarlo en Chile. Eran tiempos de restricciones aduaneras, y él, aprovechando su franquicia diplomática y conociendo las aficiones del dueño de casa, llevó a la fiesta de la Chascona tres botellas de whisky de forma cúbica, de cristal encarrujado, sólidas, equivalentes, en aquellos años de nuestra prehistoria, a oro en polvo. Subimos por la escalera a la intemperie, ocupamos un sofá, y Rubem ocultó las benditas botellas, después de anunciárselas a Neruda, debajo del asiento. En el sitio de honor de ese salón, en un lugar que ocupa hasta el día de hoy, había salido a relucir un retrato de Matilde por Diego Rivera, una Matilde juvenil, bocona, entre cuyos cabellos rojos, como en los juegos de destreza visual que publican algunas revistas, se disimulaba el perfil de Pablo.

A propósito de disimulo, el de Rubem Braga con las tres botellas no había sido demasiado estricto. Si uno de los centros de la fiesta era el cuadro descubierto, pintado secretamente en los días del Congreso Continental de la Cultura, el otro eran las botellas mal escondidas. Los poetas jóvenes, como las moscas drosófilas, para recordar la imagen de Roberto Humeres en ese viaje de jurados de poesía a Isla Negra, se acercaban con un vaso en la mano y decían, del modo más convincente: «Para Pablo. Para don Pablo». En cuanto a Rubem Braga, whiskero de los clubes de Copacabana, tampoco se privaba, ni privaba a sus acompañantes, de modo que tuvo que anunciarle al dueño de casa, en el momento de la despedida, que las tres botellas cúbicas habían sido consumidas hasta la última gota, por arte de poetas pedigüeños y de amigos sedientos, y que su pérdida sería debidamente reparada en una ocasión próxima.

Es muy probable que hayamos terminado esa noche, a horas avanzadas, Rubem Braga, Enrique Bello, Rebeca Yáñez, Pilar y yo, más alguno de los poetas jóvenes o algún otro allegado, en una mesa del Café Bosco, en la vereda norte de la Alameda, frente a la antigua Pérgola de las Flores.

«¡Huevos revueltos!», clamaría Rubem Braga, golpeando la mesa, para zanjar de una vez la vacilación de los comensales. Huevos revueltos y cerveza, un capricho clásico de los trasnochadores de cualquier hemisferio.

Braga contaba que Neruda, después de reunirse y de conversar en Río de Janeiro con un grupo de poetas del Brasil, había dicho: «¡Estos poetas brasileños son unos verdaderos sabios!». Era una reacción parecida a la que había tenido frente a los escritores de la generación nuestra. Los poetas del Brasil sabían mucho, en efecto, y solían desarrollar teorías más o menos complicadas, desde los tiempos de la Semana de Arte Moderno, en el São Paulo de los años veinte, hasta los de la poesía concreta, que en aquellos años apenas despuntaba, si es que despuntaba, y Neruda, frente a esos despliegues intelectuales, demostraba su desconfianza de siempre, anclado todavía en esa idea de la «absorción física del mundo» que había explicado en su carta de Ceylán a Héctor Eandi. «Saber», decía Rubem, lúcido, aunque medio mareado por el whisky que había dado y había quitado, «no le hace daño a nadie. ¡Todo lo contrario!» Rubem protestaba, y nosotros nos reíamos, sin tomarle el peso al asunto, pero el asunto tenía su peso, sin la menor duda, y habría sido muy útil, para mí y para todos nosotros, tener las ideas claras a ese respecto. Eran, sin embargo, años de euforia y de lirismo nocturno, años de humor abierto e incierto, aunque no de ideas muy claras, y todos quedamos condenados a perder tiempo y a pagar las consecuencias en alguna medida.

Botánica y literatura

A mediados de la década del cincuenta, Neruda asumía, para mí y para muchos de mis amigos, la figura de un poeta del pasado, un personaje mítico, que ahora, en el presente, se repetía, o practicaba un verso más bien fácil y circunstancial. Mi fascinación nunca desgastada consistía en pensar que esa persona, a quien yo veía con relativa frecuencia, era la misma, por increíble que eso pareciera, que había llegado de Temuco a Santiago, allá por el año veinte, y había escrito *Crepusculario, Veinte poemas* y *Tentativa del hombre infinito*; la misma que había vivido en el Extremo Oriente y había creado allá la mayor parte de *Residencia en la tierra*; la misma del poema «Las furias y las penas» y del texto en prosa «Viaje al corazón de Quevedo», y la que había escrito en México, un día desaparecido y a la vez memorable, «Melancolía cerca de Orizaba».

Yo era, al mismo tiempo, lector asiduo de escritores que en aquellos años aparecían en las antípodas de Neruda, o que en determinadas circunstancias actuaban, si es que estaban vivos, como enemigos declarados. Entre los muertos, Franz Kafka. Entre los vivos, pero lejanos, inalcanzables, William Faulkner. Y entre los que se hallaban peligrosamente cerca, Jorge Luis Borges. Tras haber sido lector apasionado de Neruda, yo empezaba a ser amigo suyo, pero leía con pasión creciente a Borges y a sus semejantes, y me distanciaba poco a poco, de un modo insensible, de las lecturas nerudianas.

Por su lado, el Poeta, el de la década del cincuenta y el de todas las épocas, era incansablemente promotor, inventor, embelequero. Siempre reaparecía y planeaba una celebración, un acto sorpresa, un homenaje, una colección de poesía o de textos históricos, un club de amigos, una revista. Citó un día de ésos a un grupo de escritores a la Chascona, casa que se acababa de presentar en sociedad con la fiesta de los botellones de Rubem Braga. Ahora se trataba de anunciar y de poner en marcha una nueva revista literaria, que el Poeta ya había bautizado como *La Gaceta de Chile*.

Allí estaba, pues, el infaltable Luis Oyarzún Peña, con su cara roja, sus labios fruncidos y su pelo corto, espeso, donde aparecían las primeras canas. La presencia suya indicaba un esbozo de pluralismo, una apertura de la revista hacia sectores cristianos. Estaba, sin duda, Jorge Sanhueza, que parecía balancearse en una cuerda floja, entre la militancia disciplinada y la condición del simpatizante independiente del PC, el compañero de ruta. Otros escritores cercanos al Neruda de 1955 eran el poeta Efraín Barquero, los novelistas Jaime y Mercedes Valdivieso, la narradora Teresa Hamel, el poeta y novelista Hernán Valdés, José Miguel Varas, novelista «joyceano» y a la vez, contradictoriamente, crítico literario casi oficial del partido. Volodia Teitelboim, que empezaba a convertirse en uno de los dirigentes comunistas más destacados y que ya había publicado un par de novelas, también podía estar allí, pero la verdad es que no lo recuerdo. Armando Cassígoli, de nuestra «generación del cincuenta», narrador de talento, hombre apasionado y un tanto arrebatado, a quien siempre veía correr de un lado para otro, militante que después rompería con el comunismo ortodoxo y se haría miembro de una facción prochina, seguramente estaba. Quizás Enrique Lihn, que hasta entonces era independiente y que pasó más tarde por un breve período de militancia. No, desde luego, Enrique Lafourcade, ni Jaime Laso, ni Luis Sánchez Latorre, ni Miguel Arteche, ni Guillermo Blanco, que se identificaban con tendencias políticas más de centro, o que se declaraban apolíticos, como era el caso de Laso y de Lafourcade, y que eran acusados, a causa de eso, de un derechismo vergonzante. José Donoso, que ya había publicado *Coronación*, estaba lejos, en los Estados Unidos o en otra parte, y no frecuentaba, por lo demás, esos círculos. Nicanor Parra aparecía de repente y después se hacía humo. Y Francisco, Pancho Coloane, el cuentista de los mares del sur, un Jack London chileno, aportaba a todas esas reuniones su vozarrón, su facha de viejo ballenero, sus discursos vibrantes, algo confusos y aguardentosos, que contrastaban con el impecable silencio de Juvencio Valle, Juvencio Silencio, el poeta de los bosques de la Araucanía.

En esa reunión en la Chascona, el Poeta, instalado en la silla del director, asignó tareas. Alguien tenía que encargarse de la poesía joven. Otro tenía que ocuparse del ensayo. Otro, de la novela y el cuento. A mí se me pidió que llevara algún relato o alguna nota crítica. Llegué al callejón de Fernando Márquez de la Plata debidamente advertido, y entregué, al levantarse la sesión, un breve, pero denso comentario de *Otras inquisiciones*, de Jorge Luis Borges, texto que Neruda miró de reojo, con mirada oblicua, y se guardó en un bolsillo interior, sin decir palabra. Entregar ese trabajo, en ese recinto particular, en aquellos años, podía considerarse, quizás, como una provocación, pero la verdad es que no lo había pretendido así: era un producto de mi entusiasmo literario, de mi cándido y puro entusiasmo.

Al final de la ronda de encargos, hubo un pequeño incidente más bien cómico.

—Yo quiero que tú, Lucho —dijo Neruda, dirigiéndose a Oyarzún—, te hagas cargo de la sección de botánica.

—¿Y desde cuándo —preguntó Oyarzún, con su cara inflamada, su pelo corto y disparado, su voz entre ingenua, desprevenida, y burlona— las revistas literarias tienen sección de botánica?

—Yo quiero que esta revista —replicó Pablo, impertérrito— *tenga* una sección de botánica.

Se sabe que el Poeta coleccionaba viejos libros de ciencias naturales, láminas de flores y de plantas de los siglos XVIII y XIX, naturalezas muertas, como se llama en Chile a la pintura de bodegones, encontradas en el Mercado de las Pulgas de París o en el Mercado Persa de Santiago de Chile, y era sabido, también, que Oyarzún, caminante infatigable, viajero por montes y collados, examinaba flores y frutos, explicaba arbustos, comentaba perfumes, apoyado en una que otra lectura científica, durante sus frecuentes y prolongadas excursiones campestres. Era poeta, ensayista, profesor de estética, autor de un diario de vida que dicen que en parte, la parte escabrosa, ha desaparecido, como suelen desaparecer las cosas en nuestro país, sobre todo cuando hay textos que afectan al temeroso recato de las familias, y aficionado a la botánica. Habría mantenido una sección de botánica poética de gran calidad, si *La Gaceta de Chile* hubiera perdurado, pero, a pesar del patrocinio de Neruda, que podía hacernos trabajar en forma gratuita por la pura gloria de figurar a su lado, la revista tuvo la misma existencia efímera de las demás publicaciones literarias chilenas.

Apareció el primer número, y mi texto sobre Borges no figuraba en ninguna parte. Tampoco figuró en el número dos, ni en el tres, y no tuve más remedio que llegar a la conclusión de que había sido deliberadamente «extraviado», o destinado al canasto de los papeles. Si uno pretendía que el olímpico creador de *Canto general* perdonara a sus enemigos políticos o a sus rivales literarios, tenía que esperar sentado. Yo debí protestar, gritar ¡censura!, pero no era nada fácil: la censura estaba incorporada de algún modo, sin que nos diéramos cuenta, por efecto del estalinismo ambiental, a nuestra vida literaria, estaba internalizada por todos nosotros, y desistí de inmediato, sin pensar que mi claudicación no carecería de consecuencias. La situación cambió un poco a lo largo del tiempo, pero creo que no cambió del todo. Borges recibió algunas menciones amables, diplomáticas, debidamente correspondidas. Me parece que otros no. Carlos Fuentes, en un momento, se vio llamado por el propio Neruda a organizar un encuentro de reconciliación con Octavio Paz, de quien se había distanciado abruptamente en los años cuarenta en México. Según Fuentes, sin embar-

75

go, Neruda demostró muy poco ánimo real de reconciliarse, y él, Fuentes, prefirió no correr riesgos inútiles. En cuanto a Pablo de Rokha, «el De Rokha», «Perico de los Palotes», como lo llamó Neruda en diversos textos, mejor ni hablar.

A propósito de Octavio Paz, he tenido la ocasión de conversar con él en estos días (mediados de 1990), un año después de haber escrito las páginas anteriores. Hemos conversado en Madrid, por teléfono, en vísperas de que él viajara a París y de que yo, después de dar un par de conferencias y de dictar un curso («Memorialistas iberoamericanos»), regresara a Chile.

—Mira —me dice Octavio—, quiero decirte una cosa, ya que tú estabas tan cerca del personaje. El año pasado releí la obra completa de Neruda, desde la primera página hasta la última. Creo que en mi edición faltaban algunas cosas del final, pero leí entero y por orden todo lo que tenía. Mi conclusión es que Neruda es el mejor poeta de su generación. ¡De lejos! Mejor que Huidobro, mejor que Vallejo, mejor que Borges. Y mejor que todos los españoles...

Octavio Paz habla con buena dicción mexicana, con frases bien cortadas, y con un ritmo algo sincopado, que parece interrumpirse para permitirle recuperar el aliento, y que al final de cada período deja un silencio breve, curiosamente interrogativo, como si esperara la réplica o la duda.

—Es un poeta muy irregular, desde luego —replico—, pero en sus grandes momentos es el mejor. Siempre lo he pensado así: uno de los mejores del idioma. *Residencia en la tierra* es un libro extraordinario...

—*Residencia en la tierra* es un libro extraordinario —asiente Octavio Paz—, pero también hay poemas extraordinarios en las *Odas elementales*, y más adelante.

—¿Conoces *Geografía infructuosa*?

—No —dice Octavio—. Creo que eso no figura en mi obra completa.

Le hablo de «El campanario de Authenay», de la poesía de sus últimos años.

—Su error fue la política —resume Octavio Paz, y yo le

contesto que él había comprendido eso, o que había comenzado, por lo menos, a comprenderlo. Su conversación privada, de la que le di algunos detalles, lo revelaba, y también su poesía, a partir de *Estravagario*, que había que saber leer entre líneas.

En esta misma conversación telefónica, que se hizo extremadamente larga, Paz me contó que había llegado a París en 1937, con veintitrés años, camino de España, y que Neruda (entonces tenía treinta y tres años) lo esperaba en la Gare Saint Lazare, en compañía de Louis Aragon y de un fotógrafo. El bajó del tren y escuchó una voz distante que llamaba: «¡Octavio Paz! ¡Octavio Paz! ¡Octavio Paz!». Se fotografiaron, él hizo unas declaraciones que aparecieron en *France Soir*, junto a fotografías de los tres poetas, y Pablo y Aragon lo llevaron a un hotelucho en la Rue des Carmes.

«¡El Hotel des Carmes, seguro!», exclamé, porque allí, en años muy posteriores, vivía un personaje que había sido íntimo de Neruda, que lo había acompañado al Extremo Oriente en calidad de canciller de su consulado, y que después había tomado sus distancias: Alvaro Hinojosa, que escribía cuentos en inglés con el nombre exótico de Alvaro de Silva, y a quien encontré en París, ya viejo, estudiando el idioma en la Alianza Francesa del Boulevard Raspail a fin de poder «convertirse en escritor francés». «El Hotel des Carmes», confirmó Paz, que había llegado al hotel y había dicho que tenía que salir a comprar un peine. «No te preocupes, hijito, yo tengo uno», le había dicho, entonces, la Hormiga, que demostraba así, con ese detalle y ese lenguaje, que era la misma que conocí en Los Guindos a fines de 1952. «Y me pasó», dijo Octavio, riéndose por dentro, porque desde el otro lado del teléfono se notaba que no tenía aliento para reírse por fuera, «un peine inmundo, que había sido blanco alguna vez, pero que estaba negro».

Por la noche cenaron en el Barrio Latino, y en eśa cena Paz conoció a César Vallejo y a otra gente que iría a España, al Congreso Antifascista que iba a celebrarse en Valencia. Al día siguiente, a la una y media, Neruda y Paz se reunieron en el consulado de España para arreglar asuntos de visa. «A la salida», dice Octavio, «me acuerdo de que nos encontramos con Luis Buñuel, que también viajaba». En el tren a Barcelona iban André Malraux, Stephen Spender, Ilya Ehrenburg, entre muchos otros. «Neruda, en sus memorias, miente», afirma Octavio, «porque Vicente Huidobro no viajaba en ese tren. Huidobro no se peleó con Malraux por un asunto de maletas, como cuenta Neruda. Su pleito fue con Tolstoi [yo supongo que Alexis Tolstoi, escritor soviético y pariente del autor de *La guerra y la paz*], porque unos comisarios rusos le tomaron su automóvil sin decirle nada, el que ponía a su disposición la República española, para ir a visitar Versalles.»

Y más adelante me cuenta: «Neruda, en París, me decía: "No hables con Vicente Huidobro"», y no hace comentarios. No se necesitan comentarios, claro está. Yo me acuerdo de que Rafael Alberti, en ese desayuno de Madrid que ya he relatado, me contó que había estado en Chile por el año 46 o 47, en la casa de Los Guindos, y que había tenido que ir a visitar a Huidobro en secreto, sin decirle una palabra a Neruda.

Comenté esta conversación telefónica con unos amigos, dos o tres horas más tarde, mientras comíamos pescados del Cantábrico y calamares en su tinta en un pequeño restaurante de la calle del general Oraa, cerca de Velázquez, y uno de ellos hizo la acotación siguiente: «De Octavio Paz podría decirse exactamente lo mismo. Ha sido el mejor poeta de su generación, pero su error es la política... Uno se matriculó equivocadamente con la izquierda; el otro, con la derecha. Eso los perjudicó en más de algún sentido, pero les dio, por otro lado, una tribuna mundial: tribunas contrapuestas, se entiende, pero que ayudaron enormemente a la difusión de sus obras respectivas...». Yo guardé silencio, pensativo, y me concentré en comer mi bonito al horno con pisto de Bilbao. Sentía que los dos grandes poetas, separados en la vida, se reconciliaban por encima de nuestros devaneos y nuestros comistrajos más bien deleznables.

La diplomacia

Al salir de la Escuela de Leyes de la calle Pío Nono, tuve la peregrina idea de arrendar unas tierras, en sociedad con mi amigo Andrés García Huidobro, pariente lejano, supongo, de Vicente, el poeta, y convertirme en pequeño empresario agrícola. Digo empresario y no campesino ni agricultor, porque el proyecto consistía en entregar las tierras a medieros y cultivar hortalizas, que permitían obtener ganancias altas por hectárea cultivada. El proyecto fracasó al cabo de un par de años, como era quizás inevitable que ocurriera, y se me presentó, de un modo casi simultáneo, la posibilidad de ingresar por concurso en la carrera diplomática. Ya había pensado que era una buena alternativa para ganarse la vida, conocer el mundo y tener tiempo libre para escribir. Había numerosos precedentes, desde los tiempos de Jean-Jacques Rousseau, de Chateaubriand, de Stendhal, hasta los de don Alberto Blest Gana, el maestro de la novela chilena del xix, y el propio joven Neruda, y no reflexioné demasiado antes de lanzarme por ese camino.

En aquel tiempo, hacia fines del año 56 o comienzos del 57, encontraba a Neruda en diferentes lugares: en la Chascona, en casa de Teresa Hamel o de Enrique Bello, en actos literarios, en el boliche alemán de la calle Pío Nono esquina de Dardignac o en una taberna de Vicuña Mackenna al llegar a Diez de Julio, recinto oscuro, sucio, bullicioso, donde habíamos ido una noche en compañía de Acario Cotapos a comer unos contundentes arroces a la valenciana. Le conté lo de mi posible ingreso en el Ministerio de Relaciones Exteriores, aprovechando un concurso que se organizaría entre los «meritantes», jóvenes que trabajaban en forma gratuita, a mérito, es decir, haciendo méritos furiosos para ingresar al escalafón, situación irrisoria que inspiraría a mi colega doble, Jaime Laso, una comedia satírica. Se lo conté ya no sé dónde, y creo que el Poeta dio un salto. ¡Para qué demonios quería entrar en el Ministerio! Ese recinto sombrío, ese hoyo lleno de escritores que habían sido talentosos, creativos, activos, cuya voz se había dejado oír con fuerza y que, después, dentro de «la carrera», se habían callado, habían escrito cada día menos, se habían incorporado a una especie de limbo amable, protegido e inofensivo. La carrera, los salones y los entorchados de la diplomacia, se habían comido vivos a muchos de nuestros mejores talentos. ¿No sabía que hasta Fernando García Oldini, nuestro atildado y distante embajador en Suiza, convertido en miembro conspicuo de las clases conservadoras y del alessandrismo, había sido un escritor que prometía y un joven revolucionario? ¿Y Salvador Reyes? Salvador Reyes, antes de incorporarse a la bendita carrera, era un escritor interesante, polémico, presente en todo. ¿Y Humberto Díaz Casanueva? ¿Quién sabía de Humberto Díaz Casanueva después de su transformación en exiliado oficial y de lujo?

Mi obsesión por ingresar en el Ministerio, en la legendaria carrera, no desapareció. Se me había metido entre ceja y ceja, y tenía que conseguirlo. Había llegado a creer que no había otro modo para un joven chileno, en aquellos años, de acceder a la literatura. Neruda podía decir lo que quisiera, pero su propia biografía, su posesión de un consulado en el Extremo Oriente mientras escribía su mejor obra, lo desmentía. Huidobro había vivido en Europa gracias a las rentas de su familia. Gabriela Mistral era cónsul vitalicio en virtud de una ley de la época del Frente Popular... Y había tantos otros casos, en Chile y en toda la América española y portuguesa. Conseguí, pues, ser admitido como meritante, participé en el concurso para ingresar en el Servicio Exterior de la República, y a finales de 1957 me nombraron en el último grado del escalafón. Cuando me presenté a trabajar por primera vez, el subsecretario era Enrique Bernstein Carabantes, a quien Neruda había atacado en algunos versos de *Canto general* y a quien acusaba de haber sido instrumento de González Videla en maniobras contra él.

En el Ministerio de aquellos años, la idea predominante sobre el poeta y militante comunista Pablo Neruda era más bien vaga y caricaturesca. Alguien se acordaba, de repente, de su paso por la carrera, y hablaba de sus excesos, de sus comilonas orgiásticas, de sus errores o de su incompetencia administrativa. Se comentaba que don Tulio Maquieira, cónsul general en Madrid en los años treinta, le había dicho, cuando se había presentado a trabajar a sus órdenes: «Usted es poeta. Pues, dedíquese entonces a la poesía. No tiene para qué venir a este consulado. Dígame, nomás, dónde tengo que mandarle su cheque todos los meses».

Quedaban, a pesar de todo, algunos amigos suyos en la carrera. Ellos hablaban de él en voz baja, con disimulo, como si esa amistad fuera todavía, a pesar del eclipse político de González Videla, francamente peligrosa. Les sucedía, quizás, lo que había descrito Neruda en unos párrafos de sátira política: los tiempos cambiaban, pero ellos, los relamidos diplomáticos chilenos, eran los últimos en enterarse. O lo último en cambiar, más bien, era la institución, y ellos actuaban con mayor sentido de la realidad de lo que yo me imaginaba. Por lo demás, esos amigos de Neruda que continuaban enquistados en la diplomacia eran, en general, funcionarios marginales, que se habían defendido adoptando una actitud entre cínica y hedonista. Neruda confeccionó una especie de corbata o lengüeta de papel, dibujada con tinta verde, con bromas alusivas y en clave, y me pidió que se la dejara en el escritorio, sin decir una palabra, a Carlos García de la Huerta, uno de esos personajes de las viejas promociones. «Es una persona muy simpática», me advirtió Pablo, «y estaba casado con una rumana delirante, de las que tomaban champagne en el zapato...». Carlos vio la misiva, probablemente comprendió, y hasta pudo reírse para sus adentros, pero no se dio por aludido. Estaba claro: cuando uno cruzaba los umbrales de esa cancillería, entraba en otro mundo, un mundo de silencios y de suspicacias y donde el horno ya no estaba para bollos.

Una de esas noches, convertido en flamante funcionario, le pasé un libro, un ejemplar de una edición mexicana de *Canto general*, para que me lo firmara. Estábamos en la mesa del fondo del boliche alemán de Pío Nono, frente a sendas jarras de cerveza. Pablo, hábil y rápido en dedicatorias, se demoró, pensativo, con la barbilla apoyada en una mano. «¿Tienes problemas?», le pregunté, y él, entonces, escribió: «Para Jorge, sin problemas, salvo cuando lo nombren embajador...».

A la vez, el tema de la diplomacia y del ministerio lo atraía, le provocaba una curiosidad constante, lo divertía. Hacía preguntas sobre las personas, los detalles, los usos y costumbres nuevos y antiguos. Decía que los consulados eran mucho mejores, más independientes que las embajadas. Recordaba anécdotas de sus misérrimos consulados de elección en el Extremo Oriente, que sólo existían para poner timbres, cada dos o tres meses, en facturas de té o de cáñamo despachados a puertos chilenos, y donde el cónsul sólo cobraba un mínimo miserable en los meses en que no había facturas. Hablaba de embajadores mortalmente serios, envueltos en un frac como en un ataúd, tapados de condecoraciones, que no levantaban su servilleta de encima del plato, en la mesa de un banquete, porque los habían «sentado mal». O del Hotel Imperial, en Tokio, al final de la guerra, donde vivían los jefes de misiones diplomáticas y se trasladaban por el ascensor, cada tarde, a «Suiza», a «Suecia», a «Italia», es decir, al piso y a las habitaciones ocupadas por esas legaciones o embajadas, para participar en una recepción en la que se ofrecían los mismos aperitivos, idénticos bocadillos, canapés y bandejas conocidos de memoria, en medio de caras, sonrisas, frases perfectamente idénticas. O contaba que don Tulio Maquieira, uno de los jefes suyos a quien a fin de cuentas había respetado, trabajaba de secretario en Londres, en su juventud, y le decía una mañana al embajador de turno, en el instante en que éste se disponía a «redactar el informe político»: «¿Quiere que le traduzca yo el editorial del *Times*?», pregunta que desataba la cólera del encumbrado funcionario.

Yo llegaba al ministerio el lunes por la mañana, y Jaime Laso, el otro escritor de mi tiempo que había conseguido ingresar en el Servicio, con su manera peculiar de balancearse, transfiriendo el peso del cuerpo de una pierna a otra, oponía a las pullas nerudianas una filosofía realista, una suerte de buen sentido mesocrático, que solían sacarme de quicio. Jaime sostenía, en resumen, que había que conseguirse «un consuladito por ahí», una peguita lo mejor posible, sin hacer tantas teorías previas, y juntar dólares y acumular páginas de cuentos y de novelas. Había que escribir, sostenía, con mucha paciencia, porque la literatura no era una carrera de cien metros, sino una maratón de fondo. Y para escribir había que prepararse, había que entrenarse, como los boxeadores. El no tenía mayores ambiciones de premios, de reconocimiento exterior: ya había obtenido, por su novela *El cepo*, el Premio Municipal de Literatura, «y ese Municipal fue mi Premio Nobel». El problema de los escritores en la diplomacia, en el fondo, era que todo el mundo los envidiaba, porque todos aspiraban a conseguir eso, «pero es mejor que te envidien, Jorgito, a que te tengan lástima», y lo decía balanceándose, atusándose los bigotes de burócrata e hijo de militar, riéndose por lo bajo en forma socarrona. ¿Qué decía Neruda a este respecto? A Jaime Laso no le importaba mucho lo que dijera Neruda, ¡Pablito!, como exclamaba, remedándole el tono. Pablito, y todos sus acólitos, corrían detrás de las mismas cosas. El, Jaime Laso Jarpa, hijo de don Olegario Laso Baeza, general de Caballería y pequeño maestro del cuento naturalista, era un escritor soterrado, desconfiado, obstinado, que sólo conocía dos admiraciones avasalladoras: la de Carlos Gardel, Carlitos, el cantor de los barrios de Buenos Aires, y la de Albert Camus, «Camusito», autor de *El extranjero*. Neruda, «Pablito», no lo impresionaba, y las lucubraciones del Poeta no prevalecían frente a su filosofía práctica, sólida como una roca.

Jaime Laso partió un buen día de encargado de negocios a Haití. Conoció allí a Papá Doc, François Duvalier, y a sus secuaces, vivió la experiencia intensamente, trabajó, sufrió, y se divirtió por momentos como un loco, y regresó a Santiago, después de una breve pasada por nuestra embajada en Washington. La útima vez que lo vi estaba en cama, afectado por una fuerte gripe. Tenía una toalla amarrada a la cabeza, como un turbante, y leía, sacudido por su risa socarrona, un libro en encuadernación de lujo, con esquinas y cantos dorados y marcadores de seda roja tornasolada: las obras completas de François Duvalier, regaladas por su autor en el momento de la despedida. Estaba convencido de que Papá Doc, molesto con algunas libertades que él se había tomado en la isla, le había hecho el mal de ojo, alguna maldición del rito vudú. Por eso, al pasar de Haití a Washington, había ingresado a una clínica para hacerse exámenes exhaustivos. Los médicos, felizmente, no le habían encontrado nada.

A la mañana siguiente de esa visita, temprano, estaba en mi oficina del ministerio, la misma en que trabajaba Jaime. Sonó el teléfono y me pasaron el fono. Era su esposa, Inés, para comunicarme que Jaime se había quedado muerto esa noche en el sueño. El médico de la familia lo había examinado y creía que había sido un paro cardíaco. Fuimos a visitarlo de inmediato y parecía que dormía, plácido, olvidado de la exaltación, del nerviosismo incesante, de la risa socarrona que lo sacudía a cada rato y lo caracterizaba.

Las respuestas oscuras

El Poeta de la casa de Los Guindos, el de la primavera del año 1952, tenía respuestas claras para todas las cosas, o creía que las tenía, por lo menos. Era un poeta que a menudo se declaraba soldado, soldado de la lucha por el futuro, por la felicidad del género humano.

> ...porque aprendí luchando
> que es mi deber terrestre
> propagar la alegría...

cantaba en una de sus *Odas elementales*. Era, también, a diferencia de sus predecesores románticos, simbolistas, modernistas, que sólo sabían hablar de su yo, de sus conflictos oscuros, de «la dulce que aman», el hombre invisible de la primera de las odas, el que anula su ego, el que se disuelve en la presencia de los otros, en la existencia colectiva.

Hacia mediados del año 57, las respuestas claras, las afirmaciones militantes y luminosas, empezaron a oscurecerse de nuevo. Reaparecía el gusano de la duda, y el hombre invisible, traspasado por una claridad exterior a él mismo, convertidas sus palabras en herramientas comunitarias, adquiría otra vez una opacidad conflictiva, problemática, inevitable y contradictoriamente visible, puesto que su excesiva presencia pública lo llevaba a implorar que lo dejaran tranquilo, entregado a su adoración de la mujer y a su contemplación de la naturaleza.

¿En qué medida había influido el XX Congreso del Partido Comunista de la URSS, en 1956, y la denuncia de Nikita Kruschev de los crímenes de Stalin, con todas las repercusiones internas del asunto, equivalentes a un cataclismo que Neruda tuvo que experimentar y soportar desde su mismo epicentro? Para los no iniciados, para la gente ajena al partido, para todo lo que podríamos llamar el «mundo exterior», comparable en más de algún aspecto a esas «tinieblas exteriores» de la teología católica, Neruda mantuvo una actitud de reserva estricta, un silencio perfectamente disciplinado, propio del militante fogueado, maduro, pero uno podía interpretar ciertos signos visibles, cierta señales, y observar una notoria evolución en la obra poética. Para cualquier buen entendedor, ese desarrollo de la poesía, ese cambio de estilo, resultaban inequívocos. El poeta de *Las uvas y el viento*, de *Los versos del capitán*, de *Odas elementales*, escribía y vivía en función de una esperanza segura, de la idea reguladora, normativa, de la victoria final, más cercana que lejana, de la causa del pueblo y de la humanidad. El autor del *Tercer libro de las odas*, publicado a fines de 1957, era ya, en cambio, un poeta enteramente diferente, un contemplador intimista, voluptuoso, nostálgico —cercano a veces a un peculiar sentimiento casi religioso, de carácter panteísta—, de la naturaleza, de los seres, de objetos que el uso había degradado y al mismo tiempo humanizado: un albatros viajero, una bicicleta, un cine de pueblo, una vieja estación de ferrocarril, la luz encantada o la migración de los pájaros. Uno compara esos poemas con los de *Las uvas y el viento* y tiene la inmediata sensación de que el Poeta, cuyos ojos habían estado clavados en el futuro, vuelve a fijarse en las cosas que lo rodean, pequeñas o grandes, en el paisaje inmediato, en la naturaleza omnipresente, hostil o enemiga, pero que no trae mensajes verificables, como los habían traído esas olas del mar Pacífico que solemnizaban la muerte de Josef Stalin, o ese viento del Asia que era el viento de la revolución: una naturaleza que repite, ahora, con la resurrección de cada día, sus preguntas, su fascinación esencialmente enigmática, ligada al misterio del tiempo.

En los libros de la etapa estalinista, la noción del tiempo, precisamente, era lineal. El tiempo era una flecha dirigida hacia el futuro y que iba a dar en el blanco de la victoria definitiva y de la sociedad feliz: flecha en el blanco, tiempo detenido, culminación y fin de la historia, que no había sido hasta entonces más que la historia de la lucha de clases, como proclamaba la filosofía oficial. Y de pronto, en el *Tercer libro de las odas*, de fines del año 57, y en *Estravagario*, de mediados del 58, encontramos que el tiempo se había convertido en círculo y en punto de interrogación. Las cosas habían dejado de ser simples, unívocas en su mensaje:

Mientras se resuelven las cosas,
aquí dejé mi testamento,
mi navegante estravagario,
para que leyéndolo mucho
nadie pudiera aprender nada, sino el movimiento perpetuo
de un hombre claro y confundido,
de un hombre lluvioso y alegre,
enérgico y otoñabundo...

Me encontré con el Poeta en su casa de Isla Negra, en vísperas de la salida de *Estravagario*, en el invierno del año 58, y estaba dedicado a buscar ilustraciones en las viejas ediciones de Hetzel de las novelas de Julio Verne. *Estravagario*, por encima de otras cosas, tenía que ser un libro del mar, que retomaría contacto con los temas del Neruda viajero por las costas del mundo: el Neruda vagabundo, rimbaldiano, de *Tentativa del hombre infinito*, y el navegante exótico de las dos primeras *Residencias*. En Isla Negra me habló del *Nautilus*, la embarcación fantástica de las *Veinte mil leguas de viaje submarino* de Julio Verne, de su comandante, el capitán Nemo, que en las horas de soledad tocaba un enorme órgano instalado en esa nave, que se convertía entonces en una catedral sonora sumergida, y del krankl, el pulpo gigantesco, mitológico, terror de los navegantes, mencionado antes de Verne en uno de los libros favoritos de

Neruda, *Los trabajadores del mar*, de Victor Hugo. Me parece, ahora, que su salida del realismo socialista coincidía con un acercamiento a los temas y a las leyendas marinas: acercamiento cíclico, puesto que esos temas ya habían sido dominantes en su poesía de juventud.

¿Se identificaba, entonces, la idea del mar con la del misterio, la del tiempo circular, la del eterno retorno, en contraste con la visión de una tierra nutricia, escenario de las luchas y las aspiraciones de los hombres? «El mar, madre de todos nosotros», dijo en alguna ocasión Claude Achille Debussy. Cité esa frase en una crónica de la revista *Ercilla*, años más tarde, y Neruda, que escribía una página semanal en la misma revista, recogió el asunto de inmediato y lo comentó al pasar. Lo comentó para discrepar conmigo: yo sostenía que una frase musical de Debussy podía ser la inspiradora de la célebre frase de la sonata de Vinteuil, en la novela de Proust, y Neruda creía, por el contrario, que el modelo se encontraba en la sonata para violín y piano de César Franck, sonata que escuchaba con insistencia en sus tiempos de joven cónsul en Colombo, Ceylán. Más allá del detalle, el comentario revelaba su vuelta a los temas anteriores a su descubrimiento de la poesía «realista», su interés recuperado en la poesía hermética, su deseo, incluso, de evocar la atmósfera y los gustos de su juventud en el Oriente.

Pero esto ocurría diez o más años más tarde. En los días que siguieron a aquel encuentro del año 57 en Isla Negra, hubo una lectura en Santiago de anticipos de *Estravagario*, libro que estaba por salir, o que ya había salido en Buenos Aires, en la Editorial Losada, y se esperaba en Chile. El acto tuvo lugar en una sala más o menos pequeña del Ministerio de Educación, en pleno centro de la capital, ante una audiencia atenta, escogida, no demasiado numerosa. Una de las personas que trabajaba en esas dependencias ministeriales, organizador probable de esa velada, era José Santos González Vera, escritor un poco mayor que Neruda y ligado a nuestros viejos grupos anarquistas, «ácratas», como le gustaba decir, pero amigo suyo desde la época de la revista *Cla-*

ridad, de la Federación de Estudiantes y del movimiento del año 20.

Ahora recuerdo muy bien mi propia sorpresa frente a esa lectura. El cambio de tono era notorio, flagrante. La euforia política había sido suplantada por la ironía; las afirmaciones dogmáticas, por la duda; la oratoria tribunicia, por el humor y el coloquialismo. Las distorsiones verbales deliberadas, los neologismos de las primeras *Residencias*, volvían al primer plano. Pero no sólo reaparecían las formas. También reaparecían Madrás, y Birmania, y los mercados con sus mostradores repletos de betel, de azafrán, de frutas, y el paisaje urbano opresivo de «Walking around». Uno tenía la sensación, eso sí, de que esos temas habían sido domesticados, controlados, y hasta cierto punto, por el simple efecto del paso de los años, desdramatizados, transformada la angustia, con su fuerza y su desesperación, en una nostalgia más equilibrada y suave. La visión del poeta de *Residencia* era reconocible, pero el mundo ya no estaba mirado por ese «párpado atrozmente levantado a la fuerza» de antaño. Predominaba, más bien, una mirada cansina, melancólica, que acababa de perder una fe apasionada y no conseguía suplantarla.

Después de la lectura, el Poeta se veía defraudado. «Encuentro», me dijo, «que el público estuvo muy frío». El público de Neruda, en verdad, estaba acostumbrado a cierta forma de exaltación romántica, no a la reflexión dubitativa. A mí me encantó el cambio, en el sentido preciso del término «encantar», pero también percibí una flojedad, un adelgazamiento del tono. El Neruda de *Tentativa* y de las *Residencias*, abandonado después por el autor de «Reunión bajo las nuevas banderas», regresaba, o por lo menos se asomaba desde atrás del escenario y nos hacía un guiño, y eso, para mí, durante esa lectura, fue bastante. Por su lado, el Poeta probablemente comprobaba que la simplicidad del discurso siempre era más eficaz, más movilizadora de la masa de los lectores y auditores. La lucidez y la sutileza no servían para arrancar al público de sus asientos. Comprobaba eso, y la comprobación lo conducía a quién sabe qué conclusiones.

Por entonces, Boris Pasternak obtuvo el Premio Nobel de Literatura, y Neruda, desde su rincón de la costa chilena, saludó y celebró el galardón con entusiasmo, declarando que significaba el fin del boicot, del aislamiento de la literatura soviética. A los pocos días se supo que las autoridades del Kremlin prohibían la publicación de la novela de Pasternak, *El Doctor Zhivago*, y no le permitían viajar a Estocolmo a la ceremonia de entrega del premio. El Poeta habría podido protestar, sin duda, pero esa protesta habría sido un escándalo político de envergadura y habría servido, como se decía entonces, para «darle argumentos al enemigo». Optó, pues, por tragar su entusiasmo inicial y por guardar un estricto, incómodo silencio.

A fines del invierno del año 58, Pilar y yo nos casamos y partimos con una beca de estudios a la Universidad de Princeton, en Nueva Jersey, Estados Unidos. Era una beca que se concedía cada año a un funcionario del Ministerio de Relaciones Exteriores, de modo que yo conservaba mi puesto en la carrera. En Princeton, y en ocasionales excursiones a Nueva York, no supimos nada, o casi nada, de Pablo Neruda y de Matilde. Conocí a gente importante de la emigración española —Américo Castro, Vicente Llorens, Francisco Ayala, Claudio Guillén—, pero Neruda, para ellos, y en aquel momento, no pasaba de ser un nombre célebre y un mito que se volvía un poco lejano. En una reunión en su casa, don Américo Castro nos habló, a Claudio Guillén y a mí, de Carlos III; de los complicados intentos de hacer trabajar a la gente hispánica con sus manos; de las diferencias entre un ingeniero español, que podía llegar a vestirse de uniforme y espadín, y un ingeniero norteamericano, que uno veía de *blue jeans* y casco, metido en su faena; de las formas arcaicas del castellano que él había escuchado, con regocijo y asombro, en el campo de la zona central chilena. Nos comentó las divisiones en aquel tiempo de la oposición al franquismo, que contribuían a mantener la buena salud de la dictadura. «Si uno junta las diferentes facciones de la política española como las piezas de un mosaico», nos dijo esa tarde don Américo, «el resultado es la cara de Franco».

Vicente Llorens hablaba, en las reuniones semanales del grupo hispánico de Princeton, de Moratín y de su amistad en París con mi coterráneo Pérez Rosales. Francisco Ayala, por su parte, acababa de descubrir y estaba entusiasmado con los cuentos de un escritor argentino desconocido, un tal Julio Cortázar.

Hasta Princeton llegaban con bastante intensidad, entretanto, los ecos de la revolución cubana en marcha. Nosotros pasamos la fiesta de Año Nuevo de 1959 en pleno Times Square. Mientras celebrábamos, en medio de las chayas, de las campanas, de las sirenas neoyorquinas, los guerrilleros barbudos de Fidel Castro y del Che Guevara hacían su entrada triunfal en la capital de Cuba. Después, en abril de ese año, tuve ocasión de ver a Fidel y a un grupo de sus compañeros de armas en una sala del Woodrow Wilson School, uno de los *sancta sanctorum* del *campus* de la universidad. Ya narré la escena en *Persona non grata*. Ese Fidel Castro, el de abril de 1959, trataba de negociar una revolución reformista, moderada, con el gobierno ultraconservador del presidente Eisenhower y del vicepresidente Richard Nixon, que le respondería con un portazo en las narices. Trece años más tarde, en víspera de mi salida de la Habana, Fidel, que ahora detestaba cualquier forma de moderación, cualquier tentación de tipo socialdemócrata, pretendió por un momento negar que él hubiera estado siquiera en ese sitio. Cuando supo que yo había sido un testigo inesperado e inoportuno de su discurso, lleno de elementos conciliadores para con la Casa Blanca, optó por cambiar tranquilamente de tema.

Regresamos en el invierno de 1959 a un Santiago marcado por los comienzos del gobierno de centroderecha de Jorge Alessandri, por los primeros ecos de la revolución cubana, por la polémica, en nuestra vida literaria, desatada por la llamada «generación del cincuenta», la generación mía. Era una querella en la que intervenían con singular entusiasmo Enrique Lafourcade, que siempre fue, además de escritor, un consumado agitador y provocador literario; Claudio Giaconi, que había escrito un libro de cuentos que en aquel momento «hizo época», *La difícil juventud*, además de un ensayo interesante y original sobre Nikolai Gogol, y Armando Cassígoli, y que yo observé con cierta distancia. Me parecía que esa rebeldía individual, anarquizante, al estilo de los *angry young men* de Inglaterra, era un tanto externa y exótica para nosotros. En Princeton había visto con curiosidad los anuncios de la visita de Allen Ginsberg y otros poetas de la región de San Francisco, y había tenido ocasión de leer algunos de sus textos, entre ellos, el poema *Howl*, que pronto se haría célebre. Y había visto en pequeñas salas del Village de Nueva York dos obras decisivas: la *Opera de tres centavos*, de Bertold Brecht, y *Esperando a Godot*, de Samuel Beckett.

En resumidas cuentas, la guerrilla de mi generación me había parecido superficial, pero constituía, en cualquier caso, un signo de los tiempos. El tono diferente de *Estravagario*, de Neruda, había sido ya un síntoma anunciador. Y pronto me tocaría conocer a Ginsberg en persona en la casa de Nicanor Parra, en las alturas de La Reina. Descubriría con sorpresa, en ese encuentro, que admirábamos en común al clásico brasileño Joaquín María Machado de Assis. «Para nosotros es como Kafka», me dijo Ginsberg. Años después, en una mesa de La Coupole, en Montparnasse, en compañía de Nicanor, de Pilar, de Enrique Lihn, Ginsberg nos contaría con lujo de detalles el episodio de su expulsión de Cuba, ocurrida una hora después de haber narrado por la radio un sueño erótico suyo con el Che Guevara. El poeta de *Howl* («Aullido») todavía parecía sorprendido, aquella noche de la segunda mitad de la década del sesenta, de la reacción cubana, y sacaba a cada rato una peineta negruzca para peinarse unas crenchas largas que habían empezado a ponerse grisáceas.

En aquellos primeros días de nuestro regreso de Princeton, a mediados de 1959, asistimos a una cena en Santiago a la que estaba invitado Neruda. El pidió silencio y me dijo que hablara sobre mi experiencia en los Estados Unidos. Describí en pocas palabras la atmósfera intelectual de Princeton, hablé de su maravillosa Biblioteca, y después conté la anécdota siguiente: paseaba un día de nieve por el *campus*, solo, y veía que se aproximaba desde el otro extremo del sendero un señor bajo, con bigotes, que fumaba una pipa, y que se protegía del intenso frío con una capa y un sombrero de *tweed* coronado por una pluma, un sombrero de cazador. Cuando estuvimos a un metro de distancia, nuestras miradas se cruzaron, la mía con la de unos ojos verdosos, acerados, y reconocí de inmediato a William Faulkner. Mis compañeros de universidad no me creyeron, pero al día siguiente el diario local informaba en su primera página que el autor de *Mientras yo agonizo* y de *Luz de agosto* había estado allí por un día.

No supe si el Neruda de *Estravagario*, el que había superado la etapa de *Las uvas y el viento*, había tenido ocasión de reconciliarse con Faulkner. Probablemente no había pensado en el asunto. Conocía la relación estrecha entre *Santuario*, de Faulkner, y *No hay orquídeas para la señorita Blandish*, de James Hadley Chase, pero la conocía, precisamente, debido a su admiración por Hadley Chase, y pensaba que el Faulkner de *Santuario* se había inspirado en esa atmósfera violenta, sin obtener resultados literarios excesivamente brillantes.

El Neruda de ese período, por otra parte, seguía los sucesos de Cuba con indudable atención, a pesar de que no los comentaba demasiado. Después se sabría que había conocido a Fidel Castro en Venezuela, a comienzos de aquel año, y que no habían sentido mayor simpatía mutua. Pablo creía que Fidel, en esos momentos, deseaba marcar sus distancias con respecto al comunismo ortodoxo. Por eso, cuando un fotógrafo los había sorprendido reunidos en una sala de un hotel de Caracas y había tratado de fotografiarlos juntos, Fidel, que al parecer no quería testimonios de su encuentro con un gran personaje del comunismo internacional, había montado en súbita cólera y había expulsado al fotógrafo a empujones, con cajas destempladas.

En alguna ocasión, en aquellos meses, Neruda me dijo que la revolución cubana le recordaba mucho la República española. No me dijo más, pero el final de la República, que él había conocido a fondo, tenía que darle motivos sobrados de reflexión. Sus relaciones con la revolución cubana estaban destinadas a ser difíciles, contradictorias, e iban a reflejar muchos de los conflictos profundos de la política y de la literatura de la década de los sesenta y de comienzos de los setenta.

Después de nuestro regreso de Princeton y hasta mayo de 1962, fecha en que partimos a París, el Poeta, que ya se acercaba a sus sesenta años y que mantenía o acentuaba sus hábitos sociales, gregarios, empezó a cambiar el círculo de sus amigos más íntimos. Daba la impresión de que los personajes que yo había encontrado en mi primera visita a Los Guindos, los amigos de la infancia y de la juventud, los viejos funcionarios del partido, habían sido, parcialmente por lo menos, desplazados. Fue la época en que pasamos a verlo con mucha mayor frecuencia, y en que aparecieron en su casa, en su círculo, personas a quienes no habíamos visto antes, que parecían llegar, en algunos casos, de otros planetas, y que a menudo pertenecían a la generación nuestra. Entre las caras nuevas más asiduas estaban Claudio y Paula Véliz. Claudio Véliz era un hombre de vitalidad inagotable: historiador de la economía, profesor, articulista, ensayista, daba siempre la sensación de un movimiento y de una actividad social perpetuos. Estaba asociado en aquella época a la izquierda no comunista y veía a cada rato a Salvador Allende, a Carlos Altamirano, a Radomiro Tomic, pero el espectro de sus amistades era muchísimo más amplio, francamente difícil de abarcar. Se había educado en el

Grange School de Santiago, uno de los más caros y elitistas de aquel tiempo, y después había partido a la London School of Economics. Era hijo de un comerciante del Matadero, de religión protestante, y eso contribuía a explicar su curiosa mezcla de chileno típico y de apasionado anglófilo. Cuanto profesor, intelectual, político o personaje inglés de la más variada especie pasaba por Chile terminaba por recalar en su departamento de la calle Obispo Donoso y en su casa de El Quisco, unos kilómetros al norte de Isla Negra. Paula, su mujer, alocada, risueña, atractiva, era, a pesar de todo, una dueña de casa perfecta, capaz de mantener el ritmo vertiginoso de cócteles, comidas, salidas, excursiones a la costa, viajes y regresos. Cuando los conocí, su casa de El Quisco acababa de desaparecer, devorada por un incendio, pero estos contratiempos, capaces de agobiar a mortales comunes y corrientes, no hacían mucha mella en Paula y Claudio. Al día siguiente habían instalado una carpa sobre las ruinas humeantes y emprendían la construcción de una segunda casa con energías frenéticas. Nunca tenían un centavo: las finanzas de la familia, sometidas a un ritmo vertiginoso de gastos, siempre se encontraban en estado calamitoso, pero daba la impresión de que estos detalles carecían de excesiva importancia. Pablo se reía a carcajadas, o adoptaba una expresión entre sorprendida y picaresca. Matilde, que se ponía a la defensiva cada vez que había en el ambiente mujeres atractivas, coquetas, liberales, perdonaba de buen grado, no se sabía por qué, a Paula. Paula bailaba como un trompo, se reía, se sacaba los zapatos, daba un salto repentino y aterrizaba en las faldas de algún desprevenido caballero. Jorge Sanhueza, el Queque, convertido en amigo inseparable de la familia, levantaba la vista desde su rincón y se reía con una risa socarrona, o se calaba sus anteojos y miraba un libro de estampas, o inventaba juegos para entretener a los hijos del matrimonio anterior de Paula con un gringo: Martin y Connie.

Claudio Véliz, siempre acosado por gastos excesivos y siempre deslumbrado por el Imperio Británico, terminó por aceptar un contrato de Chatam House, institución que él tenía la secreta intención de imitar en Chile, y partió un buen día, con Paula y con los hijos de Paula, con camas y petacas, a la ciudad de Londres. En las reuniones de Neruda, entretanto, había hecho su aparición otro personaje entusiasta, de energías no menos desbordantes, y que aportaba, además, los aires exóticos, los ritmos, la locura tropical del Brasil: el poeta Thiago de Mello, natural de la Amazonia, que había llegado y, de algún modo, había invadido Santiago con el cargo de agregado cultural de su país.

Thiago encajó de inmediato en cierta atmósfera literaria y festiva que rodeaba en aquel tiempo al Neruda del deshielo, el de la revisión que no se atrevía a decir su nombre. Puso en esa atmósfera su huella personal, así como la puso, en una medida no desdeñable, en la vida literaria y artística del Santiago de entonces. Ahora, a distancia, no me resulta fácil definir ese aporte. Era un sentido de la alegría, del baile, de la música popular, del humor; una poesía más bien declamatoria, contagiosa; una constante celebración del amor, de la naturaleza, de las comidas y de las bebidas. Había en aquel Chile otra vida literaria, menos bulliciosa, más secreta y, en alguna medida, por lo menos en aquel momento, más creativa: la de un Nicanor Parra, un Eduardo Anguita, un Gonzalo Rojas, la de Enrique Lihn y Jorge Teillier, la de José Donoso, aunque estuviera lejos, y la de algunos otros.

Yo tenía, por mi parte, la sensación difusa, pero permanente, de que el encandilamiento nerudiano postergaba el momento de comenzar el trabajo en mi propia obra. Terminaban las fiestas en Isla Negra y tenía que regresar a marcar tarjeta en el Ministerio de Relaciones, donde había empezado a convertirme, sin darme cuenta casi, en experto en materias económicas. El Poeta, en cambio, se divertía, se recogía más o menos temprano, y en los días de semana solitarios de Isla Negra proseguía la escritura de sus libros. Durante las vacaciones de invierno de 1961, arrendé una cabaña en la Isla y retomé unos bosquejos de cuentos que había empezado a escribir en Princeton. Mi escritura de ese período era difícil. Parecía que no iba a recuperar jamás la soltura con que había escrito los cuentos de *El patio*. De repente había caído víctima de una enfermedad inexplicable, una parálisis, una exacerbación de la autocrítica, mal que para otros autores de mi tiempo iba a resultar definitivo. Me pregunto ahora si esa desconfianza frente a la inteligencia que proclamaba Neruda de diversos modos no era un estupendo antídoto contra ese mal, que se daba entre los chilenos con demasiada frecuencia. Yo lograba, de todos modos, en mi cabaña, con la vista del estero de Córdoba y de la playa de las Agatas, a través de los pinos, avanzar, en lucha desigual con el verbo, con la humedad gélida, con los caprichos de una maldita estufa de parafina.

En esos días, Pablo me mandó uno de sus papelitos en tinta verde: si estaba solo, ¿por qué diablos no llegaba a comer a su casa? Nada entendía menos el Poeta casamentero y gregario que a un hombre solo. Y esta experiencia de Robinson, me preguntaba con insistencia, ¿a qué se debe? Yo no sabía explicar, pero las conversaciones, en esas noches solitarias de Isla Negra, se volvieron amenas, variadas, literarias, divertidas. Una vez llegué y el Poeta, sentado en su sillón de madera y cuero de vaca sin curtir, junto a la amplia chimenea de piedra, enmarcado por miniaturas de veleros y por mascarones de proa, leía en voz alta, con ritmo sonoro y solemne, unos versos ingleses.

«Lord Byron», dijo, y dejó el viejo volumen empastado, una edición del siglo xix, en una mesa. La conversación sobre Byron podía llevarnos a otros sectores de la poesía, o a la vida en las colonias inglesas del Extremo Oriente, en los años en que él fue cónsul chileno, o al Londres de ahora, que visitaba de cuando en cuando, o a la vida aventurera y romántica, que lo fascinó siempre, de Lord Thomas Cochrane, uno de los héroes escoceses de la independencia de América del Sur. Otras veces hablábamos de amigos chilenos de su juventud, o de chilenas bellas, disparatadas y peligrosas, capaces de dispararle cinco tiros a un amante escurridizo, o de Federico García Lorca, Manolo Altolaguirre y el Madrid de antes de la guerra, o de Acario Cotapos y su historia del jabalí cornúpeto, incorporada más tarde a una oda.

En ese período, Pilar y yo empezamos a pasar los fines de semana en Isla Negra, en una casa un poco mayor que la cabaña donde escribía los cuentos de mi segundo libro. Regresábamos el lunes a primera hora a Santiago, a la velocidad más o menos pausada de nuestra Citroneta. Pronto adquirimos la costumbre de cenar con Pablo y Matilde los domingos, cuando las visitas del día, numerosas y heterogéneas, ya se habían esfumado detrás de las colinas de la costa. Era un momento de silencio, de distensión, de serenidad algo fatigada. Ibamos a menudo, en el coche conducido por Matilde, o en mi esforzada Citroneta, a un restaurante de El Quisco, el Chez Camilo, regentado por un ex mozo de la Hostería Santa Elena. Allí, en aquel recinto sumergido en una relativa penumbra y donde las noches de domingo, fuera de temporada, penaban las ánimas, la conversación solía ser suelta, fácil, exuberante y graciosa. Lo que constituía una sorpresa constante era la cantidad de lugares y de personas que había conocido el Poeta, desde una lady inglesa, en el palacio del gobernador de algún estado de la India, hasta un desharrapado miembro de la bohemia chilena de los años veinte; desde el joven Nehru hasta el viejo Arturo Alessandri Palma; desde André Malraux y Pablo Picasso hasta Miguel Hernández y los jóvenes poetas mexicanos y brasileños. ¿Y no sabía que Ricardo Güiraldes, el autor de *Don Segundo Sombra*, había sido su concuñado, casado con una hermana de la Hormiga, Adelina del Carril? ¿Y no sabía que en 1937, en el Congreso Antifascista de Valencia, había trabajado codo a codo con Ilya Ehrenburg, con Stephen Spender, con...?

Una de esas noches, después de un día en que había sido interrumpido por visitas no anunciadas, por mirones de toda clase, por cazadores de autógrafos, dos señoras de una mesa cercana, matronas de caras huesudas y expresio-

nes adustas, le mandaron un cuaderno con el mozo para
que «les pusiera algo». El Poeta, cansado del asedio colectivo, reaccionó con irritación. «Y pensar», dijo después, «que
esto es lo único que quiere Nicanor Parra...». Fue, desde
luego, una reflexión de mala leche, o de mala uva, y reflejó
una convivencia que ambos, Parra y Neruda, trataban de
mantener en términos amistosos, pero que nunca despegaba bien, que tenía retrocesos bruscos y frecuentes, y que
desembocaría, hacia fines de la década del setenta, en un
distanciamiento definitivo.

II

Nosotros, que fuimos hombres, hoy somos épocas.

Boris Pasternak

La casa de la Motte-Picquet

La ley que regía en aquel tiempo el Ministerio de Relaciones Exteriores contemplaba el cargo de canciller, inferior al de tercer secretario, pero que ya permitía salir al extranjero con una renta mensual de quinientos dólares y con algunas franquicias propias de la «carrera». Cuando llegué a ese grado del escalafón, a comienzos de 1962, me ofrecieron un nombramiento en Francia y en la embajada en formación ante la Comunidad Económica Europea, con residencia en París y con la obligación de viajar cada cierto tiempo a Bruselas. Acepté encantado, sin dudarlo un solo segundo, aun cuando el sueldo apenas alcanzaría para mantener a mi familia, y me embarqué en Buenos Aires, en la motonave *Giulio Cesare*, con Pilar, que ya esperaba a nuestra hija Ximena, con Jorge, que todavía no cumplía los tres años, y con la infaltable Ana Riquelme, nuestra empleada doméstica o, como se dice ahora, asesora del hogar. Eramos pobres, pero viajaríamos a costa del fisco chileno como ricos, en primera clase, teniendo sumo cuidado con las propinas y con los extras, situación que era todo un anticipo de lo que sería nuestro paso por la diplomacia. Ibamos a bajar en el puerto de Cannes y subir hasta la Gare de Lyon de París por tren. Habíamos alquilado ya por anticipado un departamento en planta baja en la calle de Cognac-Jay, a un paso del puente de l'Alma y del Sena. Era un lugar más o menos insalubre, oscuro y húmedo, con un olor como de tuberías enmohecidas, y estaba decorado con lámparas de lágrimas amarillentas y con muebles que parecían los desechos de una casa de antigüedades.

La embajada se encontraba y se encuentra todavía a poca

distancia, en el *hotel particulier* del número dos de la avenida de la Motte-Picquet, a un costado del edificio de los Inválidos y de la célebre cúpula dorada, obra del arquitecto Mansart, donde reposan los restos de Napoleón Bonaparte. El inmueble había sido adquirido por el gobierno de Chile alrededor del año 30, a bajo precio, ya que se decía que tenía la «jeta»: su último dueño, el príncipe de La Tour D'Auvergne, se había suicidado colgándose de una viga del tercer piso. La idea de adquirirla había sido de Pablo Ramírez, joven y talentoso ministro de Hacienda de la dictadura del general Ibáñez (1927-1931), quien al final de ese régimen, adivinando probablemente su caída, prefirió pasar a ocupar esa mansión en calidad de representante chileno y se hacía despertar todos los mediodías, después de prolongadas noches de juerga, a los sones de serenatas de Mozart colocadas por Manuel Cuevas, su chófer, que en mis tiempos todavía prestaba servicios como portero, en una fonola instalada en el umbral del dormitorio principal.

En el momento de nuestra llegada, el embajador era Carlos Morla Lynch, diplomático viejo y de la vieja escuela, de quien había escuchado hablar mucho desde la época de mi adolescencia zapallarina. Morla se había jubilado hacía años y había colocado sus ahorros, al igual que muchos otros miembros de la colonia chilena residente, en manos de un señor Polanco, que les pagaba intereses mejores que los corrientes. Todos estaban felices de la vida con Polanco, quien además les ofrecía fiestas suntuosas en su palacete de los alrededores de París, hasta que el hombre, un buen día, se declaró en bancarrota y se hizo humo, con las consecuencias imaginables para su clientela, los sucesores directos de esos «trasplantados» de los que habla Alberto Blest Gana en su novela de comienzos de siglo.

Jorge Alessandri Rodríguez, que había llegado a la presidencia de la República a fines de 1958 y que, con su mentalidad de ingeniero conservador, miraba la diplomacia como un gasto presupuestario más bien superfluo, se acordó entonces de su amigo Carlos Morla, arruinado en la vejez y

104

avezado en lides diplomáticas, y lo nombró embajador, es decir, lo restituyó, en virtud de sus poderes presidenciales, del retiro al servicio activo. Mi amistad con Neruda y mi destino a la embajada de Morla Lynch implicaban una coincidencia curiosa y, en algún sentido, peligrosa. Neruda había sido amigo y colega doble, en la literatura y en el servicio exterior, de Carlos Morla y de su mujer, Bebé Vicuña, en el Madrid anterior a la guerra. A los salones acogedores de los Morla solían acudir los poetas de la generación del 27: Federico García Lorca, sobre quien Morla publicaría un libro de recuerdos, Manuel Altolaguirre, Jorge Guillén, Luis Cernuda, Rafael Alberti, Miguel Hernández, José Bergamín. Los Morla sabían alternar a la perfección la compañía de poetas y escritores con la de toreros y personajes populares y la de miembros de la aristocracia, en un Madrid donde todavía existía, sin duda, ese «plebeyismo» de las clases dirigentes de que habla Ortega y Gasset en sus ensayos sobre Goya. Después, al sobrevenir la guerra, se produjo una división tajante, puesto que Morla no ocultó sus simpatías por el bando franquista y dedicó sus mejores esfuerzos a dar refugio en la legación de Chile a sus amigos aristócratas o de derecha perseguidos por los republicanos.

Cuando Alessandri propuso a Morla Lynch como embajador en Francia, nombramiento que debía ser ratificado por los senadores de la República en sesión secreta, de acuerdo con el sistema constitucional de entonces, Pablo Neruda dirigió al Senado, esa corporación a la que él había pertenecido en años anteriores, una carta pública furiosamente acusatoria. Morla, sostenía, le había negado el asilo diplomático a Miguel Hernández, el más popular de los poetas españoles, y en esta forma había sido responsable indirecto de su muerte en las cárceles franquistas. Había sido, para colmo, amigo de los nazis, y el gobierno de la época no había hallado nada mejor que premiar su actuación en España con un traslado de Madrid al Berlín de Adolfo Hitler.

Mi relación con Morla en el caserón de la avenida de la Motte-Picquet estaba destinada a ser más bien distante, puesto que el jefe efectivo de la embajada, encargado, además, de abrir la misión ante la Comunidad Europea, era el ministro consejero Carlos Valenzuela Montenegro. De todos modos, conocí bastante a Morla y pude observarlo de cerca. Había enviudado de Bebé Vicuña, a quien no alcancé a conocer, pero que tenía fama de haber sido una mujer extremadamente atractiva e interesante, hacía muy poco, y parecía enteramente incapaz de reponerse de aquella pérdida. Daba una impresión de reblandecimiento y de tristeza profunda, aun cuando no le faltaban rasgos ocasionales de picardía y de chispa. Lo veo lloriquear solo, bajando las escaleras de la Motte-Picquet, y llamar, con sus ojos claros, azulinos, enteramente húmedos, a sus perros pekineses para darles terrones de azúcar.

Una vez mencionó a Neruda delante de mí y exclamó, con un acento curiosamente infantil, que me hizo pensar en un Chile que ya había desaparecido, un Chile de ayas, «mamas», como se decía, de uniforme blanco, y de niños vestidos de marinero: «¡Qué hombre más malo!». Por lo demás, por mediación suya, en los corredores oscuros y en los salones entonces descascarados de esa embajada, me encontré a boca de jarro con personajes de la España anterior a la guerra que se habían convertido en leyenda: las hermanas de Federico, el poeta Jorge Guillén, don Jaime de Borbón, que había perdido sus derechos hereditarios al trono de España por causa de su sordomudez y que llegó a visitar a Morla en compañía de numerosos miembros de su familia.

En lo que se refiere a la acusación concreta de Neruda, Morla respondía que las tropas de Franco, desde el momento de su entrada en Madrid, habían rodeado las misiones diplomáticas extranjeras y habían impedido que se ejerciera el asilo, derecho que el gobierno de los nacionales negaba formalmente. Por instrucciones expresas de Santiago, Morla había protestado ante los nacionales y había hecho valer los servicios que había prestado él anteriormente a los perseguidos por la República, pero no había obtenido el menor resultado. Miguel Hernández consiguió refugiarse en la legación chilena en los primeros días, pero volvió a salir, con la idea de reincorporarse al ejército republicano. Después, al intentar guarecerse de nuevo, se encontró con la legación rodeada por milicias nacionalistas y ya no pudo cruzar esa barrera.

Las acusaciones de Neruda estaban cargadas, sin duda, de apasionamiento humano e ideológico. Sólo la historia, después de examinar las terribles circunstancias, podrá entregar un juicio definitivo. Miguel Hernández frecuentaba los salones y la mesa de los Morla, decía Neruda, cuando era bien visto tenerlo allí, pero después ellos no movieron un solo dedo para salvarlo. Uno, después de escuchar diversos testimonios, se queda con la impresión de que la solidaridad de Morla fue en realidad mucho mayor, más activa y beligerante, con esos dos mil aristócratas que poblaron hasta las terrazas de la legación de Chile y de sus dependencias, ampliadas especialmente para este efecto, que con el poeta de Orihuela y sus amigos, pero quién sabe. Roberto Matta me ha contado hace poco: «Antes de la guerra estaba alojado en Madrid en la casa de Carlos Morla, que era tío mío. Una tarde llegó un señor de cara ancha, saludó a todo el mundo, diciendo toda clase de chistes, y se puso a tocar el piano. Yo quedé estupefacto. Venía llegando de Chile a mis diecinueve años, era un perfecto idiota y no sabía que existía gente así. Ese señor era Federico García Lorca. Después me presentaron a otro señor y me dijeron que era el cónsul de Chile. A este señor no lo invitaban a quedarse a cenar. ¿Por qué? Porque se vestía mal, qué sé yo... Este otro señor era Pablo Neruda...».

Perdido en ese caserón sombrío, con ojos llorosos, frágil, solitario, senil, agachándose con dificultad para darles azúcar a sus pekineses, Morla era una figura patética, un anacronismo viviente. Confieso que me inspiraba, pese a todo, cierta simpatía. Tenía una sensibilidad evidente y, más que eso, una curiosa familiaridad con el mundo literario y artístico. Uno hablaba de *El martirio de San Sebastián*, de

Claude Debussy, o de *La consagración de la primavera*, de Igor Stravinsky, y él había asistido al estreno en el teatro de los Campos Elíseos, en el año tal o el año cual. Adivinaba, o conocía perfectamente, los esfuerzos que hacía Carlos Valenzuela, el ministro consejero, para devolverlo a la jubilación y reemplazarlo en el cargo, y los neutralizaba con discreción, no sin astucia. Era una mezcla de refinado decadente y de chileno a la antigua, desprovisto de todo formalismo. Más de una vez me tocó llevarle el despacho de la mañana a la tina de baño, donde leía su correspondencia con toda tranquilidad, reclinado sobre una tabla de madera, entre fumarolas, mientras su fiel empleada sevillana le masajeaba la espalda con una gruesa esponja. En una ocasión, para evitar la tortura de los *embouteillages* de tráfico, había partido al Palacio del Elíseo en el metro, vestido de frac y condecoraciones, y un grupo de gente se había reído de buena gana y lo había aplaudido: «*Le beau vieux Monsieur!*». No me cupo duda, sin embargo, cuando lo conocí un poco más, de que había simpatizado con los nazis, al menos en los comienzos. Su mozo y chófer alemán, Antón, que lo había seguido por el mundo después de su misión en Berlín, se cuadraba con un golpe de tacones, al verlo aparecer en el patio de la embajada, y corría a abrirle la puerta del automóvil, sumiso, con facha y actitudes de militar prusiano perfecto.

Yo le contaba estas cosas a Neruda, con quien pronto empecé a encontrarme durante sus largas temporadas anuales en París, y no podía evitar reírse. De pronto imitaba la voz y los modos de Morla, conversando en Madrid, en un rincón de su casa, con Manolo Altolaguirre, que estaba enamorado, según Neruda, de Bebé. «Ella te quiere, Manolo», le aseguraba Morla, palmoteándole la espalda, consolándolo de los desdenes que ella, su propia esposa, le infligía al amigo y notable poeta.

Latinoamericanos en París

Llegar a París e ingresar en el mundo literario y artístico latinoamericano fue un proceso paralelo, paradójico y paralelo. Me fascinaba de antemano París, ciudad que había visitado durante una semana en 1960, pero no se me había ocurrido que en aquellos años fuera la capital, o, por lo menos, una de las grandes capitales, de la cultura de América Latina, y empecé a saberlo muy pronto, desde los primerísimos días de mi llegada. Me encuentro, por ejemplo, en los salones de Bernard Colin y de la chilena Margot Rivas, en la Rue Jacob, entre dibujos de Henri Michaux, cuadros de Wols, de Bettencourt, de Dubuffet, de Enrique Zañartu, de Roberto Matta, o Roberto Sebastián Matta, como le ha dado en esos días por llamarse, o Matta, *tout court*. Jean Supervielle, hijo del célebre poeta Jules Supervielle y director de programas en español en la radio francesa, casado con nuestra amiga de los años cincuenta en el Parque Forestal de Santiago, Beatriz Peteatkowicz, se me acerca y me pide que participe en una mesa redonda sobre libros franceses, «Literatura al día». Se graba los miércoles a las diez de la noche, en los estudios de la avenida François Premier. Tendré como compañeros de discusión, aparte del mismo Supervielle, a un escritor y autor de teatro español que reside en París, Carlos Semprún Maura, hijo de un diplomático de la República y nieto de don Antonio Maura, el primer ministro conservador de los tiempos de Alfonso XIII, y a un joven cuentista y novelista peruano que se inicia en las letras, un joven modesto, que se gana la vida con dificultad. Supervielle considera que el peruano es un poco cerrado de mente, demasiado aficionado a los esquematismos de la izquierda. No tiene idea de qué cosas escribe y sospecha que su trabajo creativo no le va a gustar, pero reconoce que el muchacho ha leído muchísimo, sobre todo para su edad, y que es notablemente inteligente, a veces brillante. ¿Cómo se llama? Se llama, dice Supervielle, Vargas Llosa, Mario Vargas Llosa.

Grabamos el primer programa de «Literatura al día» sin pena ni gloria, sin excesivo interés por el libro que discutimos, un título merecidamente olvidado, y bajamos a conversar un rato al café de la esquina. Debe de haber sido en el mes de junio o a comienzos de julio de 1962. Mario tenía veinticinco o veintiséis años de edad. Yo giraba apenas la curva de los treinta. Carlos Semprún, tres o cuatro años mayor, ya había estrenado en el teatro francés, con el entonces joven actor Laurent Terzief, una adaptación de textos rusos, textos de Leonidas Andreiev, si no me equivoco. Su hermano mayor, Jorge, dirigente comunista, era conocido en esos días en España, en la clandestinidad, donde se jugaba el pellejo con notable desenfado, como Federico Sánchez.

A diferencia de Carlos Semprún, que cultivaba el descuido estudiado, el impecable gusto, que no excluía la ropa raída y hasta algunos harapos, de los intelectuales de izquierda europeos, el Mario Vargas Llosa de entonces habría desentonado, sin ninguna duda, en los refinados salones de Bernard Colin y Margot Rivas. Tenía un aspecto de galán de barrio, con el infaltable bigote y el peinado con copete de los cantantes de boleros o de los actores del cine mexicano, y se vestía con evidente sencillez, indiferente o (más bien) ajeno a toda moda intelectual. Nadie, al verlo, habría podido sospechar siquiera que se encontraba frente a un gran escritor, que ya tenía en sus cajones el manuscrito de lo que pronto sería un nuevo clásico latinoamericano, *La ciudad y los perros*.

La conversación de Mario, a pesar de las advertencias de Supervielle, me indicó de inmediato que me encontraba frente a una personalidad literaria de primera línea. Aunque uno podía discutir todas y cada una de sus afirmaciones, era siempre original, audaz, excepcionalmente informado, apasionado e inventivo. Esa noche, en ese café cercano a los estudios de la avenida François Premier, se armó una discusión encendida, verdadera batalla campal, sobre Tolstoi y Dostoievsky. Mario se proclamaba adorador fervoroso de Tolstoi, sobre todo el de *La guerra y la paz*, y sostenía que Dostoievsky era excesivamente subjetivista, intimista, psicológico. A él le interesaban los novelistas ambiciosos, que se esforzaban como titanes para salir de su yo y construir mundos novelescos objetivos, variados, completos, que pudieran levantarse frente a la realidad *real* como realidades ficticias, totales, elaboradas con una intención totalizadora.

Por su lado, Carlos Semprún defendía a Dostoievsky con exaltada furia. Decía que su genio creativo era muy superior al de Tolstoi y decretaba que Vargas Llosa estaba dominado por el espíritu de sistema, por la obsesión del pensamiento lúcido y organizado, en desmedro de la intuición, de la atención al lado oscuro de las cosas. Yo, a todo esto, lector reciente de Tolstoi, pero seguidor fervoroso de Dostoievsky en mi adolescencia, me declaraba admirador de ambos, y sostenía que defender a uno en contra del otro no tenía el menor sentido. Ellos representaban temperamentos diferentes, diferentes actitudes, diferentes maneras de concebir la literatura, pero todas eran válidas, y citaba, a propósito, el célebre ensayo de Thomas Mann sobre Tolstoi y Goethe, ensayo que definía maravillosamente, en contraste con esos dos «genios naturales» y de la naturaleza, el lugar de Dostoievsky y también de Schiller, hombres del espíritu, con sus luces y sombras y sus aspectos enfermizos.

En estas discusiones, que empezaron a repetirse todas las semanas, y que eran, desde luego, mil veces más interesantes que la del libro cualquiera y mal leído que acabábamos de grabar, Mario llegaba cada vez más lejos en su defensa de una novela exterior, ajena a la subjetividad del novelista, por rica que ésta fuese. Yo, por el contrario, me enfrascaba en esos mismos días en lecturas de escritores enteramente dedicados a explotar sus experiencias más íntimas, tales como el Jean-Jacques Rousseau de las *Confesiones* o el Stendhal de *Recuerdos de egotismo*. El sostenía, por ejemplo, que las novelas de caballería eran obras maestras, y que la ingenuidad con que sus autores creían en los mitos y leyendas medievales, sin distanciamiento irónico de ninguna especie, era uno de los secretos de su fuerza. Con la aparición del *Quijote*, en cambio, la subjetividad, la distancia narrativa, la ironía, hacían su ingreso en la novela, lo cual no implicaba el comienzo, la juventud, sino el debilitamiento del género. Era un lector ferviente, que podía delirar de entusiasmo al evocar ciertas escenas, del *Tirante el Blanco*, la novela de caballería del valenciano Joan Martorell, así como de Balzac, Flaubert, Alejandro Dumas, William Faulkner. En cambio, le resultaba imposible tragar la obra de Proust, instalada en la más recóndita intimidad desde la primera frase. Traté de convencerlo de que leyera la *Recherche*, observándole que, a partir, precisamente, de la subjetividad, de los mecanismos de la memoria creativa, Proust llegaba a construir un mundo novelesco fascinante, de tal consistencia «exterior», que los personajes parecían más vivos que los parientes y conocidos de uno, pero no me hizo caso entonces ni mucho más tarde. El pensaba, en el fondo, que el novelista debía actuar como un Dios Creador: no explotar su propia intimidad, sino sacar mundos completos, autónomos, de la nada, no para reproducir la realidad, sino para oponerlos a ella. Era una concepción similar a la del Vicente Huidobro creacionista, que decía que el poeta no debe cantar la rosa sino hacerla florecer en el poema. Mario Vargas Llosa llevaba el creacionismo a la teoría de la novela, quizás sin saberlo.

Mario en aquel tiempo no leía inglés, pero en materia de poesía francesa y castellana nuestros gustos, a diferencia de lo que ocurría con la novela, coincidían bastante. Eramos admiradores de Baudelaire, de Rimbaud, de Guillaume

Apollinaire, de Rubén Darío, del César Vallejo de *Trilce* y *Poemas humanos*, del Vicente Huidobro de *Altazor*, del Neruda de *Residencia en la tierra*, de «Las furias y las penas» en *Tercera residencia*, de «Melancolía cerca de Orizaba» y de muchos poemas de la sección «El Gran Océano» en *Canto general*. Mario se sabía de memoria partes de «Las furias y las penas», que parecía una despedida de la poesía lírica, oscura, angustiada, de la juventud, antes de ingresar en la etapa épica, social, política, y también se sabía algunos de los textos en prosa de la primera *Residencia*. «Niña de pie pequeño y gran cigarro», exclamaba de pronto, riéndose, pero con ojos iluminados por la magia verbal, o citaba, exaltado, ese enigmático «escucho mi tigre y lloro a mi ausente». Yo le hablaba del Neruda de la Chascona y de Isla Negra, y él me miraba con seriedad, con algo de sorpresa, con una especie de silencio obstinado, como si prefiriera el Neruda de la leyenda que él mismo había alimentado con la imaginación.

Ahora me parece que Julio Cortázar, a quien Mario me presentó algún tiempo después, probablemente en la segunda mitad de ese año 1962, sabía más que nosotros, sobre todo respecto de narradores del género fantástico, de precursores del surrealismo, o, en general, de la modernidad, como se dice hoy, y de autores, en algún sentido, marginales, contemporáneos o antiguos, tales como Sterne, el marqués de Sade, Fourier o Marcel Schwob, Georges Bataille o Macedonio Fernández y José Lezama Lima. Nosotros iniciaríamos procesos de lectura, conoceríamos a determinados escritores, a partir de una cita, de un comentario, de una simple insinuación suya. El se había hecho amigo en París de Octavio Paz, circunstancia que nos infundía respeto, y reconocía un estrecho parentesco literario con Jorge Luis Borges, cuya fotografía, entre libros, discos de jazz y de música contemporánea, y algo de pintura abstracta, presidía la casa angosta y de dos pisos, sencilla y eminentemente estética, de la plaza del General Beuret, en el *arrondissement* número quince, en el límite entre los barrios burgueses de París y sus cinturones obreros. Pero, antes de verlo en esa casa, recuerdo a Julio Cortázar en un departamento estrecho, oscuro, completamente desprovisto de gracia, donde Mario y Julia Urquidi vivieron un corto tiempo, en el distrito séptimo, a la vuelta del bello mercado de la Rue Malar: Julio sentado, con las manos de niño gigantón cruzadas sobre las piernas y con su increíble cara de adolescente, a pesar de que tendría unos quince años más que yo, hablando con su «erre» afrancesada, curiosamente parecida a la «erre» de Alejo Carpentier. A un costado suyo estaba su madre, a quien sólo recuerdo ahora como una presencia confusa, un borrón, y al otro Aurora Bernárdez, su mujer, y esas dos presencias femeninas servían para subrayar, de algún modo, su adolescencia extrañamente prolongada. Parecía un trío salido de un cuadro de Balthus o de una de esas pinturas figurativas norteamericanas de los años veinte o treinta. Un poco más y habría sido un retrato de familia del aduanero Rousseau.

Ese Cortázar, a fines de 1962 o comienzos de 1963, representaba un mundo intelectual radicalmente opuesto al de Neruda: afrancesado, cosmopolita, próximo al surrealismo de *Nadja* y de André Breton, aficionado al juego de las formas y de las ideas, a la abstracción musical y pictórica. El Neruda de *Las uvas y el viento* y de las primeras *Odas elementales* habría podido denunciarlo y combatirlo. Sin embargo, las cosas iban a complicarse mucho a partir de ese tiempo. Se iba a producir una nueva vuelta de tuerca, una transformación, un inesperado conjunto de evoluciones, virajes, novedades. Por ejemplo, en ese encuentro y en los que siguieron, Cortázar, con su «erre» de argentino «emparisado», no nos habló tanto de Raymond Roussel y sus *Impresiones de África* o de Laurence Sterne y su *Tristram Shandy*, como de Fidel Castro y la revolución cubana. Acababa de estar en Cuba por primera vez, y no sólo había descubierto la alegría, la solidaridad, la espontaneidad de las revoluciones en su etapa inicial, sino que también había descubierto, o había redescubierto, el mundo y los temas latinoamericanos. Julio Cortázar había abandonado deliberadamente Buenos Aires para convertirse en escritor de París, en argentino de París, proceso que acababa de narrar a su manera, empleando un sistema polifónico, en *Rayuela*, pero su viaje reciente a La Habana lo había marcado. A partir de ese viaje, de ese encuentro, iba a iniciar, desde París, sin abandonar París, pero ya con otra perspectiva, un camino inverso. El viaje a la Cuba revolucionaria fue su descubrimiento de América, su ingreso al Nuevo Mundo, su juventud de niño grandote recuperada.

El fantasma de Stalin

A todo esto, Cortázar, como nosotros, era un admirador apasionado del Neruda de las *Residencias*. Uno podía percibir, poniendo un oído atento, una vaga música nerudiana, «residenciaria», en toda la primera parte de *Rayuela*. A partir de esos días, la influencia del castrismo haría que Cortázar también se acercara al Neruda político, al Neruda militante, pero este acercamiento, por lo menos durante toda la década del sesenta, estaría siempre marcado por el signo de la ambigüedad, por situaciones perfectamente equívocas. El Neruda de los años sesenta, desilusionado del estalinismo, asumía posiciones francamente revisionistas. Entonaba, en su *Canción de gesta*, el elogio de la revolución cubana, pero introducía entre líneas algunos matices, hacía advertencias veladas contra la concentración excesiva del poder, y después, en sus comentarios privados, no tenía pelos en la lengua para acusarla de simplismo, de izquierdismo excesivo, y para insinuar que Fidel Castro desarrollaba una nueva forma de culto de la personalidad. Fidel, por su parte, jugaba la carta de las libertades intelectuales y artísticas completas, por lo menos de un modo aparente, que suscitaba enormes simpatías en los ambientes europeos. Invitaba continuamente a la isla a intelectuales de vanguardia, conectados muchas veces con el trotskismo, reconocidamente antisoviéticos en muchos casos, y, aunque elaboraba con sumo cuidado una alianza estratégica férrea con la Unión Soviética, se permitía criticar con toda claridad a algunos partidos comunistas que consideraba excesivamente ortodoxos y anticuados, como el francés, el venezolano, el chileno.

A todo esto, un día supimos en la radio francesa que

Mario había ganado el premio de novela Biblioteca Breve de la Editorial Seix Barral. Mario no me había dicho una palabra sobre su novela, ni sobre el hecho de haberse presentado a ese premio. El inefable Jean Supervielle, uno de los personajes más distraídos que he conocido, estaba atónito. La contradicción entre su diagnóstico sobre el talento de Mario y ese premio le resultaba francamente inexplicable, difícil de asimilar.

Leí uno de los primeros ejemplares de *La ciudad y los perros* y me asombró, sobre todo, la capacidad de ficcionalización de Mario y su habilidad para crear y mantener el suspenso, algo que mi generación, en España y en América, más bien había desdeñado, y que él, con su curiosa independencia intelectual, con su indiferencia por la moda, reivindicaba. El joven con aspecto de galán de cine mexicano, el lector furibundo, el apasionado y el virulento, cuyos ojos se encendían cuando evocaba el encuentro de Lucien de Rubempré con el falso Abate Herrera, en *Ilusiones perdidas* de Balzac, o cuando repetía la magia de unas líneas de «Comunicaciones desmentidas», el consumidor infatigable de *westerns* y de cigarrillos franceses de tabaco negro, hacía su entrada en la literatura contemporánea por la puerta ancha.

En aquellos días, Mario ya trabajaba en los borradores de *La casa verde*, atornillado a su mesa de madera y a su vieja máquina de escribir, rodeado de mapas de la selva peruana y de esquemas sinópticos de sus personajes, como un forzado de la literatura. Cumplía con su horario nocturno en la radio, hasta cerca de las tres de la madrugada. Después, desvelado, leía un par de horas. Despertaba al mediodía, tomaba un sólido desayuno, y en seguida se ponía a escribir, a «trabajar», como él decía, subrayando que ése era su verdadero trabajo, hasta las siete o las ocho. A menudo íbamos a esa hora a un cine, o cenábamos en algún bistró, y siempre lo veo partiendo, un poco atrasado, apurando su café a la carrera, echando maldiciones contra la burocracia. Era el hijo predilecto de Gustave Flaubert, que por algo no había tenido hijos carnales. Carlos Fuentes, que llegaría pronto a París a la conquista de su propio espacio, lo bautizaría como «el cadete». Entretanto, Pablo Neruda y Matilde, que todos los años, de regreso de Moscú, pasaban en París una larga temporada, ya se anunciaban. Fuentes los había conocido en Chile con motivo de un congreso de escritores organizado por la Universidad de Concepción. Mario Vargas Llosa se preparaba para observar de cerca al poeta legendario: un personaje tan diferente de él, tan contrario a sus hábitos personales, tan opuesto a su concepción flaubertiana del trabajo del escritor, que no tendría más remedio que suspender el juicio y divertirse con el espectáculo. Yo, por mi parte, me vería obligado a asumir el papel de intermediario. Al fin y al cabo, prestaba servicios y me ganaba la vida en la diplomacia. Era intermediario por definición, aunque la tarea no siempre me gustara.

Sigo el rumbo señalado por la memoria, hago un esfuerzo para adaptarme a la cronología, pero intervienen, no lo dudo, errores, superposiciones, lagunas mentales, desvíos. Con Pilar hemos atravesado París y hemos conseguido estacionar nuestro modesto Simca 1000 entre almacenes, cortinas metálicas, depósitos de alfombras, de telas, de lubricantes. Después de mucho preguntar y mirar letreros, hemos conseguido llegar al andén correcto de la Estación del Norte, junto a la línea del ferrocarril, en un espacio descubierto, pero flanqueado por galerías y columnas. Podría decir, forzando un poco las cosas, que es un espacio evocador de la pintura metafísica de Giorgio de Chirico, pero no pretendo hacer literatura. «¡Dios me libre de inventar cosas cuando estoy cantando!», exclamaba el Poeta en sus buenos tiempos. Hay otras personas que esperan cerca de nosotros, y nosotros sospechamos que también esperan a Matilde y Pablo, o tenemos la certeza de que los esperan. Detrás de las columnas nos parece haber vislumbrado una sombra, una cara borrosa, vagamente conocida, un cuerpo dividido entre el movimiento nervioso y la inmovilidad acechante. Después sabríamos que el poeta uruguayo Ricardo Paseyro, casado con una hermana de Jean Supervielle, ex seguidor de Neruda convertido, de la noche a la mañana, en desaforado y persistente enemigo suyo, también había ido a esa estación, quién sabe con qué motivo, para seguir los pasos de su ídolo caído, seguramente, para observarlo con sus ojos de acero, para delatarlo, para clavarlo en su insectario, y me criticaría en forma acerba por «no haberlo saludado», por haberle «hecho la desconocida», a fin, supongo, de quedar bien con el grupo de los fieles nerudianos. ¿Cómo, sin embargo, saludar a Ricardo Paseyro, bautizado más tarde por Neruda como «Pipí Paseyro», personaje que apenas había visto una vez en mi vida, si estaba cuidadosamente agazapado, escondido detrás de una columna? Paseyro, consumado maestro de la guerrilla literaria, desocupado obsesivo, decidió «sentirse» conmigo, en un gesto que constituía, entonces y ahora, la más clásica de las reacciones sudamericanas.

En los primeros días de la pareja Neruda en París conocimos, entre muchos otros personajes, a Louis Aragon y Elsa Triolet, a Jean y Dédé Marcenac (Jean era poeta, militante comunista y traductor de Neruda), y al hijo de ambos, Bruno. Cenamos un día con la chilena Carmen Figueroa y su marido francés, y con el novelista Pierre Gascar y su esposa Alice, también traductora de Neruda, en un departamento cercano a la catedral de Notre Dame y al Sena. Nunca supe el nombre del marido de Carmen, persona conocida en el ambiente universitario y científico. Lo que recuerdo, en cambio, de esa cena en su casa, es el estallido de una inesperada y apasionada discusión sobre Octavio Paz. Carmen hablaba de «Octavio» con admiración, con afecto, y el Poeta lo condenaba a todos los demonios del infierno de los reaccionarios, de los pedantes, de los malos poetas.

Yo, en aquellos años, aún sabía muy poco de Octavio Paz. Mario Vargas Llosa me había aconsejado que leyera *Piedra de sol*, y una primera lectura más bien superficial, rápida, me produjo interés, respeto, incluso admiración, pero no terminó de entusiasmarme. Esa noche en casa de Carmen Figueroa me limité a escuchar, sorprendido, debo decirlo, por la violenta indignación de Neruda. Sospecho ahora que ese «joven transitorio» del *Canto de amor a Stalingrado*, poema escrito por Neruda en sus años de cónsul en México, ese joven «adobado de tinta y de tintero» y que «desencuaderna su dolor notorio», escandalizado por el hecho de que el Poeta malgastara su talento en temas tan poco metafísicos, anda muy cerca o apunta directamente al modelo que representaba Octavio Paz. Por otro lado, Neruda contaba siempre que él había sido uno de los primeros en reconocer su talento poético, en días anteriores al Congreso Antifascista de Valencia de 1937, en plena guerra civil española, y después, a lo largo de los años, a pesar de la enemistad, seguía sintiéndose orgulloso de ese descubrimiento y le gustaba hacerlo notar.

En los años sesenta, Aragon era un hombre de cabello bien cortado, vestido de traje oscuro, cuello y corbata, con aspecto de funcionario distinguido. Su imagen no correspondía en absoluto a la de un poeta revolucionario, pero yo ya había notado que esa vestimenta sobria, esa apariencia no excepcional, correspondía de algún modo a la disciplina de los buenos militantes franceses. Así se distinguían de los que consideraban aventureros de la izquierda: «gauchistas», anarquistas, trotskistas y otros pájaros exóticos. En Francia había renacido el interés por los textos surrealistas de Aragon, pero él permanecía, o fingía permanecer, indiferente a esas vicisitudes del gusto literario, aun cuando involucraran al personaje que había sido él en su juventud y con respecto a quien parecía encontrarse tan lejos. Ya había superado las etapas del realismo socialista y escribía novelas que asumían de algún modo, en forma personal y con cierto eclecticismo, las inquietudes estéticas del momento: la idea de la autonomía del texto, el interés por la narrativa fantástica, el sistema de vasos comunicantes entre los diversos géneros. Todavía era el director concienzudo, comprometido, de la revista *Lettres Françaises*, y uno de los miembros más conspicuos del Comité Central del Partido Comunista, aun cuando no interviniera en forma directa en la conducción política.

Ya no recuerdo si Aragon y Elsa Triolet estaban en ese andén de la Estación del Norte. Recuerdo, sí, aunque de un modo confuso, un almuerzo en un restaurante de la ribera izquierda del Sena, una sala espaciosa y de techo alto, más bien oscura, y me parece escuchar con la mayor nitidez la descripción que me hizo Neruda de los dos personajes. Esas descripciones suyas equivalían a consejos o advertencias útiles para la vida práctica. Se había declarado alguna vez «poeta casamentero», y al respecto había dado pruebas, pero era, más allá de eso, una persona aficionada a relacionar a gente, a crear grupos y convivir intensamente con ellos. De pronto se replegaba, se aislaba, y ahí se producía lo mejor de su reflexión y de su creación poética, pero, cuando salía de su intimidad creativa, siempre misteriosa para los otros, se convertía, como ya lo he dicho antes, en una de las personas más gregarias que he conocido. Su paso de la soledad a la sociabilidad era, creo, uno de sus mayores enigmas, y es el enigma fascinante de todos los verdaderos poetas: la poesía transcurría por una vertiente y la vida cotidiana por otra. En más de una ocasión me propuso formar clubes, cofradías de alguna clase, sociedades de amigos, y hasta discutimos, con humor y con animación, los posibles estatutos, más cercanos, sin duda, al espíritu de la Ilustración que al de Vladimir Lenin. Si tenía un grupo de personas, grupo grande y cambiante, en Chile, grupo que adoptaba matices diferentes en Valparaíso, en Santiago, en Isla Negra, también lo tenía en París, y supongo que lo tuvo en México, en Roma, en Budapest, en Moscú.

Me hizo, pues, oportunos, detallados y sabrosos comentarios sobre Aragon y Elsa, personajes centrales de su círculo parisino, con el obvio deseo de que yo me incorporara sin tropiezos. Aragon, en sus palabras, era un verdadero «sabio». El había conocido en su vida a pocas personas que pertenecieran a esa extraordinaria categoría. Uno de ellos era André Malraux. Otro, quizás, Ilya Ehrenburg. Y entre los chilenos, añadiría yo ahora, a juzgar por un notable texto suyo de 1962 sobre Mariano Latorre y Pedro Prado, el segundo de estos escritores, que había sido uno de los grandes introductores y divulgadores del pensamiento del mundo en nuestra desinformada y desaprensiva provincia.

Según la explicación previa de Neruda, que pude confirmar muy pronto, Aragon era un hombre atento a todas las corrientes literarias, críticas, filosóficas, que siempre seguía de cerca el gran debate intelectual de la época y que participaba en él con pasión, con erudición, con inteligencia. Al mismo tiempo, su poesía no perdía los vínculos con las fuentes medievales, con François Villon o Charles d'Orléans, y con la canción popular, esto es, con las «esencias» del mundo francés, para utilizar un substantivo que Neruda prodigaba y, en ocasiones, como diría Borges, «fatigaba». La descripción de Aragon que hacía Neruda, con toda su visible admiración, su respeto, su afecto también visible, no excluía, aunque no lo dijera, cierta noción de distancia, la idea, que incluso podía ir acompañada de algún matiz zumbón, levemente burlón, de hallarnos frente a un maestro rodeado de toda la parafernalia de la maestría, un sabio broncíneo que a menudo, en su frecuente y obcecada distracción, se olvidaba de bajarse de su pedestal. A Pablo y a Jean Marcenac les gustaba llamarlo «el Coronel», un coronel cuya espada era la pluma, la pluma y la palabra, ambas siempre en ristre, y que tenía de sobra, a diferencia del personaje de García Márquez, quien le escribiera.

En cuanto a Elsa Triolet, Neruda, con gran convicción, de manera un poco enigmática, con la voz nasal acentuada por el tono confidencial, casi conspirativo, me dijo que era «una gran dama de la literatura francesa». Yo no debía echar eso en saco roto. Nunca. Allí donde la veía, frágil, menuda, aguda, incisiva, tenía que tomar en consideración que era una presencia sólida como una roca, un importante centro literario, social, político. Habría debido añadir, quizás, «del comunismo francés», pero esto estaba de algún modo subentendido, y era, también, de algún modo, inexacto.

Desde luego, no presté excesiva atención a las palabras de Neruda. Precisamente las eché, en contra de sus atinados consejos, en el primer saco roto que encontré al alcance de la mano. Hasta me permití una deliberada insolencia con Louis Aragon, ya que le dije, en una de las primeras oportunidades que se me presentaron, que el libro suyo que prefería era *Le paysan de Paris*, la novela de su juventud surrealista, contemporánea de *Nadja*, de André Breton, y que él, al convertirse al comunismo, había dejado muy atrás. Yo acababa de leerla, y su descripción de una especie de *promenade* filosófica por el parque de Buttes-Chaumont me había entusiasmado y fascinado.

Almorzamos, pues, en ese restaurante oscuro, equidistante del Barrio Latino y de Notre Dame —si no me equivoco, La Bucherie, en la calle del mismo nombre—, y otro día nos encontramos con Aragon en el recinto más estrecho y discreto del Hotel du Quai Voltaire. Pilar llegó un poco antes que yo y coincidió con él en el ascensor. Quedó impresionada porque el poeta, que aún no la conocía, o que no la había reconocido, pero que supo de algún modo que también subía a la habitación de los Neruda, se presentó a sí mismo con una cortesía enteramente desusada. ¡Con la teatralidad que suelen sacar a relucir los poetas!

Eran, en mi recuerdo, situaciones más bien desordenadas, más bien confusas, afectadas por una situación de azar y de transitoriedad, y donde los whiskys y los vinos de todos los colores contribuían a multiplicar la confusión. Hay una fotografía de una mesa de ese mismo restaurante del primer día, publicada en el *Neruda* de la colección «Poètes d'aujourdhui», en la que están los Aragon, los Marcenac, los Neruda, Carlos Fuentes, nuestra gran amiga chilena Maritza Gligo, que emigró a París a los veinte años y se quedó ahí para siempre, y nosotros, pero la verdad es que no re-

123

cuerdo ni la hora, ni las circunstancias exactas, ni las conversaciones. ¡Nada!

Tengo una serie de recuerdos precisos, en cambio, de encuentros en casa de los Marcenac, Dédé y Jean, en su departamento de Saint Denis, uno de los barrios del cinturón rojo de París. Salíamos siempre de las zonas céntricas, del Hotel du Quai Voltaire, en la ribera izquierda, frente al río y a los majestuosos pabellones laterales del Louvre, hotel literario, cuya dueña recibía o había recibido las visitas cotidianas de Pierre Reverdy, el enemigo declarado de Vicente Huidobro (Picasso, para aludir a esta enemistad, había bautizado a nuestro escritor como «Verdobro»), o de mi casa de la Rue Boissière, casi al llegar a la avenida Kléber (habíamos escapado pronto del departamento insalubre de Cognac-Jay), o del Hotel du Mont Blanc, en la Rue de la Huchette, que pasó a ser poco después el lugar de residencia habitual de los Neruda, y esta salida siempre se producía en medio del desorden y del atraso, con todos hacinados como sardinas en mi pequeño Simca 1000 de color rojo, el Poeta delante, a mi lado, angustiado, como de costumbre, por el hecho de encontrarse encerrado en uno de esos artefactos, y dando instrucciones, señalando obstáculos y peligros enteramente evidentes, señales que ponían nerviosos a los conductores y que hicieron que sufriera en su vida más de algún accidente de tránsito, y con las mujeres —Matilde, Pilar, posiblemente Maritza Gligo o mi hermana Angélica—, en el estrecho asiento de atrás.

En la primera de nuestras visitas nos equivocamos varias veces de rumbo y nos extraviamos en medio de las vías anchas, entrecruzadas, híbridos de avenidas y de autopistas, y de los bloques iguales de edificios de Saint Denis. Por fin, en una esquina donde confluían diversas moles de cemento de esa especie de ciudadela socialista construida en el corazón del capitalismo, nos pareció que nuestras señas coincidían en forma inequívoca. Alguno de los pasajeros del Simca 1000, entonces, levantó la vista y descubrió una ventana iluminada donde tres figuras, un hombre maduro, una mujer y un joven, un grupo de familia dibujado en sombra dentro del rectángulo de la luz, la pareja Marcenac y su hijo Bruno, escudriñaba la noche poblacional, el silencio denso del suburbio, con expresiones de franca ansiedad, de no disimulada y no controlada angustia.

Nos reconocieron y nos hicieron señas frenéticas, aliviados, sabiendo, por fin, que la cena y la noche, en el límite, cuando ya parecía que iban a hundirse, estaban salvadas. Se entraba a esa casa a través de una farmacia que pertenecía a los Marcenac y que era administrada por Dédé. Una de las cosas que me asombró, la primera noche, ocurrió a la salida, en la farmacia iluminada, llena de medicinas y productos de perfumería, bien provista, y bien protegida, a esa hora avanzada, de intrusos. El Poeta, con la mayor naturalidad de la tierra, escogía una loción, una escobilla de uñas, algunos sobres de Alka Seltzer o de píldoras antiácidas, tubos de pasta dentífrica, jabones. Me dio la impresión, en ese momento, y me la daría en diversas oportunidades, de un reyezuelo o de un barón feudal que cobraba con toda tranquilidad, con una conciencia perfectamente saludable, los tributos que le eran debidos. Dédé se desplazaba debajo de sus estanterías pletóricas, le ofrecía otros productos, como la mejor de las vendedoras, y yo me preguntaba si esa actitud era normal, o si era la del vasallo obligado a ser obsequioso a pesar suyo, aun cuando las cosas que Pablo escogía y que Matilde se encargaría de llevar en su voluminosa cartera no tenían, después de todo, demasiado precio.

Durante la cena había observado otro detalle parecido. Los Marcenac, con las debidas advertencias previas y el adecuado ceremonial, abrían botellas importantes: algún tinto capitoso de Borgoña de los que le gustaban a Neruda, algún Nuits Saint Georges, algún Gevrey Chambertin. Se escuchaba el estimulante estallido del corcho, y la botella, poco después, era colocada junto al puesto del Poeta en la mesa, con Matilde, sentada a su lado derecho, en actitud de administrarla y de atender a los menores deseos de su ilustre marido. A mí, para ser justo, me había correspondido una copa llena, y cuando esa copa se vació, el Poeta, en un acto de complicidad de cofrades bebedores, hizo o insinuó una seña, y Matilde se encargó de inmediato de volver a llenármela. El detalle, en lugar de desmentir el estilo curiosamente feudal de la ceremonia del vino y de toda esa visita, lo confirmaba. Yo pertenecía, al fin y al cabo, al círculo señorial, era uno de los caballeros de esa Mesa Redonda, y tenía derecho a repetición. Maritza Gligo, contestataria más o menos permanente, y buena conocedora, además, de sus fueros de mujer bonita, asistió a una de esas sesiones, ya no recuerdo si a esa primera, la de nuestra llegada tan tardía, y levantó la voz sin pelos en la lengua. ¿El vino era sólo para el maestro Neruda? ¿La plebe ignara del fondo de la mesa no tenía ningún derecho? La sed de Maritza influyó, desde luego, en su ánimo reivindicativo, pero la petición resultó justa, oportuna, divertida, y produjo rápidos y tangibles, vale decir, consumibles efectos.

En esas reuniones, a mediados de la década del sesenta, en un período que se extendió entre fines del año 62 y comienzos del 67, se hablaba con mucha frecuencia, sobre todo cuando Louis Aragon estaba presente, del tema del estalinismo. No se hablaba de una manera enteramente directa y formal, sino por medio de alusiones y de bromas que tendían a repetirse. Ya he contado que Neruda solía decir: «Teníamos los bigotes terriblemente largos... *Nous avions les moustaches très, très longues...*», aludiendo, naturalmente, a los bigotes del sabio entre los sabios, el camarada Josef Vissarionovitch. En sus palabras había dosis compartidas de humor, de comprobación melancólica, de inevitable resignación. Marcenac seguía la broma y trataba de imitar el tono de Neruda. Aragon, en cambio, tenía una actitud más terca, más insatisfecha, como si eso de tratar a la ligera un asunto tan grave no calzara con sus hábitos intelectuales, en los que influía, quizás, alguna pizca de puritanismo, alguna remota sangre de hugonotes. Una noche en casa de Marcenac, furibundo, mientras se hablaba de Nikita Kruschev, de sus avances y retrocesos, y de sus problemas con la vieja guardia conservadora, golpeó la mesa y dijo que a los burócratas reaccionarios del Kremlin, los responsables de la represión, del ataque a los intelectuales y artistas, del descrédito de la Unión Soviética y de la causa comunista, había que juzgarlos y condenarlos. ¡A ellos sí que había que fusilar, y no a la gente que pensaba con independencia y que ejercía su derecho a la crítica! Ellos tenían una responsabilidad decisiva en lo que sucedía, en la crisis que agitaba al mundo comunista en todas sus latitudes.

Ahora bien, sin la menor duda, el tono indirecto, alusivo, burlón, con que se discutían por lo general estas delicadas cuestiones, estaba relacionado con la presencia de personas no comunistas en la sala: Pilar y yo, quizás Angélica y Maritza Gligo, alguna vez Carlos Fuentes. En esa ocasión, después del exabrupto de Aragon, Marcenac, asustado, nos dijo: «¡No vayan a creer ustedes que habla en serio!». Mientras lo decía, la expresión de Aragon, serísima, furiosa, con chispas de indignación saltándole de los ojos, no amainaba.

El coleccionista

El Poeta desarrollaba en París mejor que en cualquier otro lugar del mundo, con fuerza absorbente y excluyente, la pasión por las colecciones. Ahí residía uno de los secretos de su amor a esa ciudad. Era un coleccionista nato, incorregible, que dedicaba muchísimas horas al cultivo y al disfrute de esta inclinación. Yo, que nunca he sido coleccionista de nada, lo observaba con curiosidad, con diversión, con asombro y, a menudo, cuando el asunto me imponía trabajos y servidumbres que no había previsto, con franca irritación. A veces me preguntaba en qué consistiría, a qué obedecería esa manía casi tiránica, semejante al erotismo, capaz de imponer, como el erotismo, sacrificios importantes, pecuniarios y de toda índole, antes de conseguir su objetivo, que no era otro que la posesión contemplativa, voluptuosa.

El coleccionismo comenzaba en Neruda con su propia obra poética. Su poesía coleccionaba crepúsculos *(Crepusculario)*, coleccionaba poemas y sonetos de amor, coleccionaba extravagancias *(Estravagario)*. Mostraba una tendencia constante a la letanía, a la enumeración, a la acumulación de metáforas. Muchas veces constituía un canto a objetos previamente coleccionados: mascarones de proa, veleros dentro de botellas, dientes tallados de cachalote.

Vi al Poeta coleccionista en acción en librerías de viejo, en el Mercado de las Pulgas, en el Village Suisse de la avenida de la Motte Picquet, a unas cinco o seis cuadras de la embajada chilena, así como lo vi más tarde en el Mercado Persa de Santiago o en las tiendas marítimas del puerto bretón de Saint Malo. Una vez, a espaldas suyas, mientras él hojeaba unas primeras ediciones, le pregunté a uno de los libreros que frecuentaba, en un sucucho de la Rue des Saints-Pères, si tenía *Lokis,* el cuento de Mérimée sobre un hombre lobo.

—No —me respondió el librero—. Lo tuve hace algún tiempo y lo vendí.

—¿Y no me podría conseguir otro ejemplar?

—¡Cómo! —exclamó el librero—. ¡Yo creí que usted me preguntaba por el manuscrito!

En pleno invierno, envuelto en un grueso abrigo de pelo de camello, con una bufanda de lana fina y un jockey de *tweed,* insensible a los inconvenientes del clima (en lo cual aprovechaba su formación temucana), fumando su pipa de espuma, con pasos de plantígrado y aires de sabueso de novela policial inglesa, el Poeta caminaba con lentitud, se detenía, husmeaba, miraba a un lado y a otro, de frente, de refilón, investigando en el corazón de las cosas, entre los intersticios, con ayuda de los espejos. En la cara gruesa, cetrina, con un toque amarillento, los ojillos de saurio, de lagarto prehistórico, vigilaban, acechaban y, de pronto, en la incierta penumbra, captaban el brillo de su presa: una lámpara de bronce con globo de opalina y un dispositivo calculado para que siguiera los vaivenes de un barco, objeto que podía haber estado en la recámara de un capitán de Joseph Conrad; un pequeño mago impulsado con cuerda, sentado frente a la mesa de sus exhibiciones, donde hacía aparecer y desaparecer cartas debajo de un embudo, al son de compases dieciochescos, junto a otro muñeco que fumaba su narguile y echaba humo por la boca; un abridor de botellas en forma de pescado de escamas plateadas...

Un día recibí una carta escrita desde Isla Negra, en uno de los períodos del año en que el Poeta vivía en Chile. Me contaba que había encontrado unos tambores en el Village Suisse y me los describía con lujo de detalles y con ayuda de un par de croquis. No eran bajos y anchos, de acuerdo con uno de los dibujos, que estaba tachado, a fin de evitar toda confusión mía, sino altos y más angostos (como el de un segundo dibujo), y a los costados tenían abundantes molduras doradas, rojas, azules, y escudos para indicar su pertenencia a determinados regimientos, porque eran auténticos tambores de bandas militares escocesas. Yo debía dirigirme de inmediato al Village Suisse, a una tienda determinada de muy buena calidad, encontrarlos sin cometer errores y reservar dos a nombre del señor Pablo Neruda, dejando una pequeña cantidad de dinero en garantía. El, al llegar a París, completaría la operación y me devolvería el anticipo. Eran muy caros, y yo debía reservarlos sin chistar, sin regatear nada, porque esa gente no me daría ni un centavo de rebaja. Lo importante, lo vital, era asegurarse la posesión de los tambores a toda costa.

Salí aquella tarde de las oficinas de la embajada y me dirigí al Village Suisse. No me costó encontrar la tienda, especializada en viejos muebles ingleses de campo, en objetos de cacería, en arreos y emblemas escoceses. Le describí los tambores al dueño, con ayuda de la carta y de los dibujos. El supo muy bien de qué se trataba, no había cómo equivocarse, pero ocurría que había vendido esos tambores hacía tiempo. No le parecía fácil que pudieran llegarle de nuevo. «*Non, monsieur. Je suis désolé!*» Cuando le dije que se trataba de un gran poeta de Chile, que necesitaba esos tambores para poder sobrellevar la existencia, el dueño pareció aún más consternado. Me pidió que le presentara todos sus respetos (cosa que hice, lo compruebo ahora, en una carta del 15 de marzo de 1963), pero me insistió en que los susodichos tambores eran sumamente difíciles. Era probable que pudieran encontrarse todavía en Inglaterra, pero en Francia habían ya desaparecido.

Le comenté el caso a Claudio Véliz, que por entonces estaba ya entusiastamente instalado en Londres y en la venerable Chatam House, donde su vecino de oficina era, y le gustaba mucho repetirlo, Arnold Toynbee. Feliz de hacerse cargo del problema, Claudio emprendió intensas investigaciones, y pronto llegó a la conclusión de que esos regimientos escoceses habían sido disueltos hacía muchos años y de que los respectivos tambores habían adquirido la categoría, abrumadora y hasta matadora para la concupiscencia de un coleccionista, de inencontrables. Se lo comuniqué a Pablo, que preparaba otro de sus viajes anuales a Moscú y a Europa Occidental, y recibí a vuelta de correo una respuesta poética y melancólica: el eco de los tambores extinguidos había resonado en su corazón con un redoble fúnebre. ¡Casi una oda! En la mejor poesía nerudiana, el «corazón», metáfora recurrente, de estirpe no sólo romántica, sino también, por encima de todo, quevediana («mi corazón está lleno de furias y de penas»), tiende a mostrarse como un espacio, un escenario donde se representa un drama individual. En «Barcarola», de *Residencia en la tierra*, el corazón-caracol, el corazón-bocina-de-barco-en-desgracia, termina transformado en jaula junto al mar: las «listas de sonido» de aquella bocina adquieren consistencia de «barrotes lúgubres» instalados «a orillas del océano solo». En la carta que yo recibí, el corazón del Poeta era un entarimado en penumbra, desocupado, en el que se oía resonar un remoto redoble de cajas y gaitas de Escocia.

Las dos cartas desaparecieron de entre mis papeles, detalle no demasiado sorprendente, dado mi desorden habitual. Lo sorprendente es que una mañana, a la salida de un café del centro de Santiago, ya en plena dictadura de Pinochet, se me acercó un coleccionista de libros y documentos de Neruda. ¡Un coleccionista del coleccionista! Este señor, a quien yo conocía de un modo más bien vago, pero de quien siempre había tenido referencias por Jorge Sanhueza, amigo suyo, me agradeció de pronto, con gran efusividad y con indudable buena fe, mi generoso «regalo» de esas cartas. Nuestro fallecido amigo Sanhueza, Jorge, había llegado un buen día con ellas y había declarado que yo se las enviaba, en reconocimiento, supongo, a su fidelidad y a su perseverancia en el nerudismo. Me quedé estupefacto y no supe qué decir. Jorge Sanhueza, el Queque, se había ido convirtiendo, con los años, en un mitómano de cuidado. Probablemente había resuelto que las dos cartas estarían mejor en la colección de ese señor, y de ahí a imaginar que yo, en un acto de clarividente desprendimiento, se las mandaba de regalo, y a confundir esa imaginación con la realidad, no había más que un paso.

Los tambores se perdieron en la noche de los tiempos, y las cartas, el único objeto de colección que produjeron, al menos para mí, también. A todo esto, el Poeta, en una de sus excursiones por los alrededores de su hotel de la Rue de la Huchette, detectó de lejos, en el fondo de una sala que se divisaba desde la calle, casi frente a la iglesia de Saint-Julien-le-Pauvre, una figura de proa masculina. Todas sus hormonas de coleccionista se pusieron en estado de ebullición y no pudo dejar de entrar en la tienda y preguntar por la poderosa y bigotuda figura, esculpida en un grueso tronco de madera y esmaltada. El personaje representaba al pirata Morgan, nada menos, lo cual suponía, como atractivo adicional, una conexión histórica con el mundo de las Antillas y de América del Sur, pero el joven anticuario, el señor Bazin, guardaba ese objeto como adorno de su casa y no tenía ninguna intención de venderlo. Neruda le explicó que él era un poeta de un país llamado Chile, «le Chili», situado en el extremo sur de América, y que era dueño de una interesante colección de mascarones de proa. Sucedió que Monsieur Bazin, por rara coincidencia, tenía unos primos en el puerto de Valparaíso, y a ellos les había escuchado mencionar alguna vez, precisamente, la existencia de este poeta de nombre Neruda. ¡El era el señor Neruda, entonces!

La operación de compra quedó convenida a medias. El precio era muy alto, y el Poeta, en ese momento, no tenía el dinero. De todos modos, propuso dejar una pequeña suma, de acuerdo con su costumbre, en señal de pago, cosa que el señor Bazin aceptó, diciéndose posiblemente que un Poeta, una persona cuyo domicilio en París era un hotel para estudiantes y turistas pobres de la Rue de la Huchette, nunca llegaría a reunir la totalidad del precio.

Estábamos una de esas tardes, Matilde, el Poeta y yo, en su habitación del Hotel du Mont Blanc. Ya no recuerdo por qué motivo nos habíamos reunido allí ni de qué conversábamos. Era un día cálido, primaveral, y nosotros nos habíamos puesto a mirar, desde el balcón de ese quinto o sexto piso, el abigarrado movimiento callejero. Acabábamos de sorprender a una escritora chilena más bien madura muy del brazo de dos típicos estudiantes del Barrio Latino. La escritora, que sabía que Neruda vivía en ese hotel, había levantado la vista, nos había reconocido y había lanzado eufóricas señales de saludo, pero no había hecho el menor amago de abandonar su doble conquista callejera.

Nos reíamos a costa de nuestra emprendedora colega, cuando golpearon a la puerta de la habitación. Era un telegrama para *Monsieur Nerudá*. El Poeta leyó ese pedazo de papel, lo tiró encima de una mesa, se puso un chaquetón y salió disparado. Nos asomamos por la ventana y lo vimos trotar, con una agilidad que contrastaba con sus movimientos habituales de flebítico, de oso plantígrado, rumbo a los recintos no muy lejanos de Monsieur Bazin. El telegrama anunciaba que había obtenido un premio italiano de poesía, el Viareggio, que ascendía a siete mil dólares, más que suficientes en aquellos años para adquirir el busto del pirata Morgan y otros cachivaches parecidos.

Después de haberse resistido en un comienzo a vender la voluminosa y vigorosa figura, el señor Bazin, con sentido del humor, resolvió hacer dos o tres días más tarde una pequeña fiesta en sus departamentos privados, en el piso de arriba de su tienda, para solemnizar la entrega. En el momento de salir de la embajada para ir a ese cóctel *sui generis*, recibí la visita de un funcionario que llegaba de Chile, un experto en cuestiones agrícolas, ocupado de la reforma agraria que ya se llevaba a cabo en esa época, durante la presidencia de Eduardo Frei, y militante conocido del Partido Comunista. Pensé que no estaría mal invitarlo a la fiesta ofrecida en honor de su correligionario Neruda y le propuse que me acompañara.

El piso alto del señor Bazin parecía una prolongación de la tienda de la planta baja. Era uno de esos espacios en penumbra, atiborrados de antigüedades, que uno encuentra en novelas de Balzac como *La peau de chagrin* o *Le cousin Pons*: recintos cuya clave consistía en la excentricidad, la avaricia o alguna pasión semejante. El señor Bazin nos ofreció un *champagne* servido en copas de coleccionista, dignas de la ocasión, y en seguida, al terminar los brindis, sacó un disco antiguo de su funda original, un disco de ésos de setenta y tantas revoluciones por minuto, y le dio cuerda a una fonola no menos antigua, que parecía esperar en un segundo plano. Escuchamos entonces, asombrados, los acordes de una cueca chilena perdida en el tiempo, casi sepultada por las rayaduras. ¡Era el homenaje del joven anticuario a la rama siempre renovada de la poesía!

Todo transcurría muy bien, en el mejor de los mundos posibles, pero ocurrió algo, un detalle que pasó inadvertido, y que yo, si hubiera reflexionado mejor, debí haber previsto. Neruda me llevó a un lado, a uno de los rincones en penumbra y, aprovechándose del bullicio de la reunión, me preguntó en voz baja:

—Y ese señor que trajiste, ¿no pertenece a mi... Compañía?

Pronunció la palabra «Compañía» como si hablara de una orden secreta, de la Compañía de Jesús en los años de su expulsión o de algo por el estilo.

—Entiendo que sí —le dije—. Por eso lo invité.

—¡No debiste hacerlo! —exclamó él, con expresión de molestia—. ¿No ves que me ven comprando estas cosas, que son objetos caros, y llegan a Chile pelando...?

El asunto no pasó de ahí, desde luego, y los asistentes a la ceremonia de entrega de la figura del pirata Morgan se dispersaron pronto, en medio de la fiesta permanente y móvil de París a orillas del Sena, en los sectores del Barrio Latino, de la catedral de Notre Dame, de las dos islas, en un maravilloso anochecer de fines de primavera.

El largo día jueves

Bien vestido, con perla en la corbata,
y ya exquisitamente rasurado
quise salir, pero no había calle,
no había nadie en la calle que no había,
y por lo tanto nadie me esperaba,
y el jueves duraría todo el año.

«El largo día jueves
Memorial de Isla Negra

Reviso cronologías, biografías, ensayos críticos, libros que ya conozco, aunque quizás no conozca demasiado, y llego a una conclusión. Después de la etapa épica, social, política, de *Canto general* y de *Las uvas y el viento,* el Poeta pasó por un período de madura creatividad que se extendió aproximadamente desde 1953, poco después de su regreso a Chile al final del episodio de González Videla y de la escritura de los primeros poemas de *Odas elementales,* hasta 1964, año de la publicación de *Memorial de Isla Negra.* Hubo dos factores que sin duda influyeron: el reencuentro con el país y el comienzo del deshielo de Nikita Kruschev en el mundo comunista, algo que hoy día podríamos definir como una primera y parcial *perestroika.* Fue una etapa de revisionismo, y el revisionismo, una de las bestias negras de la izquierda comunista de entonces y de casi siempre, incluso de ahora en Chile, no era en último término más que la revisión del estalinismo. Esa revisión, iniciada en 1956 por la denuncia de los crímenes de Stalin en el XX Congreso del PC de la Unión Soviética, y cuya repercusión en la poesía nerudiana es evidente, claramente detectable, como un terremoto de grado siete en las planillas de un sismógrafo, culmina con el *Memorial*, autobiografía en verso que hace las veces de un resumen, un balance de verdades e incertidumbres, una culminación y simultáneamente un epílogo. El Poeta de *Memorial*, que escribió ese libro para conmemorar sus sesenta años, se preparaba cuidadosamente para salir de casa, como cualquier hijo de vecino («El largo día jueves»), pero comprobaba, después de haberse vestido con esmero y de haberse rasurado, que no había calle, y que «no había nadie en la calle que no había». Ese mismo narrador lírico («La verdad»), después de haber leído tantas novelas apologéticas, «interminablemente bondadosas», vidas de santos de una nueva religión, canonizados por el realismo socialista, y tantos versos sobre el Primero de Mayo, había llegado a una condición en la que sólo era capaz de escribir «sobre el 2 de ese mes», sobre el amanecer de un día cualquiera, incorporado al ciclo rutinario y mortal del tiempo, de modo que el «largo día jueves» pasaba a ser un equivalente de ese día «sin orígenes» de *Residencia en la tierra*.

Terminó, con esas memorias en verso de sus sesenta años, el ciclo de la revisión y la perplejidad, y el Poeta quedó en el umbral de un período de relativa aridez. Entonces escribió teatro, entregó crónicas periodísticas semanales, y publicó libros de poesía que revelaban cierto cansancio *(Aún, Las manos del día, La barcarola)*, o que se complacían en una contemplación más o menos inocente de la naturaleza *(Arte de pájaros)*, o que elevaban la gastronomía, esa evasión tan frecuente en el artista otoñal, a categoría literaria *(Comiendo en Hungría)*. Y de pronto, en 1969, probablemente al sentir los primeros síntomas de su enfermedad, y en medio del ajetreo político de la víspera del gobierno de la Unidad Popular, experimentó un nuevo, decisivo y mal estudiado resurgimiento de su creatividad, un ciclo definitivo que se iniciaría con un libro de título y de contenido claramente apocalípticos, *Fin de mundo*, y donde la visión revolucionaria del término de la historia, del fin de la contradicción en la sociedad, del advenimiento del paraíso en la tierra, sería radicalmente reemplazada por la visión de la muerte propia y de la transformación, del apocalipsis personal.

Volvamos, sin embargo, a los años en que yo era secretario de la embajada chilena en Francia y en que los Neruda regresaban de Moscú y se instalaban durante largas temporadas en el hotelito de la Rue de la Huchette. Nosotros habíamos cambiado nuestra vivienda de la Rue Boissière, una bombonera más o menos elegante, apta para la vida diplomática, pero un poco incómoda, por un departamento amplio y destartalado, con balcones renegridos que daban sobre las copas de los árboles de la Avenue Bosquet y desde los cuales podíamos mirar la torre Eiffel, que en las noches de niebla, cuando estaba iluminada, adquiría tonalidades rojas espectrales. En ese lugar, en horarios extravagantes, escribí los cuentos de *Las máscaras*, y ahí empezamos a sentirnos adaptados, peligrosamente conquistados por la ciudad.

A todo esto, parecía que el coleccionismo de Neruda, en una forma que coincidía con su reflujo creativo, había llegado al exceso, y las habitaciones de nuestro departamento, que tenían por suerte suficiente espacio, se llenaban de cajas, de cachivaches, de objetos heterogéneos que habían sido despachados desde la ciudad de Budapest, o desde las secciones de menaje de las galerías Printemps, o desde el Village Suisse o el Mercado de las Pulgas. El Poeta trató de contagiarme su manía, con un proselitismo habitual en los coleccionistas, pero no tuvo mayor éxito. Lo acompañé en muchas de sus excursiones, compré un par de lámparas de bronce y opalina, se me escaparon de las manos unas marionetas venecianas, y conseguí un ejemplar de la edición original de la *Promenade dans Rome*, obra del Señor de Stendhal, pero la cosa no pasó de ahí.

La presencia esporádica de los Neruda llegó en aquel tiempo —año, 1966, comienzos de 1967—, a transformarse en parte integrante de nuestra vida de París. Había, eso sí, otros aspectos de esa vida, otros personajes, otros mundos, y el Poeta, guiado a veces por mí, que de repente me convertía en el Virgilio de unos laberintos más o menos disparatados y probablemente regentados por algún demonio, se asomaba a ellos con curiosidad, pero no siempre los entendía, y no siempre, aunque esto pueda parecer curioso, conseguía ser aceptado por ellos. Asistíamos a la culminación de la pintura neofigurativa y del Op y el Pop Art; a los inicios del «boom» de la novela hispanoamericana; a la moda sin contrapeso de la teoría estructuralista y a los comienzos de la revista *Tel Quel*; a la llamada «liberación sexual», con mentores doctrinarios como Wilhelm Reich y con figuras emblemáticas como el marqués de Sade o Georges Bataille; a la invasión del continente europeo por la música de los Beatles. Surgió de la nada el Bus Palladium, un enorme galpón oscuro situado en la subida de Montparnasse, donde fui más de una vez en compañía de Enrique Lihn, de Gastón Soublette, entonces agregado cultural de la embajada, de Martine Barat, ciudadana egregia de Montparnasse y del Barrio Latino, de Maritza Gligo, que era, por encima de cualquier otra cosa, musa, y que tenía una cuerda completamente insuperable, a bailar en forma descoyuntada, desaforada, hasta muy altas horas, al son de esos ritmos nuevos.

Los Neruda, desde luego, no participaban en esas sesiones, y escuchaban mis relatos con una percepción más bien parcial, sonriente, altamente curiosa y a la vez distante. Pablo preguntaba por las Exóticas con cierta insistencia, como si no dejaran de inquietarlo, y Matilde insinuaba que Pilar era demasiado «confiada» porque permitía que esas amigas se entrometieran «en su cocina». No le atribuía tanta importancia a lo que pudiera ocurrir en el salón, y ni siquiera en los dormitorios, pero la cocina, a su juicio, era la ciudadela desde la cual se podía conquistar, a partir del estómago, el dominio del señor de la casa. La verdad, sin embargo, era que cocinábamos todos, de una manera más bien caótica, y que la ocupación de los más diversos espacios era orgiástica, ilimitada, imprevisible.

Pablo y Matilde asistieron por entonces a una fiesta en la avenida Bosquet junto a tres o cuatro de las más connotadas Exóticas, y en la que también estaban el pintor argentino Antonio Seguí, el uruguayo Gamarra, el Che Gamarra, como lo conocíamos, o Gamarrita, quizás el pintor español Antonio Saura, a quien también frecuentábamos en esa época, y en la que seguramente se encontraban algunos chilenos del París de entonces: el músico Cirilo Vila, Marta Orrego y Angel Parra, Diego Ortiz de Zárate, los pintores Irene Domínguez, Eugenio Téllez, Juan Downey, entre muchos otros. Se consumieron abundantes alcoholes, como de costumbre, y hubo, además, apasionados guitarreos, cantos, improvisadas músicas de percusión con ayuda de palos, mesas y sillas, botellas vacías golpeadas o sopladas. Reclamó el vecino de abajo, como también era costumbre, y Martine Barat, Exótica, egregia, partió a apaciguarlo con un vestido de raso negro provisto de un gran agujero circular en el abdomen, vestido y agujero que transformaron la ira de mi vecino, según me consta y como por arte de magia, en una sonrisa de oreja a oreja. Disminuyeron los ruidos y se pasó a una etapa de música más matizada y de bailes algo audaces. En una de ésas, Maritza, gran provocadora, y que sin duda tenía en cuenta la presencia de la pareja «convencional», «aburguesada», de los Neruda, tomó de la mano a Martine e inició con ella un baile que se prolongó en el suelo, entre contorsiones francamente eróticas, contempladas por una concurrencia expectante que tenía que dejarles paso cuando se arrastraban sobre las tablas. Pablo y Matilde miraron este baile, que no pasaba, en verdad, de ser un juego un poco subido de color, con una semi sonrisa, sin hacer mayores comentarios, y se retiraron de mi departamento de la Avenue Bosquet bastante pronto.

Si Pablo observaba a las que él mismo había bautizado como las Exóticas con cierta distancia, pero sin mayor irritación, sus relaciones con algunos de los intelectuales y artistas de mi tiempo eran mucho más difíciles. No todo podía reducirse a las puras diferencias ideológicas. En una ocasión estábamos en La Coupole de Montparnasse, pasada la medianoche, comiendo algo y bebiendo un poco de vino, cuando noté que se hallaba cerca de nosotros Alejandro Jodorowsky, uno de los personajes interesantes de mi generación chilena, que había emigrado pronto y no había regresado nunca, mimo, actor, novelista, director de cine y de teatro, autor de la película *El Topo*, guionista de tiras cómicas dotadas de algún toque perverso y animador de un par de *happenings* realizados en París en esos años, en colaboración, algunas veces, con su amigo Fernando Arrabal. Llamé a Jodorowsky a la mesa e hice las presentaciones del caso.

—He oído hablar mucho de usted —dijo Neruda, con el mejor de los ánimos.

—Y yo —dijo Alejandro Jodorowsky— también he oído hablar mucho de usted.

El breve intercambio fue glacial, y la conversación, como es de suponer, no pasó de ahí, y no porque Neruda, en ese momento de su vida y de su evolución política, no pusiera buena voluntad de su parte.

Hice esfuerzos más programados y elaborados, e igualmente infructuosos, para acercar a Pablo Neruda y Enrique Lihn. Lihn era, en cierto modo, casi por definición, con mayúscula, el Poeta de la generación mía, aun cuando hubo en mi tiempo otros poetas de notable calidad: Alberto Rubio, David Rosenmann Taub, Miguel Arteche... Lihn, además, era el típico intelectual latinoamericano de izquierda, amigo, en aquellos años, de la revolución cubana y del grupo de Casa de las Américas en La Habana. Parecía natural, por lo menos a primera vista, que mantuviera relaciones normales y cordiales con Pablo Neruda. Yo, amigo de ambos, percibía sin embargo una hostilidad subterránea, que de vez en cuando afloraba a la superficie y que era perfectamente recíproca. Pablo Neruda no tenía opinión, no tenía una imagen clara, siquiera, de Alejandro Jodorowsky, pero identificaba de algún modo a Enrique Lihn con sus más diversos enemigos literarios, con Pablo de Rokha, es decir, Perico de los Palotes, y su parentela, con los discípulos de Vicente Huidobro, con Eduardo Anguita, con Enrique Gómez Correa, con toda esa cohorte de «rilkistas», de «falsos brujos existenciales», de «amapolas surrealistas», a la que había estigmatizado en un poema célebre de *Canto general.*

Ahora bien, eran versos característicos de una etapa de dogmatismo, la de sus largos y confesados bigotes estalinianos. ¿No se trataba ahora, justamente, de revisar toda esa etapa, de terminar, entre otras cosas, con esos sistemas de implacables descalificaciones, sistemas que en el interior del mundo socialista, en épocas que ya nadie quería que se repitieran, habían llevado a muchos intelectuales, y a decenas de millones de no intelectuales, desde luego, al silencio, a la cárcel, a Siberia, al hospital psiquiátrico, al pelotón de fusilamiento?

Nos encontramos, pues, una noche, en una muy sencilla pizzería del Barrio Latino, a la vuelta de la Rue Cujas, Matilde y Pablo Neruda, Enrique Lihn, Pilar y yo. En el comienzo, pareció que dominaría un ambiente de buena voluntad recíproca. No habría simpatía espontánea, mejor no hacerse la menor ilusión a este respecto, pero sí un diálogo respetuoso, incluso amable, que dejaría la puerta abierta para nuevos encuentros. Hasta la mitad de la comida, hasta el plato de fondo, hasta liquidar la primera botella de vino de Beaujolais, las cosas fueron dándose así. Después vino el desbarajuste, el estrepitoso fracaso de mi empresa, en la que nadie me había mandado meterme. Neruda habló de Acario Cotapos, el músico, amigo entrañable suyo desde los años de Madrid, fallecido hacía poco y a quien había dedicado una larga oda, uno de los mejores poemas de su libro *Navegaciones y regresos.*

—Acario era un payaso —dijo Enrique Lihn, con la cara retorcida que se le ponía en sus momentos biliosos.

Ahí se estrelló mi quijotesco empeño; toda apariencia de cordialidad, a partir de ahí, se hizo humo.

—¡No has entendido una sola palabra! —replicó Neruda, echando chispas—. Acario era un hombre de una fantasía soberbia, un humorista fenomenal. Era un Rabelais de nuestro mundo, un personaje único, irreemplazable.

Tuve la sensación, mientras Pablo descargaba su artillería pesada, de que Enrique Lihn iba hundiéndose paulatinamente en su silla, agobiado por el chaparrón que le iba cayendo encima con elocuencia, con fuerza fustigadora. No había duda, para mí, de que Enrique había metido la pata a fondo; atacar a Cotapos, humorista notable, verdadero héroe de la vocación musical en Chile, era una pésima causa. Poco antes de morirse, sentado al frente mío, de piernas cruzadas, brutalmente enflaquecido, devorado por la enfermedad, con un hilo de voz ronca, Enrique me habló del episodio en una forma bastante diferente, y con sentido del humor, a pesar de todo. Dijo que él, para contrarrestar el monólogo olímpico del viejo maestro, se había permitido burlarse de Acario, a quien, al fin y al cabo, estimaba, pero a sabiendas de la irritación que eso desencadenaría, y que el Poeta se había salido de sus casillas, completamente descontrolado.

El caso es que Neruda y Lihn se separaron aquella noche y ya no hicieron nuevos intentos de acercarse. Cuando se tocaba el tema de Lihn, Neruda se limitaba a decir: «Es un latero, es un pesado», sin referirse para nada a la calidad de su escritura. Lihn, en cambio, muy de acuerdo con su estilo personal, se explayaba, imitaba, hacía caricatura. Tenía una inventiva fértil para ridiculizar en metáforas, en imágenes exageradas, tendenciosas, cómicas. En años remotos, a mediados de la década del cincuenta, en una casa de San Bernardo, habíamos improvisado un diálogo circense en el que Lihn representaba a Neruda, y yo, al anciano cardenal José María Caro, a quien había alcanzado a conocer y ayudado a celebrar misas solemnes en mi infancia de alumno de San Ignacio. Neruda disparateaba con acentos telúricos, y el cardenal, con su voz arrastrada, aguda, pastosa, imitada por mí, lo condenaba por hereje, por comefrailes, por rojo, por glotón y depravado, a los quintos infiernos, mientras él, desde sus recintos celestiales, se sobaba las manos, se carcajeaba, le hacía «huichichío». Ahí, en esa casa llena de gente de todas las edades, incluyendo a personas que tenían nociones muy vagas o simplemente nulas sobre los personajes que representábamos, los payasos, sin ninguna duda, y a conciencia, éramos nosotros, y nuestro diálogo fue recordado durante largo tiempo, sobre todo por el filósofo Jorge Millas, uno de sus más entusiastas espectadores.

Neruda y los cubanos

Los años de la década del sesenta fueron los del idilio entre los intelectuales y la revolución cubana. Todos, de una u otra manera, con muy escasas excepciones, participamos de ese idilio. Nicanor Parra viajaba a Cuba a cada rato y se convertía en el amigo predilecto de Casa de las Américas, en el regalón, para emplear un chilenismo, de Haydée Santamaría y de sus colaboradoras. Mario Vargas Llosa era invitado permanente y miembro del consejo de redacción de la revista. Julio Cortázar descubría la política y, más que eso, descubría lo hispanoamericano en y a partir de Cuba. Yo mandaba cuentos y artículos a la revista de la Casa y me lamentaba amargamente porque mi condición de diplomático profesional me impedía, por lo menos en principio, viajar a La Habana, y me obligaba, en cambio, ¡qué desgracia!, a permanecer en París, en la decadente, fría y grisácea París.

Vargas Llosa y Julia Urquidi llegaron una tarde a nuestro departamento de la Rue Boissière en compañía de una señora delgada, bastante mayor que nosotros, de aspecto enfermizo. La señora, de nacionalidad argentina, acababa de salir de Cuba, iba camino de Buenos Aires y estaba alojada con ellos en la Rue de Tournon. Esa noche salimos a cenar juntos a un bistró barato. Después, el domingo en la mañana, fuimos a una sala tristona y perdida donde se proyectaba una de las obras del nuevo cine cubano. En otra ocasión asistimos a la representación del *Galileo* de Bertold Brecht, por el Teatro Nacional Popular, en el Palacio Chaillot. Yo no sabía quién era la misteriosa señora, que había llegado con una carta de recomendación de Hilda Gadea, la primera mujer, peruana, del Che Guevara, pero comprendía que se trataba de un personaje importante, conectado con los centros políticos de la izquierda de la época. En un momento determinado, al final del segundo o tercer encuentro, Mario, con los ojos abiertos como platos y con un aire de secreto enteramente suyo, me llevó a un lado y me dijo en voz baja, con una exclamación sofocada a medias: «¡Es Celia Serna, la mamá del Che Guevara!». Sorprendentemente, la versión que ella traía de las cosas de Cuba oscilaba entre la discreción, la reticencia y la severidad o la franca crítica. Era, podría decirse, tal como se vislumbraba en sus palabras, una crítica «desde la izquierda» a una revolución que tendía a burocratizarse, a estancarse, a adquirir vicios propios del estalinismo. Poco después, en marzo de 1964, tuve la ocasión de conocer al propio Guevara en Ginebra, durante la primera Conferencia de Comercio y Desarrollo de las Naciones Unidas. Su madre había regresado a Buenos Aires, había sido detenida por la policía durante algún tiempo, y más tarde había muerto, muerte que el Che atribuyó, probablemente con razón, a los sufrimientos que había padecido en la cárcel.

En aquellos días, como ya lo he contado en un capítulo de *Persona non grata*, se produjo el golpe de Estado contra el gobierno de João Goulart en Brasil y se inició la racha de dictaduras militares modernas que se extendería por América Latina, con su secuela de torturas y desapariciones, como reacción frente a la ola revolucionaria y guerrillera que partía de Cuba. La mañana en que las noticias de Brasil llegaron a Ginebra, el Che, en un pasillo del Palacio de las Naciones, le dijo a un grupo de personas, entre las que yo me contaba, lo siguiente: «Es mejor que la democracia débil, corrompida, hipócrita, de João Goulart sea reemplazada por una franca dictadura militar. Así las cosas se verán mucho más claras y esto será favorable para nuestra causa. Los pueblos ya no tendrán cómo equivocarse con respecto a sus verdaderos enemigos. La guerrilla crecerá de un modo irresistible, y nuestra victoria se producirá mucho antes...».

A todo esto, Neruda había viajado a La Habana en los primeros tiempos y había rendido el homenaje de rigor a la Revolución en *Canción de gesta*, libro publicado en 1960. El viaje, sin embargo, no había sido todo lo exitoso que habría podido esperarse. Carlos Franqui, que dirigía entonces el periódico *Lunes de Revolución* y que años más tarde tendría que salir al exilio, me contó que había encontrado a Neruda tan abandonado en su habitación del Hotel Nacional que había resuelto hacerse cargo del programa de su visita. Según Franqui, la envidia de Nicolás Guillén, esa envidia que yo ya había descubierto en el Congreso de la Cultura de 1953, una envidia que adquiría caracteres emblemáticos, influía en este tratamiento. Pero había bastante más que un mero problema de rivalidades literarias. Desde sus comienzos, el castrismo pretendió instalarse en la vanguardia del movimiento comunista latinoamericano y mundial. El pragmatismo, el equilibrio, estaban muy lejos de ser los valores dominantes en la isla. Neruda, en cambio, militante de uno de los partidos más ortodoxos del mundo, venía de vuelta de muchas cosas y se había convertido en un observador inevitablemente distante, caviloso, crítico.

Los comentarios que le escuché al propio Neruda eran fragmentarios, a veces crípticos, pero suficientemente reveladores. Por ejemplo, el Che Guevara lo había recibido en el Banco Nacional de Cuba a las doce de la noche, con las gruesas botas arriba del escritorio. ¡No eran horas, y no eran, tampoco, maneras! Por otro lado, Neruda, que conocía La Habana de antes, con sus miserias, pero también con su fulgor y su jolgorio, asistió desde la primera fila a los espectáculos nocturnos que había conocido en viajes anteriores, pidió, para colmo, en lugar de ron «en las rocas», auténtico whisky de Escocia, e insistió, además, en la necesidad de que la Revolución preservara esa alegría de las noches rumberas. La Revolución, desde luego, nunca suprimió del todo esos espectáculos, pero el puritanismo, la severidad ideológica, sobre todo la que provenía de los neófitos, se había hecho sentir en la isla desde el primer día.

Otro factor que influyó, sin duda, fue la arremetida de Fidel Castro contra algunos representantes del viejo Partido Comunista de Cuba, acusados de desviaciones, de burocratismo, de anteponer siempre los intereses de la Unión Soviética a los intereses de Cuba. Neruda me explicaría años después, en privado, que Castro, en su lucha por el poder personal, había tenido que destruir el antiguo partido, uno de los más fuertes y mejor organizados de toda América Latina. Según él, Carlos Rafael Rodríguez, que en los años cuarenta y cincuenta era la joven promesa, el militante con un porvenir más halagüeño, y que por un breve tiempo había sido ministro, detalle curioso, del gobierno de Fulgencio Batista, se había prestado para esta operación, había hecho de fiscal en los procesos contra sus viejos camaradas, y había conseguido convertirse, por esos medios, es decir, para hablar con palabras claras, por medio de la delación y de la traición, en una de las cabezas del nuevo régimen.

Neruda insistía en sus comentarios privados en que la Revolución era demasiado inmadura, retórica, izquierdista, y se complacía en citar el célebre texto de Lenin acerca del izquierdismo como «enfermedad infantil del comunismo». Eso sí, siempre, o por lo menos cuando conversaba con los no comunistas, se preocupaba de dejar a salvo el hecho revolucionario en sí mismo. Los errores, los excesos, las arbitrariedades, el personalismo de Fidel y hasta la presencia de Fidel pasarían, y la Revolución, en cambio, era un gran acontecimiento histórico, superior a las circunstancias y a las personas, y estaba destinada, impoluta, formidable, a permanecer. Uno podía preguntarse, sin embargo, qué extraña entelequia, qué esencia era ésa, la Revolución, que devoraba a sus hijos y que permanecía inmune, intocada por sus abusos y por sus excesos. Ahí, en esos ejercicios mentales, quedaba a la vista la relación entre el pensamiento platónico y el utopismo revolucionario de nuestro tiempo. Era posible, por medio de ese subterfugio, presenciar el error, el deterioro, el fracaso del llamado «socialismo real», y mantener incólume la fe en la teoría, en la Idea, como solía decirse, con espontánea precisión, en algunos sectores del mundo hispánico. Yo escuchaba, cavilaba, y me quedaba con un resquicio, con un germen de duda. ¡Razonable y previsor resquicio, que me ayudó a mantener una relativa, pero muy saludable distancia!

Invitado por Arthur Miller y por otros escritores norteamericanos, que tuvieron que hacer gestiones especiales ante el gobierno del presidente Lyndon Johnson para que se le concediera la visa, Pablo Neruda y Matilde viajaron a Nueva York a una Conferencia del PEN Club Internacional en junio de 1966. Pablo dio recitales en salas atestadas de público y leyó algunos de sus poemas más virulentos contra la intervención norteamericana en Vietnam. De regreso a Chile, se detuvo por unos días en Lima, fue recibido en el palacio de gobierno por el presidente Fernando Belaúnde y condecorado con la Orden del Sol del Perú.

El viaje a la capital del Imperio y la condecoración entregada por el jefe de un gobierno que combatía en ese momento contra guerrillas apoyadas desde La Habana fueron el pretexto más perfecto para una demostración de fuerza. Carlos Fuentes, en un artículo publicado en *Life en español*, había llegado en su entusiasmo a declarar que el encuentro del PEN señalaba el fin de la guerra fría, por lo menos en el sector clave de los intelectuales. Pues bien, el criterio oficial de Cuba, cuya delegación había estado a punto de viajar a Nueva York y había tenido que deshacer las maletas, por órdenes superiores, en el último minuto, era ahora exactamente el contrario. Los escritores y artistas cubanos dirigieron una carta abierta al «compañero Pablo» en la que le reprochaban acremente su blandura, su complacencia con el enemigo, demostrada con su viaje a Nueva York y con su amistosa reunión con Belaúnde Terry, ejemplo del tibio reformismo proyanqui que se ofrecía en América Latina como alternativa frente al castrismo. El Neruda de hoy, insinuaba la carta, habría sido condenado por el gran Neruda de *Canto general*. ¿Qué habría dicho ese Neruda, cuando se hallaba todavía en el exilio, si un compañero suyo hubiera almorzado en La Moneda y se hubiera dejado condecorar por el presidente González Videla?

Estoy convencido de que la carta de los cubanos fue el episodio más irritante y más sensible de toda la última etapa de su vida. Ningún ataque desde la derecha habría podido causarle tanto daño. El Poeta, de pronto, se encontró amagado en su propia imagen de símbolo revolucionario, una imagen que parecía completamente consagrada y a partir de la cual él había podido incursionar en la duda, en la cavilación, en el retorno a la reflexión de carácter metafísico («la metafísica cubierta de amapolas»), sin que sus blasones políticos, que le habían proporcionado audiencias enormes en todas partes, perdieran su prestancia. La carta de los cubanos, originada en el sector de la izquierda intelectual que tenía mayor prestigio en el mundo en la década de los sesenta, fue una andanada cruelmente certera, un disparo que lo dejó herido en el ala, rabioso, y con posibilidades muy limitadas de defenderse. En efecto, ¿cómo continuar en la militancia comunista y dirigir al mismo tiempo su artillería pesada, de comprobada eficacia, en contra de sus colegas representantes de una joven revolución, la única del continente americano, la única que hablaba en nuestra lengua?

El sabía perfectamente que ningún escritor cubano se habría atrevido a redactar y firmar ese mensaje sin haber recibido instrucciones desde arriba. No le cabía la menor duda de que la inspiración, en último término, le correspondía a Fidel Castro, y que la misiva cumplía la función de una advertencia y de una amonestación dirigidas por elevación al Partido Comunista chileno, acusado en aquellos años por el castrismo de incurrir en un juego parlamentario y reformista que no hacía más que retardar la verdadera definición revolucionaria.

Por otro lado, el Poeta me dio muchas veces una interpretación bastante personal, discutible sin duda, pero interesante, de la antipatía que sentía el Líder Máximo por él. Unos versos de *Canción de gesta* contenían una advertencia apenas velada sobre la tentación de caer en el culto de la personalidad. El poema, «A Fidel Castro», dice al comienzo que le ha traído una copa de vino de Chile, y después agrega:

Está llena de tantas esperanzas
que al beberla sabrás que tu victoria
es como el viejo vino de mi patria:
no lo hace un hombre sino muchos hombres
y no una uva sino muchas plantas:
y no es una gota sino muchos ríos:
no un capitán sino muchas batallas...

Según Neruda, Fidel había captado perfectamente el sentido de los versos y nunca se los había perdonado. ¿Podía ser llevado Fidel a esos extremos de susceptibilidad? Mi impresión, después de conocer al personaje, es que la suposición del Poeta no carecía de fundamento. A Fidel siempre lo encontré irritado frente a los escritores, desconfiado, como si ese precario poder que ellos manejan, el que les confiere el uso y el arte de la palabra, amagara de algún modo, en su núcleo más vital y sensible, el poder suyo.

De hecho, Neruda recibió todo el apoyo de su partido, pero eso no fue suficiente para sanar la herida. Como primera medida, resolvió cortar de raíz todas sus relaciones personales con los firmantes de la carta que habían sido amigos suyos. Nunca más, por ejemplo, aceptó ver a Nicolás Guillén o Alejo Carpentier. Más tarde, cuando era embajador de Chile en París, nos tocaba asistir a recepciones oficiales en la embajada de Cuba, donde Carpentier, en su calidad de ministro consejero, era el segundo en la jerarquía. La embajada cubana en pleno, colocada en fila y por orden jerárquico junto a la puerta del edificio de la Avenue Foch, recibía a los invitados. En el momento en que le tocaba el turno al embajador Neruda, el ministro Carpentier se escondía detrás de una cortina. Salía de su oportuno escondite cuando Neruda había pasado y cuando llegaba yo, equivalente jerárquico suyo, que al verlo reaparecer desde la sombra, con expresión impávida, le daba la mano como si tal cosa.

En esa etapa en que Salvador Allende estaba en el gobierno en Chile y en que Neruda era embajador en Francia y Premio Nobel de Literatura, los cubanos hicieron discretos sondeos para invitarlo de nuevo a la isla. El Poeta puso una condición: que los firmantes de la carta escribieran otra para desagraviarlo y le dieran la misma publicidad internacional que había tenido la primera. Era lo que se llama una condición imposible, igual en la práctica a una negativa rotunda. La carta cubana había tenido toda clase de consecuencias nocivas. Había provocado, entre otros fenómenos, rechiflas y desplantes por parte de sectores juveniles de extrema izquierda durante lecturas y apariciones públicas en salas del Viejo y del Nuevo Mundo. El Poeta, acorazado en la buena conciencia política, no estaba dispuesto a perdonar. Sabía que un Alejo Carpentier, un José Lezama Lima, un Fernández Retamar, un Nicolás Guillén, incluso, guerrillero del Barrio Latino de París, estaban muy lejos de poder exhibir las ricas credenciales políticas suyas. «Allí vivía», escribiría en sus memorias (en la nervaliana plaza Dauphine del París anterior a la guerra), «el escritor francés Alejo Carpentier, uno de los hombres más neutrales que he conocido. No se atrevía a opinar sobre nada, ni siquiera sobre los nazis que ya se le echaban encima a París como lobos hambrientos». A Nicolás Guillén lo crucificaría en un paréntesis que se ha hecho célebre, al hablar en sus memorias del otro Guillén, don Jorge, el autor de *Cántico*, e identificarlo con dos adjetivos que resultaron, por exclusión, lapidarios: «(el español, el bueno)».

El paseo final de Jorge Sanhueza

En los últimos años de esa estada en París, 1966, 1967, la máquina de télex todavía era novedad en la embajada. Al llegar a las oficinas, lo primero que uno hacía era ir a la salita del fondo del corredor, una de las habitaciones de servicio del antiguo Hotel de la Tour D'Auvergne, provista de una ventana que daba sobre la célebre cúpula de los Inválidos, y mirar si había llegado algún mensaje. Los mensajes hablaban de créditos franceses para la Corporación de Fomento de Chile, de problemas relacionados con la construcción del metro de Santiago, de visitas de parlamentarios, ministros de Estado, delegaciones militares. Un día, sin embargo, una mañana de comienzos del verano europeo de 1966, encontramos en el milagroso artefacto un texto que salía de lo habitual: por órdenes expresas del ministro, a la sazón Gabriel Valdés (uno de los firmantes del dichoso Manifiesto de 1953), yo debía trasladarme a Estocolmo para organizar una exposición bibliográfica de Pablo Neruda. Se trataba, desde luego, de una gestión oficial encaminada a obtener para Neruda el Premio Nobel de Literatura. Uno podía reflexionar de inmediato sobre algunos antecedentes de aquel télex: las gestiones que había hecho el gobierno del Frente Popular, desde 1939 en adelante, para conseguir el premio para Gabriela Mistral; las buenas relaciones personales entre Neruda y Gabriel Valdés; la transformación del Neruda intransigente, estalinista, de los años cuarenta, en ese hombre «claro y confundido», en ese poeta «enérgico y otoñabundo», del «Testamento de otoño» de *Estravagario*, texto gemelo y deliberadamente diferente, situado en las antípodas, podría decirse, de otro conocido testamento suyo, el de *Canto general*. Ese poeta más tranquilo, más intimista, contradictorio, otoñal, y encerrado la mayor parte del año en su refugio de Isla Negra, se había convertido sin contrapeso en el poeta nacional de Chile, en la mayor y casi única gloria viviente de nuestra literatura, después de la muerte de la Mistral en 1957, y el gobierno, ahora, aun cuando representara otra posición ideológica, iniciaba una discreta campaña para canonizarlo con el Nobel. ¿Quién mejor situado, en ese contexto, para desempeñar un papel instrumental, que un secretario de embajada destinado en París, autor él mismo de dos o tres libros, y amigo personal del Poeta?

La orden, en buenas cuentas, era de cajón, pero me llegó con la falta de aviso y la falta de anticipación típicas de las cosas chilenas. El Poeta no se había dado el trabajo de mandarme unas líneas previas, probablemente porque la idea había surgido de un modo más o menos espontáneo, en el calor de alguna reunión social, o quizás porque había intuido que, si me prevenía, yo tendría tiempo para oponer mis reservas y esquivar el bulto. Recibí la orden, pues, en el último minuto, cuando hacía las maletas para viajar de vacaciones a Grecia, ya que Pilar y mis hijos veraneaban en la isla de Leros, en el Dodecaneso, isla donde la escritora sueca y buena amiga nuestra, Sun Axelsson, nos había encontrado hospedaje.

Le escribí de inmediato a Pablo y le expliqué estos problemas, haciéndole notar que agosto, pleno verano, era una época disparatada para hacer una exposición de sus libros en Suecia, pero de todos modos, como se trataba de una orden formal, comuniqué mi inesperado retraso a la familia, y en lugar de dirigirme al sur de Europa, tomé un avión, contra todos mis cálculos y preparativos anteriores, rumbo al extremo norte.

Llegué a Estocolmo y comprobé que el proyecto, que la embajada chilena ya había puesto en marcha, consistía en exhibir los libros de Neruda en una feria industrial que se realizaba todos los años en verano. La embajada parecía orgullosa de haber conseguido un *stand* para este efecto, un espacio amplio, visible, colocado entre un puesto que ofrecía máquinas para ordeñar vacas y otro donde se exhibirían y publicitarían instrumentos agrícolas no muy diferentes. No cabía duda de que la feria, instalada en un hermoso parque, sería visitada por centenares de miles de personas, pero no parecía el lugar más adecuado para exponer los libros de un gran poeta, aun cuando no se tratara de un «intelectualista» o un «rilkista». Me fui desde ese parque, preocupado, a visitar a Arthur Lundqvist, el traductor y amigo de confianza de Neruda dentro de la Academia Sueca. A Lundqvist le pareció que la idea de la exposición bibliográfica en esa feria era un error garrafal. La Academia, explicó, era una institución bastante *snob*, bastante elitista, y la movida chilena parecía calculada para que Neruda no obtuviera el premio nunca: «Usted comprenderá: si Chile organiza esa exposición, y Neruda después saca el Nobel, el año próximo, en vísperas de la decisión de la Academia, Estocolmo se convertiría en una verdadera feria de candidatos. Nada puede ser más contrario al estilo de mis colegas académicos...». Lo curioso es que Lundqvist tenía encima de su mesa la carta de los intelectuales cubanos contra Neruda, que en esos días alcanzaba su máxima difusión. Acababa de recibirla y leerla, y tuve la impresión de que había surtido algún efecto. Me habló de Miguel Angel Asturias, de su gran calidad como novelista del mundo hispanoamericano, de su honestidad política, y parecía, en sus palabras, que esa honestidad contrastara de algún modo con las actitudes recientes de Neruda. En la mente del académico sueco, la carta de los cubanos hacía que los bonos de Neruda bajaran y que Asturias, por simple omisión, sin necesidad de comerlo ni beberlo, subiera a los altares revolucionarios. Lundqvist me hizo en seguida una sugerencia perfectamente razonable: que la exposición nerudiana se hiciera, por ejemplo, en la Biblioteca Pública, o en una de las muchas bibliotecas públicas, de la ciudad de Estocolmo. El ofrecía colaborar con la embajada para obtener la sala.

Comuniqué todo lo anterior a Chile, sin entrar en lo que me parecían detalles, como esa copia de la acusación cubana reveladoramente colocada encima de la mesa del académico. La reacción oficial, y también la del Poeta, consistió en aceptar mis sugerencias a regañadientes. Parecía que todos, Neruda, Valdés, los funcionarios involucrados en el asunto, estaban felices y contentos con los planes originales. Mis argumentos podían ser razonables, podían ser, incluso, difíciles de rebatir, pero fueron recibidos, en las lejanías de Santiago o de Isla Negra, como los de un insoportable aguafiestas. Neruda, que antes de hacerme el encargo no había dicho «agua va», se puso a escribirme cartas casi diarias, que traducían su molestia y su decepción. El 9 de agosto, en una misiva llena de párrafos numerados y subnumerados, decía en el número 7: «Se buscaba una persona amable, generosa, inteligente, y yo inocentemente te propuse sin saber que interrumpía tus vacaciones con nuestra querida Sun...». El Poeta, desatento a mis razones, se había imaginado un encuentro idílico en las islas griegas.

Dos o tres días después, el télex de la embajada de Chile en Suecia recibió la noticia del viaje inminente a Estocolmo de Jorge Sanhueza. Jorge vivía de un pequeño sueldo de secretario de la Fundación Neruda para el Estudio de la Poesía, dependiente de la Universidad de Chile, y se había convertido al cabo de los años en el bibliógrafo consagrado y vitalicio de la obra nerudiana. Su nombramiento parecía lógico, pero indicaba que nadie había tomado en cuenta para nada las sugerencias de Lundqvist y mías de cambiar el lugar y la fecha del evento. Fui al aeropuerto de Estocolmo y recibí a un Jorge Sanhueza pálido, ojeroso, enfermizo, más reducido todavía de tamaño de lo que era en mi memoria, que llegaba después de un larguísimo vuelo desde Santiago y que salía de nuestra angosta faja de territorio por primera vez en su vida. Conversamos y a los cinco minutos comprobamos que no tenía nada que hacer en agosto en aquella ciudad, y que tampoco tenía dinero para mantenerse allí hasta que se reanudaran las actividades, puesto que la Universidad lo había mandado a recorrer el Viejo Mundo con la magra suma de trescientos dólares en el bolsillo. Lo invité, pues, a ir conmigo hasta la isla de Leros, donde se hospedaría en mi casa y no tendría ningún gasto. El regresaría a Estocolmo a tiempo para preparar la exposición, y yo, después de unos días de vacaciones, volvería con mi familia a París.

Jorge había sido siempre una persona enfermiza, de salud y de aspecto frágil, pero ahora sufría de una enfermedad renal complicada. Ese mal, unido a su espíritu fantasioso, humorístico, le provocaba un permanente estado de excitación, de exaltación, de agresividad, de extroversión febril, a menudo obscena. Llegué a pensar que la situación chilena evolucionaba, que se acercaba a un desenlace peligroso, y que el estado mental de Jorge, de algún modo, era su reflejo. Parecía, de repente, un *clown*, un payaso delirante. Recuerdo sus exclamaciones, su agitación, cuando en un parque, en los faldeos suaves de una colina, frente al mar del archipiélago de la ciudad, penetramos en el interior de una muñeca gigantesca, de colores intensos, tendida de espaldas en el césped, de espaldas y de piernas abiertas, obra de la escultora Niki de Saint Phalle. La puerta de entrada, en aquellos años de «liberación sexual», estaba colocada exactamente en la vagina, a la que se accedía por una escalerilla, y se podía caminar por dentro hasta un puesto de observación colocado en la cabeza o en el promontorio circular de uno de los pechos, ya no recuerdo en cuál de los dos lugares.

Una amiga de Sun Axelsson, Signe Sandelin, se había hecho cargo de estos dos chilenos extraviados en la remota y fría Estocolmo. Nos llevó el domingo en su destartalado automóvil a un paseo por el archipiélago. Cruzamos por islas y canales, subimos con el automóvil a lentas barcazas, pasamos frente a mansiones señoriales y, en un alto del camino, en una saliente rocosa y solitaria, junto a un brazo de mar tranquilo, Signe se desnudó entera, con la mayor naturalidad del mundo, y se lanzó al agua. Jorge y yo nos mirábamos, mirábamos también a Signe, con su cuerpo de gimnasta sueca, y tragábamos saliva. Nunca íbamos a sobreponernos, sin duda, por lo menos en esta encarnación, a nuestra malicia pueblerina. Cuando nos despedimos, al final de esos días imprevistos y espléndidos, Signe me dijo que Jorge podría alojarse en su casa a su regreso de Grecia. Me advirtió, eso sí, sin mayores rodeos, que no tenía intenciones de dormir con él en la misma cama. ¡Por si las moscas!

Del archipiélago de Estocolmo bajamos, pues, a la isla tórrida de Leros, en el Dodecaneso, frente a las costas de Turquía. Entrar en el barco que nos trasladó desde el Pireo, el puerto de Atenas, hasta la isla, fue entrar en otro mundo: el del Oriente cercano, el de las razas mediterráneas, el del turismo de a pie y de mochila. Deambulamos durante dieciocho horas por las cubiertas y las salas atestadas de ese barco, entre turistas alemanes y holandeses con grandes barbas y torsos desnudos, marineros griegos que tenían, más que otra cosa, fachas de chilenos, y viejas señoras, kirias, con las frentes ceñidas por tocas blancas o grises. En la isla, en un paseo con Maritza Gligo y con los niños, Jorge se subió a una bicicleta demasiado alta para su pequeña estatura, se asustó al encontrarse en una curva estrecha, en un sendero a orillas del mar, con un par de motociclistas que subían en dirección opuesta, y sufrió una caída fea. Se había roto una clavícula, que le asomaba por la espalda como un muñón de ala, y hubo que operarlo de urgencia en el hospital de Leros.

Todavía escucho los alaridos y los garabatos del pobre Queque Sanhueza, que resonaban, insólitamente criollos, en los corredores de ese hospital inverosímil. Maritza y yo, que esperábamos los resultados de la operación, nos mirábamos con angustia y a la vez no podíamos dejar de reírnos. Jorge despertó de su anestesia en un dormitorio doble, junto a un pope barbudo y a su madre que lo acompañaba, con cara de circunstancias, al lado de un icono colgado de los barrotes de bronce de los pies de la cama.

«*Are you a priest or a beatnik?*», fue la primera pregunta

de Jorge. Después se puso a canturrear, con una especie de alegría descocada: «*A priest, a prost, a proust...*». El pope, que no estaba para bromas irreverentes, se indignó, y me costó mucho trabajo calmarlo explicándole que nuestro amigo había perdido la cabeza, pero que se trataba de un hombre serio, el curador de la biblioteca de un gran poeta de Chile, un sabio excéntrico, en resumidas cuentas, y que yo le rogaba perdonar si en el sueño de la anestesia había sido impertinente.

La locura del Queque, después de salir de esa operación, no terminaría. El médico, por lo demás, nos dijo que estaba muy enfermo, que su enfermedad no era sencilla, que incluso había temido por su vida durante la intervención. En los días que siguieron, como no podía vestirse a causa de los complicados enyesados y vendajes, se paseaba por Leros con una bata mía, de toalla blanca, en calzoncillos, con un sombrero rojo de alas anchas, que pertenecía a Sun o a Pilar, para defenderse del sol. A cada rato se le caía la bata, que los vendajes le impedían ceñirse bien, y quedaba semidesnudo. Lanzaba gritos obscenos en las plazas de la isla, a las que había que subir a pie, bajo un sol aplastante, y los pobladores, instalados en las mesas de los cafés, se reían, levantando sus jarras de cerveza, o se limitaban a mirar de reojo, con desconfianza. En una fiesta, excitado por la gente, por el bullicio de las conversaciones, por el vino frío de «retsina», dio gritos, trastornado, guardó después un extraño silencio, y de repente mordió en el trasero a la bella Bona de Mandiarguesa que había llegado a la isla invitada por Sun Axelsson, sola, después de liquidar una aventura con un pintor mexicano. A pesar de todo, el espíritu chispeante, agudo, de Jorge Sanhueza, no dejaba de manifestarse. Pierre Loeb, dueño de galerías de pintura en París y en Nueva York que veraneaba en Leros, le tomó aprecio y se daba el trabajo de afeitarlo minuciosamente todas las mañanas.

Jorge regresó a Estocolmo y organizó, con la mayor eficiencia, la exposición bibliográfica de Pablo Neruda. El Poeta me escribió una carta en la que reconocía que yo tenía razón, que «la exposición maquinopecuaria» no era el marco más adecuado para sus libros. La carta, en párrafo separado, decía textualmente: «Otrosí: los escritores cubanos se portaron como unos cabrones. A la voz del amo agregaron envidia y vileza». El Premio Nobel de Literatura, ahora no sé si ese año o el siguiente, fue obtenido por Miguel Angel Asturias. Recordé lo que me había dicho Arthur Lundqvist sobre Asturias, mientras yo veía la carta contra Neruda encima de su mesa, y tuve que admitir que ese texto, por extraño que esto parezca, había influido en la decisión.

Ya estaba de regreso en Santiago, en 1967, cuando Jorge Sanhueza murió de esa enfermedad que el buen médico del hospital de Leros había alcanzado a diagnosticar. Armando Uribe Arce, poeta, jurista, diplomático, y yo, camino de una recepción, una cena o cualquier otra cosa, lo visitamos en una sala del Hospital Roberto del Río en la que sería la víspera exacta de su fallecimiento. Con palabras confusas y descabelladas, que ya se habían separado de la normalidad para siempre, pero que conservaban un curioso resquicio de lucidez, Jorge nos insultó, nos trató de «maricones», irritado, sin duda, por nuestra salud, por la atmósfera mundana que parecía desprenderse de nosotros, mientras él yacía crucificado con agujas y tuberías, y pidió a gritos que le dieran limonada.

«De distraído murió Jorge Sanhueza...», escribió Neruda, en uno de sus poemas de ocasión, pero muchos nos quedamos con la sensación de que los distraídos habíamos sido nosotros. Habría sido difícil, por lo demás, que las cosas se dieran de otra manera. El Queque, el bufón, había ahogado, había ocultado casi siempre, para desgracia suya y nuestra, a Jorge, el intelectual, el escritor agudo, aunque empantanado en la mediocridad, en la neblina de nuestro mundillo.

El peso de la razón

No puedo más con la razón al hombro...

La verdad, *Memorial de Isla Negra*

De acuerdo con el sistema conocido como «rotativa», un diplomático de carrera pasaba cinco años en el extranjero y entre dos y tres en Chile, adscrito al Ministerio de Relaciones Exteriores. A finales de 1966, poco después de mi absurdo viaje a Estocolmo y de nuestras vacaciones en Grecia, empezamos a prepararnos para el regreso. En los primeros días del año 67 entregamos el departamento de la Avenue Bosquet y nos trasladamos a un pequeño *deux pièces* de la Rue de Lille, cerca del corazón del Barrio Latino, a pocos metros de la muy conocida Rue des Saints-Pères. Frente a las ventanas altas, estrechas, descuadradas, que se cerraban con dificultad, divisábamos los escaparates polvorientos de una librería de emigrados rusos. Un poco más allá había un restaurante especialista en vinos, La Enoteca. Hacia atrás, alejándose del Sena, se extendían callejuelas, bistrós, librerías de viejo, tiendas de anticuarios, y un edificio de paredes blancas, de dos pisos, con una placa de mármol que indicaba que allí había vivido una de las figuras legendarias de la vanguardia poética europea, Guillaume Apollinaire, el autor de *Alcools* y de *Calligrammes*, el ensayista de las *Meditaciones estéticas*, el amigo de Vicente Huidobro. Nuestros hijos, Jorge y Ximena, habían partido a Chile a pasar el verano con mis padres, para entrar después a un colegio en Santiago. Ximena había bajado del avión, y en lugar de hablar en francés, como era de esperar, había chapurreado, para asombro de todos, algunas frases griegas aprendidas en su largo veraneo en Leros.

Pablo y Matilde hicieron una de sus aparatosas apariciones en París cuando ya estábamos en la Rue de Lille. Pablo, con una forma de suspicacia muy suya, acentuada en este caso por el sonido metálico que tiene en Chile el apellido Edwards, siempre creyó o sospechó que yo contaba con substanciosos recursos personales, aparte de mi modesto sueldo de secretario de embajada. Por este motivo, no miró con muy buenos ojos el que nos hubiéramos encerrado a vivir en un departamento mínimo, de estudiantes o de intelectuales pobres. «No creo en las pobrezas de los ricos», solía decir, y su incredulidad, de hecho, se justificaba en muchas ocasiones, ya que los ricos chilenos eran casi siempre, como él también decía, «pichiruches». En cualquier caso, tomó esto de la covacha en la Rue de Lille, que no era, por lo demás, ni fea ni desagradable, con sentido del humor, y procedió a visitarla y a sacarle partido con toda la soltura de cuerpo de sus últimos años, esa soltura que le había valido la acusación de sus colegas de Cuba.

Nos encontramos al mediodía y almorzamos en La Enoteca con Matilde y con él, con los Marcenac, quizás con Aragon, con algún otro, porque siempre alrededor de Neruda se formaban grupos más o menos grandes, y siempre aparecían caras nuevas, a menudo insólitas. Yo regresé a mi trabajo en la embajada, donde esas frecuentaciones mías no le hacían la menor gracia al embajador, y el Poeta se quedó con la nariz pegada a la vitrina de una tienda de objetos naturales, contemplando, extasiado, trozos de mineral, pequeños fósiles, escarabajos, escorpiones inmovilizados en un cubo de plexiglás.

Los Neruda se habían alojado aquella vez, como hacía ya unos años, en el Hotel du Quai Voltaire, situado a tres o cuatro cuadras de nuestra Rue de Lille. En la tarde hizo su aparición Carlos Fuentes, el siempre entusiasta, animado, informativo Carlos Fuentes. Creo que aparecieron muchas otras personas. Se bebieron largos e historiados whiskys con agua Perrier; se recordó a Cotapos, quien cuando pedía una mineral en los cafés de Montparnasse, decía: «*Una Panimavide, s'il vous plaît*», a propósito de las aguas chilenas de Panimávida; se hizo tarde frente al Sena, mientras los *bateaux mouches* iluminados pasaban ante las angostas ventanas, y probablemente partimos a cenar a La Coupole de siempre, en el Boulevard de siempre. Lo que sí recuerdo con la mayor claridad es que Matilde se fue a dormir a su hotel; que Pilar, exhausta, se encerró en su dormitorio, y que Pablo, Carlos Fuentes y yo, en el estrecho espacio de la sala de estar de la Rue de Lille, a las tres de la madrugada, seguíamos bebiendo y conversando. El más descansado, el más fresco de nosotros tres, a pesar de que llegaba de un viaje más o menos largo, era el Poeta. Parecía que el reencuentro con París era una droga que le inyectaba alegría, euforia, juventud. Hablábamos de nada y de todo, de política, de poesía, de novelas y novelistas, de casos y cosas, con los vasos cargados de whisky en las manos. A Carlos Fuentes y a mí, a medida que transcurrían las horas, empezaron a pesarnos los párpados como si fueran de plomo. No sé si nos desplomamos literalmente, extenuados, y si el Poeta, pasando muy campante por encima de nuestros cuerpos, nos dejó allí, en la derrota, y emprendió el regreso por las callejuelas del amanecer de la ribera izquierda.

En aquellos días finales de nuestra primera estada en París, hubo encuentros de todas clases, con y sin los Neruda, como si la ciudad hubiera empezado a abrirse sólo entonces para nosotros: en la casa de Elsa Triolet y Louis Aragon, en el molino de Roberto Matta en Boissy-sans-avoir, en el departamento burgués de Gastón Soublette, en el de los Marcenac en Saint Denis, en la casa de nuestro amigo, que había sido casado con una chilena, el editor Jean Max Leclerc, en la de Bona y André Pieyre de Mandiargues, que después de años de separación habían vuelto a juntarse y que pronto contraerían un segundo matrimonio entre ellos mismos, en muchos otros lugares. En una de las reuniones en casa de Aragon, en un ala de un *hotel particulier* de una vieja calle del séptimo distrito, al lado del Hotel Matignon, sede del Ministerio del Interior, la gente conversaba en el jardín en un atardecer suave de primavera, en esa *heure exquise* de la poesía de Paul Verlaine y de la música de Claude Achille Debussy. Recuerdo el comentario de Neruda sobre una señora distinguida, de pelo blanco, militante comunista de vieja data: era notable, me dijo, su fidelidad al partido a pesar de las decepciones, a pesar de su lucidez, a pesar de saberlo todo. Militaba sin flaquear, y sin hacerse ilusiones... El comentario me dejó pensativo. Confirmaba una vez más ese concepto seudorreligioso de la Revolución, considerada como entidad abstracta y superior, no contaminada por los crímenes que pudieran cometerse en su nombre. ¿Significaba esto que uno de los valores del revolucionario, enfrentado a la terrible tozudez de los hechos, era el estoicismo, la indiferencia ante los accidentes y los caprichos de la historia?

Un par de años después, el Poeta escribiría en el «Prólogo» de *Fin de mundo*:

¡Qué siglo permanente!

Preguntamos:
Cuándo caerá? Cuándo se irá de bruces
al compacto, al vacío?
A la revolución idolatrada?
O a la definitiva
mentira patriarcal?

El era consciente, en buenas cuentas, de esas idolatrías, y por eso apreciaba la militancia desengañada, que no se contaba cuentos, pero que mantenía, de todos modos, una fidelidad de última instancia.

Las relaciones de Pablo con Aragon, a todo esto, no dejaban de ser complejas, curiosas. Ya sabemos que Aragon era uno de los «sabios» del historial de Neruda, pero la idea de que el intelectualismo, la inteligencia, la preocupación por los problemas de la cultura, estaban reñidos en alguna medida con el vigor del instinto poético, permaneció siempre, más allá de los cambios literarios y políticos, profundamente arraigada en él. He llegado a preguntarme si no había estudiado en algún período de su juventud, en sus años de alumno de la asignatura de francés en el Instituto Pedagógico, las ideas rousseaunianas, los conceptos del hombre natural y del buen salvaje. Nunca, sin embargo, lo escuché mencionar a Jean-Jacques Rousseau, ni creo que lo haya mencionado en ninguna parte por escrito. El había llegado a concebir una tradición literaria formada por escritores de la siguiente «familia»: Rabelais, Quevedo, Victor Hugo, Walt Whitman, y hasta Joseph Conrad y Julio Verne. Claro está, Rabelais y Quevedo también habrían podido ser calificados de «sabios», pero eran sabios que se escapaban de sus libros, excesivos en todo, incluso en su sabiduría. En cambio, Borges, Vicente Huidobro, Octavio Paz, algunos poetas del Brasil, intelectualistas a su manera, pertenecían a una «familia» contraria, siempre sospechosa para Neruda, una familia proclive, sentía él, a dejarse deslumbrar por los paraísos artificiales desplegados en los cenáculos y en las vitrinas de Occidente. El se mantenía, a pesar de su evolución personal, fiel a cierto nacionalismo latinoamericano, y creo que en esos años todos nosotros compartíamos esa fidelidad.

Una de esas noches, Neruda, Matilde, Pilar y yo fuimos a cenar a la casa de los Aragon. Esto ocurría en vísperas de nuestro regreso a Chile, en la primavera francesa de 1967. Tocamos el timbre, junto al formidable portón del siglo XVIII, y Neruda anunció, con una voz un poco acontecida: «¡Vamos a tener que ser inteligentes toda la noche!».

No podríamos, en efecto, bajar la guardia, en la mesa presidida por Elsa Triolet y en la compañía del poeta y editor Pierre Seghers, de Aragon y de alguien más. En homenaje a sus invitados del mundo hispánico, los dueños de casa, en un gesto muy francés, ofrecieron una contundente paella valenciana. Aragon me mostró algunas de sus magníficas ediciones de Emile Zola y de Victor Hugo, dos de los principales precursores reivindicados por el comunismo francés, y sus cuadros de Pablo Picasso y de dos o tres de sus contemporáneos más importantes. Me parece que conseguimos ser bastante discretos durante toda la noche, y hasta moderadamente inteligentes, como correspondía, pero a la salida, al cerrarse el pesado portón dieciochesco, Neruda, a pesar de la escasa agilidad de sus piernas atacadas por la flebitis, dio un verdadero salto. ¡Un salto de alivio! «Ahora», dijo, «vámonos a comer una cazuelita», empleando el más chileno y el más amable de los diminutivos. Cenar en esa atmósfera, que de todos modos era formal, por mucha experiencia y «tradición» revolucionarias que tuvieran los comensales, había sido igual que no cenar. Había que desquitarse con una «cazuelita», es decir, una buena sopa de pescado, un estofado, unos pies de cerdo, regados por alguna noble botella de vino de Borgoña, en La Coupole de nuestras noches. Pablo, por esa época, había adquirido la disparatada costumbre, con la segura complicidad y hasta intervención mía, esto no lo niego, de pedir siempre un *champagne* Magnum, botella que no alcanzábamos a beber entera, pero que satisfacía plenamente la ilusión humana de la abundancia infinita, y cuyo pago constituía un importante sacrificio para el bolsillo mío y quizás también para el del Poeta. Matilde, a espaldas nuestras, conseguía muchas veces hacerle una señal negativa al mozo, y el asunto quedaba ahí: la botella no llegaba nunca, y nosotros, a la espera, terminábamos por olvidarla, o fingíamos que la habíamos olvidado. Yo le comentaba a Pablo, y no era ninguna broma, que tenía que comprar un colchón de buena calidad, que me permitiera luchar mejor contra mis insomnios, puesto que trabajaba todo el día en la embajada, trabajaba en las noches en mis cuentos de *Las máscaras*, y dormía demasiado poco y mal, pero cada uno de esos botellones nocturnos, productos de una euforia rabelaisiana que Pablo me contagiaba, postergaba durante varios días la compra del indispensable reposadero.

Esta euforia, por lo demás, era algo en que Neruda y el mundo literario ruso, que había inventado el concepto de lo «carnavalesco», cuajaban a la perfección. No lo había pensado hasta que se produjo la visita oficial de diez o doce poetas soviéticos a París, consecuencia de la «preperestroika» de aquellos años, la de los finales del kruschevismo, y el mismo Pierre Seghers de aquella cena invitó a celebrar el encuentro en el bar de la misma Coupole, que para el efecto fue aislado de los comedores. Sólo se bebió *champagne* muy frío en ese cálido atardecer, y ahora puedo escuchar los gritos, las exclamaciones, los besos restallantes, el brillo de los ojos de Eugenio Evtuchenko, la chaqueta de cuero negro de Voznessensky, la seriedad dramática de Anna Akhmatova, a quien habían permitido salir de la Unión Soviética después de larguísimos años, y la exaltación, la cara roja, los cabellos blancos, el cuerpo compacto, pura energía, de Semión Kirsanov, que se subía a una silla, conmovido, para recitar, para recordar, para celebrar. Pablo Neruda, entretanto, recibía encantado, con una sonrisa de oreja a oreja, las demostraciones de afecto de sus amigos soviéticos, y yo, desde mi rincón, observaba la escena entre divertido y asombrado. Había preguntado por la bella rusa de cabellos rubios que hacía de intérprete y me habían dicho que era hija de rusos blancos emigrados. ¿Cómo podía ocurrir eso? Muy sencillo: esos hijos de emigrados, por una explicable reacción, solían convertirse en disciplinados militantes del Partido Comunista Francés. En seguida, como tenían condiciones sociales muy adecuadas para permitirles entrar en los círculos más exclusivos de Occidente, no era raro que la KGB se fijara en ellos y los contratara... Ahora, frente a los sucesos a fines del año de gracia de 1989 y de comienzos de la década de los noventa, podemos comprobar que los hijos del comunismo, en todo el Este europeo, han experimentado una reacción exactamente inversa y no menos paradójica que la de esa bella descendiente de miembros de la corte del zar Nicolás II.

Mientras nos despedíamos de París, estábamos seriamente enfermos, Pilar y yo, de esa enfermedad que Joaquín Edwards Bello, muchos años antes, en el París de comienzos de siglo, había definido como «parisitis». Era una contradicción con ese latinoamericanismo de que he hablado antes, pero habíamos entrado en esa contradicción. Por todos lados nos encontrábamos e intercambiábamos impresiones con gente contaminada por el mismo mal. Julio Cortázar le había contado a Vargas Llosa que en 1958, durante la crisis de la guerra de Argelia que provocó la salida de los tanques a las calles, él estaba obsesionado por el miedo de que destruyeran esa ciudad donde quería morirse. Queríamos morirnos en París, como en los tangos, y el recuerdo de nuestras provincias de origen sólo nos producía el efecto de una momentánea punzada, un interludio melancólico y secreto en medio de la vida cotidiana, marcada siempre por un ritmo nervioso, intenso, devorador.

Veo nuestra llegada en el *Louis Pasteur*, el barco que habíamos tomado en la ciudad de Lisboa, al puerto de Río de Janeiro, a un escenario de muelles aplastados por el calor, de cargadores negros tendidos entre fardos y cajas en desorden, de cordajes, barriles grasientos, superficies inmundas, donde tropezamos con una enorme rata muerta. La rata la encontramos al bajar, en una callejuela de los alrededores, pero desde la cubierta del barco habríamos podido adivinarla. Estábamos en los «tristes trópicos», no había duda, y una pasajera francesa, personaje que parecía salido de los ambientes de la alta costura, cargada de maquillaje, de perfume, de joyas de fantasía, de sedas, todo coronado por un gran andamiaje de laca negra en la cabeza, dijo, reclinada en la baranda del barco al lado de nosotros: *«Ce sont des pays sauvages, quand même!»*.

Siempre nos reuníamos con nuestro viejo amigo Rubem Braga, cronista extraordinario y poeta ocasional, «bisiesto», en nuestras pasadas por Río. Esa vez, Rubem contó que en su último encuentro con Neruda se había suscitado una discusión más o menos ardua. El le comentó un programa de televisión que acababa de ver en Nueva York. Un jerarca ruso hacía tranquilamente la defensa del sistema soviético frente a una vasta audiencia norteamericana. «De todos modos», había dicho Rubem, «Estados Unidos es un país de grandes libertades», y Neruda había montado en cólera. ¿Qué significaba esa cólera: que el revisionismo nerudiano de esos años tenía un límite? A veces, claro está, aunque no creo que esto sucediera en el caso de Rubem, las versiones de terceros acerca de Neruda eran antojadizas, groseramente caricaturescas. El poeta brasileño Augusto Frederico Schmidt, a quien conocí en una corta estada anterior, me contó que había viajado en un barco a Europa con Neruda y que éste había defendido a brazo partido la superioridad de la cocina rusa sobre la francesa. La veracidad de esta última anécdota me pareció más que dudosa. Neruda era afrancesado en los vinos y en las comidas, como lo era en la poesía. Le gustaba, eso sí, comer el caviar fresco con cuchara, y explorar carnes exóticas para paladares chilenos, como la de jabalí o de oso. También, con buenas razones, podía hacer una encendida defensa de los camarones, los picantes, los secos y los chupes del Perú.

Antes de mi regreso, Juan David, el agregado cultural de Cuba en Francia, me había transmitido una invitación de la Casa de las Américas para viajar en enero de 1968 a La Habana y ser miembro del jurado de los premios literarios que entregaba esa institución. La invitación, desde luego, planteaba un problema, puesto que yo era miembro de la carrera diplomática chilena y Chile había roto relaciones con Cuba a fines de 1964. Tuve ocasión de mencionarle el asunto a Gabriel Valdés, el ministro de Relaciones del gobierno demócrata cristiano, y Gabriel me dijo textualmente: «O destruimos Cuba con bombas atómicas, lo cual es absurdo, o estudiamos alguna forma de convivir con los cubanos. De modo que soy partidario de que vayas en tu condición de escritor, sin representación diplomática, y de que observes, de que converses con la gente, y después me cuentes tus impresiones».

Regresé, pues, a Chile, con esa invitación en mis alforjas, y me encontré con un país y con una ciudad que habían empezado a cambiar rápidamente. Se respiraba en la atmósfera una aceleración, una modernización, y también cierta locura y cierto desenfreno. Los demócrata cristianos habían llegado al poder con la idea de que gobernarían treinta años, pero su desgaste al cabo de sólo tres era visible. La derecha los odiaba porque les había dado el voto para llegar al gobierno y ahora carecía de verdadera influencia, sobre todo en la cuestión ultrasensible de la reforma agraria, y la izquierda no les perdonaba el tono decididamente anticomunista y anticastrista de la campaña presidencial. El MIR, Movimiento de Izquierda Revolucionaria, de formación muy reciente, empezaba a hacerse notar con algún asalto a bancos o a supermercados, y la revista *Punto Final*, órgano de la izquierda castrista, se había convertido rápidamente en la encarnación de la intransigencia y del dogmatismo. Nadie se salvaba, ni siquiera la izquierda moderada, y ni siquiera, desde luego, Pablo Neruda, aun cuando fuera un militante destacado del comunismo criollo. La carta de los intelectuales cubanos sólo había sido, en realidad, el punto de partida de una campaña más profunda, una campaña que se dirigía contra toda manifestación de liberalismo, por incipiente y tímido que fuera, en los sectores de la cultura. Nosotros, en aquel tiempo, y hablo ahora de muchos de los escritores de mi generación, no la entendimos así. La vimos como un episodio menor, un ajuste de cuentas más bien personal, y nos equivocamos de medio a medio. No queríamos admitir por ningún motivo que la revolución cubana hubiera ingresado a su manera, con algunos matices originales, en el período perfectamente clásico del estalinismo.

En ese Chile de fines de 1967, la aceleración cultural y política también penetraba en el acartonado, polvoriento Ministerio de Relaciones Exteriores. El ministro Valdés, casado con una excelente intérprete de música antigua, Silvia Soublette, era un hombre seducido por el mundo del arte y la literatura. Patricio Silva, el subsecretario, introducía en la diplomacia un estilo juvenil, informal. Y el director general era Armando Uribe Arce, ese jurista y poeta con que visitaría a Jorge Sanhueza en la víspera de su muerte, un personaje literario que habría podido figurar en cualquier versión contemporánea de *Los raros* de Rubén Darío. En esa Dirección General de los trepidantes años sesenta se discutía acaloradamente de política, de literatura, de filosofía; se hablaba por teléfono con los personajes menos «ministeriales» de nuestro mundo; se inventaban visitas, encuentros, fiestas; se interrumpía la jornada de trabajo para tomar té con galletas, y no estaba excluida la posibilidad de beber, en los atardeceres, algunos tragos de una botella de whisky que había permanecido sepultada entre carpetas y archivadores. A Armando no le iba a costar mucho convertirse en técnico de primera clase en cuestiones internacionales, pero los asistentes habituales, con espíritu bromista, llegamos a conocer esas oficinas, situadas en el ala sur de la calle Morandé del Palacio de La Moneda, en la sombra tibia del poder, como «la Discothèque de Armando Uribe».

Todos esos sectores de la nueva diplomacia, y entre ellos algunos extranjeros, como era el caso de Ulf Hyertonsson, casado entonces con Karin Oldfelt y secretario de la embajada de Suecia (cuando escribo estas líneas ya es el embajador de Suecia en Madrid), o el de Marcio Moreira Alves, exiliado político del Brasil, o el de Alain Joxe, científico político francés, tenían alguna conexión con los medios literarios y artísticos, y desde luego con la casa de Pablo Neruda en Isla Negra. Al Poeta sesentón le gustaba esta compañía juvenil, juguetona, alegre, y a la vez informada, activa, dispuesta a ingresar en forma más o menos desaprensiva en una época inédita del país, quizás del continente, y a asumir diversos papeles y responsabilidades, según los casos, en la conducción de estos nuevos rumbos. Ahora bien, entre ellos, entre todos nosotros, para ser más preciso, se daba

170

con bastante frecuencia cierto radicalismo izquierdista de salón, caracterizado a la vez por el antisovietismo y el procastrismo, combinación que solía provocar la exasperada irritación de Neruda. El Poeta se sentía rejuvenecido, pero también se hallaba dividido, sometido a presiones y a tentaciones contradictorias, y desbordado desde su flanco izquierdo, fenómeno al que no había estado acostumbrado antes y al que nunca se acostumbraría.

Por eso, cuando le dije que había obtenido un permiso de seis meses sin goce de sueldo del Ministerio de Relaciones Exteriores, cosa que ya le desagradó, porque ahora él me presionaba para que continuara en la diplomacia, y yo, en cambio, tomaba mis distancias y me comprometía más con mi vocación de escritor, y cuando le conté, para colmo, que utilizaría ese permiso para viajar a Cuba, la reacción del Poeta, atrincherado en el bar de su casa de Isla Negra, vestido, quizás, con alguno de los chalecos o chaquetones de fantasía con que solía oficiar de *barman*, detrás de un par de enormes botellas de material plástico y de un muñeco negro, fue muchísimo menos favorable que la del ministro Valdés, paradoja que sólo habría podido sorprender a los observadores superficiales.

«Me parece que ya es demasiado tarde para ir a Cuba», dijo, contrariado, y en vista de mi irreductible entusiasmo, se encogió de hombros con resignación, con esa sensación que yo, más tarde, como un castigo de mi atolondramiento, de mi falta de reflexión, conocería muy bien: la de captar que es imposible, inútil, explicarle las cosas a una persona que no ha hecho la experiencia de los conflictos políticos reales por su propia cuenta.

Las primaveras de Europa

Nicanor Parra aún no había tomado su famosa taza de té simple con la señora Nixon en la Casa Blanca, infusión que fue noticia para las agencias de prensa internacionales y que le acarreó las iras y la ruptura definitiva con sus anteriores amigos de la otra Casa, la de las Américas, pero supe que la idea de viajar a Cuba no lo seducía en absoluto. Había recibido la misma invitación que yo: asistir al Congreso Cultural de La Habana y ser miembro del jurado de los premios de la Casa de las Américas. Por mi lado, no me gustaba nada la idea de hacer el largo viaje, de Chile a Europa, de Europa a La Habana, solo, de modo que subí hasta el barrio de La Reina a convencerlo, ya no sé con qué argumentos, supongo que los de mi entusiasmo y mi curiosidad por ese viaje, y conseguí que en la tarde siguiente se presentara en el aeropuerto con un equipaje mínimo, de acuerdo con los hábitos que ya empezaba a adquirir de poeta marginal y ecologista. También viajó con nosotros el compositor Gustavo Becerra, hombre de cultura y a la vez, por lo menos en esos años, comunista ortodoxo.

Nos tocó celebrar la llegada del Año Nuevo en los pasillos de un avión de la Lufthansa repleto de turistas, volando de noche por encima del océano Atlántico. Al amanecer estábamos en el más crudo de los inviernos del hemisferio norte. Nuestro avión no pudo aterrizar en su destino, el aeropuerto de Frankfurt, a causa de una tempestad de nieve, y eso nos hizo perder la combinación prevista de París a La Habana. La embajada de Cuba en París, a donde por fin llegamos desde Amsterdam, nos envió entonces a Madrid para combinar allí con un vuelo de Cubana, que hacía el trayecto, no sé por qué complicadas razones, a través de Gander, Canadá. En Madrid estuvimos casi dos días, tiempo más que suficiente para ir a mirar los frescos de Goya en la iglesia de San Antonio de la Florida y para pasear por las orillas del Manzanares. Gustavo Becerra, pequeño de estatura, energético, seguro de sí mismo, quizás demasiado seguro, sostenía, con tajante insistencia, que no se puede componer buena música o escribir buena literatura si no se sabe lógica simbólica. Había que pensar primero con claridad, guiado por esa ciencia infalible, y después crear, componer, escribir, y hacerlo en forma rápida, de una sola plumada. Si el pensamiento era claro y justo, no había ninguna necesidad de luchar tanto con la forma, la que se daba, en cierto modo, por añadidura.

Nicanor, por su parte, se acordaba con tristeza de su hermana, Violeta, que acababa de suicidarse de un tiro, hacía pocos meses, en su carpa de las afueras de Santiago.

> Dulce vecina de la verde selva
> Huésped eterno del abril florido
> Grande enemiga de la zarzamora
> Violeta Parra

Así comenzaba su hermosa «Defensa de Violeta Parra», elegía paródica y sentimental a la memoria de Viola, como la llamaba él. Ese día de invierno en Madrid bebimos sidra en una taberna cercana a San Antonio, hablamos, qué duda cabe, de lógica simbólica, evocamos a Violeta, y recordamos historias de oscuros escritores chilenos o del excelso Francisco de Goya y Lucientes. Al salir al crepúsculo, observamos a unos ancianos con boina y alpargatas que discutían con singular animación, indiferentes, sin duda, a los avatares de la creación artística o del pensamiento lógico. Esos ancianos testarudos, huesudos, arrugados, nos parecieron la más perfecta síntesis de la vida española de todas las épocas. Subimos hasta la Plaza de Oriente y después nos internamos por callejuelas del Madrid de los Austrias. En

173

una jamonería, el Museo del Jamón o algo por el estilo, le compramos un gran salchichón a Enrique Lihn, a quien íbamos a encontrar en La Habana, donde estaba contratado por la Casa de las Américas para efectuar algunas investigaciones literarias. Y cenamos, para rematar todo ese paseo, una saludable y memorable sopa de ajo en un mesón cualquiera de la calle de Echegaray.

En Cuba me perdí por cuestión de segundos la célebre escena de las patadas propinadas por Joyce Mansour en el culo venerable de David Alfaro Siqueiros, en algún lugar del *lobby* del Hotel Habana Libre. «¡Por Trotsky!», vociferaba la vengativa Joyce Mansour a cada golpe. Asistí, en cambio, al revuelo que se produjo inmediatamente después, y vi pasar a Roberto Matta con una expresión infantil de picardía y de risa contenida. El episodio me dejó pensativo. Comprendí que mi amigo Pablo Neruda, que David Alfaro Siqueiros y Nicolás Guillén, simbolizaban inevitablemente la vieja guardia estalinista, en un momento en que la Revolución coqueteaba con diversas facciones de la izquierda «suelta», sin excluir a la izquierda católica o cristiana. Eran días en que la carta de los intelectuales contra el Poeta lograba su más intensa difusión. No era difícil comprender por qué me había dicho que ya no era tiempo de viajar a La Habana. El hecho de que Fidel Castro se hubiera aliado con la Unión Soviética no excluía en absoluto ni resolvía el conflicto de Fidel con el viejo PC cubano, vinculado desde siempre al PC chileno.

Lo curioso es que en la isla se multiplicaban los síntomas de algo así como un estalinismo tropical, un estalinismo con elementos de surrealismo y de pachanga. El gobierno emprendía la depuración de una «microfacción» del partido, excesivamente adicta a Moscú, pero a la vez mantenía un difícil equilibrio. Uno de los delitos de los que se acusaba a la microfacción, por ejemplo, era el de conspirar durante paseos en automóvil, creyendo escapar así a la vigilancia de la Seguridad del Estado, con diplomáticos de Alemania del Este. Al mismo tiempo, después del episodio de las patadas en el trasero, Siqueiros, representante de la ortodoxia pura, era objeto de un acto público de desagravio presidido por Nicolás Guillén.

Los que mejor percibían estos síntomas eran, como es natural, los intelectuales con una experiencia mayor de la militancia política. Jorge Semprún, en una antesala del Palacio de la Revolución, me hizo un comentario breve y elocuente sobre la atmósfera policial que parecía dominar en todas partes. Y en una fiesta en el departamento desordenado y destartalado de Enrique Lihn, donde había, entre toneladas de papeles, una Underwood prehistórica con un cartel pegado que decía: «Esta máquina de escribir pertenece al Partido Comunista de Cuba», ocurrió algo inquietante. Para hacer un comentario político más o menos inocuo, Enrique inclinó la cabeza y bajó la voz, como si estuviera rodeado de soplones o de micrófonos. Ante mi cara de extrañeza, me dio a entender que podía haber policías en la sala.

—¿Y por qué los invitas?

—Yo no los invito —dijo Enrique—, pero siempre se cuela alguno. Tú no lo puedes evitar.

Tres años más tarde, exactamente en la víspera de mi segunda salida de La Habana, donde había actuado esta vez durante tres meses y medio como encargado de negocios del Chile de Salvador Allende, Fidel Castro me diría secamente que esa etapa de amistad de la Revolución con los intelectuales de izquierda de Europa y de América Latina había llegado a su fin. El izquierdismo de toda esa gente era una simple moda de salón, una frivolidad deleznable. La Revolución ingresaría en un período de profundización, de cambio cultural, y sólo confiaría en los revolucionarios probados.

De hecho, después de lo que se llamó el «caso Padilla», la Revolución estrecharía sus contactos con el MIR chileno y con toda la extrema izquierda latinoamericana, pero a la vez se acercaría más al comunismo ortodoxo. El mejoramiento de las relaciones entre los comunistas chilenos y el castrismo tendría consecuencias importantes después del golpe de Estado de septiembre de 1973. Los comunistas, víctimas principales de ese golpe que no habían contribuido tanto a preparar como algunos de sus aliados, tomarían a partir de entonces una línea más revolucionaria, más «militar», más cercana, de algún modo, a las tesis de La Habana. Me pregunté más de alguna vez cómo habría calzado Pablo Neruda, de haber vivido, en esa nueva orientación, pero era, claro está, una pregunta enteramente hipotética, perfectamente inútil.

Al regreso de Cuba estuve un par de días en Praga, en pleno comienzo de la primavera política, que sólo se había adelantado a la de la estación en algunas semanas. Mi llegada coincidió con el vigésimo aniversario del golpe comunista, en la última semana de febrero, y vi desde una plaza atestada de gente, en el balcón de un edificio público, a dos personajes que en los meses siguientes se harían mucho más conocidos para el resto del mundo: Dubcek, el reformador, y Antonin Novotny, que representaba la ortodoxia y la burocracia del partido. Escuché las ovaciones del público a Dubcek y las atronadoras pifias que recibía cada palabra de Novotny, pifias que un observador de hoy podría calificar de precursoras. Después, bajo la conducción experta de Joseph Cermak, hispanista y al mismo tiempo especialista en la obra de Franz Kafka, autor que empezaba a emerger en esos días de las catacumbas de la censura, recorrí recintos «kafkianos»: el lugar de aquella misma plaza donde se habían encontrado las oficinas comerciales del padre; las callejuelas laberínticas, dignas de las páginas de *El proceso* y de *El castillo*, de la ciudad antigua; la habitación donde Kafka niño tenía una ventana que daba sobre el interior de una iglesia de la Compañía de Jesús, con su embaldosado y sus grandes pilastras barrocas de mármol negro; el estrecho cementerio judío, con sus lápidas carcomidas por la humedad y por el musgo, más enterradas y renegridas mientras más antiguas. Muchos años después, esa Praga de Kafka reaparecería en forma espectral en «la ciudad del lado», espejo y antípoda de la ciudad principal de mi novela *El museo de cera*.

Neruda, a todo esto, se hallaba lejos. Neruda estaba instalado en su casa de Isla Negra, muy lejos de Cuba y de la Primavera de Praga. Hacía viajes quincenales a Santiago, pero, en lugar de irse a la Chascona, se alojaba en el Hotel Crillón, ya que así tenía la sensación de estar de paso, de no verse demasiado envuelto en los compromisos de la ciudad. En algún momento, en los años cruciales del estalinismo, había participado en la condena oficial de Kafka. «Si las hienas escribieran, escribirían como T.S. Eliot y Kafka», había dicho, o alguna lindeza por el estilo. Pero la literatura del autor de *La metamorfosis* no era un asunto que lo inquietara especialmente, y no es imposible que se hubiera reconciliado, hacia esas fechas, con la poesía de Eliot. Yo sospechaba, incluso, que parte de la poesía de Eliot, la de los *Cuartetos*, por ejemplo, parecía destinada a gustarle, y Neruda, en esos casos, sobre todo a partir de fines de los cincuenta, sabía prescindir del dogma con la serenidad más impecable.

Viajé de Praga a París en los últimos días de febrero del año 68 y me instalé en un pequeño departamento de la Rue Boissonade, cerca de Raspail, de Edgar Quinet, de los muros del cementerio de Montparnasse. Me paseaba de vez en cuando por las alamedas del camposanto, donde las emanaciones de fósforo, las que producen en la noche los fuegos fatuos, tenían quizás un valor de vitamina para el cerebro (así lo había leído, a propósito de este mismo lugar, en un texto de August Strindberg), y solía visitar la tumba de Baudelaire, enterrado debajo de su madre y de su padrastro, el general Aupick, ex embajador ante la Puerta Otomana, como rezaba pomposamente su lápida, que después de la pareja Aupick se limitaba a consignar: «y su hijo Charles Baudelaire». Descubrí, de paso, que la tumba del presidente mexicano Porfirio Díaz se hallaba en frente y que siempre tenía flores frescas depositadas por los últimos porfiristas.

Le conté el asunto a Carlos Fuentes, una tarde en que él, Maritza Gligo y yo nos habíamos encontrado en La Coupole. Hablamos de Porfirio Díaz, de la revolución mexicana, de Cuba, de Chile, de Pablo Neruda y Octavio Paz, de Julio Cortázar y del disciplinado e infatigable Vargas Llosa, «el Cadete». Al lado nuestro, un hombre gordo, mayor, enteramente vestido de gris, manos, cara, cabellos grises, tomaba apuntes, atrincherado entre libracos, y de cuando en cuando levantaba la vista y nos miraba. «¿Quiénes son ustedes?», preguntó, de pronto, con expresión de no poder reprimir ya su curiosidad. Dijo que él era Lucien Goldman, profesor, autor, sociólogo de la literatura. Nosotros lo conocíamos bien. Habíamos leído, incluso, algunas de sus obras. El profesor Goldman se incorporó con entusiasmo a la conversación. Nos dijo que venía de Italia y de Alemania y que había una revolución estudiantil en marcha, una revolución importante, que habría que tomar en cuenta. Su colega Herbert Marcuse, que enseñaba en California y que mantenía correspondencia con él, había sido el primero en hablarle del asunto. Se trataba de un ataque profundo a las formas tradicionales, autoritarias, de la educación, y a todos los aspectos represivos, inhumanos, de las sociedades modernas, tanto las del Este como las de Occidente. En las universidades italianas se había empezado a aplicar la *contestazione*. Ninguna afirmación hecha desde la altura de la cátedra por un representante de la cultura oficial sería recibida nunca más como un dogma de fe. Todo tendría que someterse, de ahora en adelante, a la prueba de la crítica más implacable. «¡Ya verán ustedes!»

Sus anuncios se cumplieron muy pronto. Una tarde íbamos con Pilar, que había llegado a reunirse conmigo en París, en el metro, rumbo al barrio del Marais. El convoy se detuvo en la estación de Saint-Michel, centro del Barrio Latino; se abrieron las puertas, y entró a la carrera un grupo de jóvenes agitados, descamisados, que se reían y que tenían lágrimas en los ojos. Eran los primeros gases lacrimógenos de la rebelión estudiantil del mes de mayo. Carlos Fuentes había viajado poco antes a Londres. Después quedó aislado de París por la huelga de los transportes, y me pedía casi todas las mañanas que le relatara los sucesos, que seguían un ritmo creciente y sorprendente, por teléfono. No conozco su libro sobre esas jornadas, de modo que no sé si reconoce ese origen verbal y telefónico de algunas de sus informaciones. A Lucien Goldman, que nos había invitado a almorzar a su casa y nos había hablado del «ala progresista del estructuralismo», lo encontré a fines de abril o a comienzos de mayo en el medio del Boulevard, merodeando y observando las primeras manifestaciones, grisáceo, casposo y contento. En aquellos días, que nos sorprendieron a Pilar y a mí en la Rue Boissonade, los dirigentes estudiantiles atacaron con igual saña al gobierno del general De Gaulle, que ya cumplía largos diez años en el poder —*«dix ans, ça suffit!»*—, y al aparato del comunismo prosoviético. Georges Marchais y Louis Aragon, entre otros, participaron en el desfile principal, pero Daniel Cohn-Bendit, convertido en líder estudiantil de la noche a la mañana, dijo que durante esa multitudinaria marcha, que había conseguido atemorizar al gobierno, los estudiantes revolucionarios habían tenido que llevar a remolque a «la crápula estalinista».

Después de esas jornadas, los *gauchistes* serían los personajes más detestados, o, por lo menos, los que provocarían una mayor desconfianza en los medios comunistas ortodoxos. Observaría muy bien este fenómeno entre los amigos franceses de Neruda, sobre todo cuando éste, a partir de abril de 1971, asumiera ya sus funciones de embajador en Francia. Y esto se reflejaría en esos años en Chile en un notable deterioro de las relaciones entre los comunistas y el MIR, cosa que contrastaba abiertamente con la posición de algunos sectores de los socialistas. En esos días de mayo habían surgido, en el fondo de los desfiles y en los patios de la Sorbona, las figuras emblemáticas de Arthur Rimbaud y del Che Guevara, muerto hacía poco en las selvas de Bolivia. Se trataba de cambiar la vida, no sólo la sociedad, o de cambiar la sociedad, pero con el fin preciso de cambiar la vida. También se veía en esos patios, transformados en recintos de ferias políticas, retratos de Mao y de Ho Chi Minh. En cambio, los jerarcas soviéticos y el mismo Fidel Castro brillaban por su ausencia. Mayo del 68 exaltaba la revolución romántica, extrema, la subversión de todos los valores del orden burgués, hasta el punto de que hubo sectores que sacaron a relucir, con perfecto desparpajo, su nostalgia de la monarquía, y rechazaba, en cambio, todo lo que oliera a burocratismo y oportunismo.

A mi regreso a Chile, en junio de 1968, me reincorporé de inmediato al trabajo en el Ministerio de Relaciones Exteriores. Los escasos ahorros de mi primer destino diplomático habían sido consumidos en esos meses de vagabundeo. Gabriel Valdés, el ministro, me pidió que le contara mis experiencias de Cuba, Praga y París, que encontró en mi versión muy «entretenidas», palabra cuyo matiz chileno llega a menudo a sonarme como peyorativo. En seguida, me dijo que me hiciera cargo de un departamento que acababa de crearse, el de Europa Oriental. No agregó a manera de explicación, pero pudo haber agregado: «En vista de que eres medio rojillo...».

Me tocó, pues, entrar en contacto con las embajadas de los países del Este que habían comenzado a instalarse en Santiago a partir de la llegada de Eduardo Frei y de la Democracia Cristiana al gobierno. Mi trabajo con esas misiones tuvo características bastante particulares. Fue, para comenzar, exigente en diversos sentidos. Como Chile era uno de los primeros países de América Latina con los que establecían relaciones, y como era un país que tenía una izquierda fuerte, bien afianzada en el Parlamento, en la prensa, en la cultura, en los sindicatos, hacían una vida social intensísima. Todos los días se realizaban almuerzos, ceremonias, recepciones, cenas, y el flamante jefe del Departamento de Europa Oriental no podía estar ausente. Había incesantes visitas de personalidades oficiales o de gobierno, y a cada rato se instalaban comisiones económicas, culturales, técnicas. Yo corría entre el aeropuerto, las embajadas de esos países, el Ministerio de Relaciones Exteriores, la Universidad de Chile, el Ministerio de Hacienda o la Corporación de Fomento de la Producción. Se preparaba una venta de manzanas y peras al Oriente soviético. Se estudiaba la posibilidad de traer al campo chileno tractores checoslovacos. Se discutía el anteproyecto de una empresa mixta rumano-chilena para hacer exploraciones petrolíferas en el extremo sur.

Los diplomáticos de esos países actuaban casi siempre con suma discreción política. En general, evitaban cuidadosamente la ideologización de los tratos y las negociaciones. Aunque la izquierda atacara con furia al régimen demócrata cristiano, ellos actuaban como si ese conflicto no existiera, o como si no les concerniera en ningún aspecto. Por el contrario, demostraban siempre gran simpatía por el gobierno de Frei, que había iniciado las relaciones diplomáticas con ellos. Cuando ya se planteó la candidatura presidencial demócrata cristiana de Radomiro Tomic, no era raro que en privado, en confianza, expresaran verdadero entusiasmo por ella, aun cuando se sabía perfectamente que Tomic tendría que competir con un candidato de la izquierda. En esto, claro está, había matices y diferencias. Los yugoslavos, por ejemplo, eran abrumadoramente tomicistas, y el hecho de que el candidato fuera de origen yugoslavo naturalmente influía. Los checoslovacos, los polacos, los húngaros, estaban en una línea parecida. Los soviéticos eran más reservados, pero de todos modos miraban la candidatura de Tomic con simpatía y demostraban vivo interés por colaborar con el Chile de esos años.

En esos mismos días, las noticias de Praga eran a la vez exaltadoras e inquietantes. Había un franco proceso de apertura interna en marcha, una búsqueda apasionada de un «socialismo de rostro humano», una democratización que hablaba de darle voz en la prensa y en los medios de comunicación a las minorías políticas, pero la presión soviética ya empezaba a notarse. El embajador checo, que conversaba conmigo muy a menudo, se demostraba completamente partidario del proceso de su país, y sin duda estaba esperanzado y conmovido. De alguna manera, el mundillo de las embajadas de Europa Oriental en Santiago vivía pendiente de esta Primavera de Praga, una primavera que empezaba a transformarse a nuestros ojos en verano tórrido. El hecho de que Chile fuera a verse abocado muy pronto, en septiembre de 1970, a una elección presidencial entre una alternativa conservadora, una de centro reformista, y otra de izquierda, con clara influencia, esta última, de un partido comunista fuerte y perfectamente ortodoxo, promoscovita, aparte de sectores castristas que adquirían cada vez mayor influencia, contribuía a llenar el ambiente de electricidad y de expectación.

Lo curioso es que Neruda, en los meses que mediaron entre mi llegada, a comienzos de junio de 1968, y los sucesos de fines de agosto de ese año en Praga, no me hizo comentarios, que yo recuerde, o hizo comentarios bastante vagos, acerca de lo que sucedía en Checoslovaquia, un país que conocía, sin embargo, bastante bien. Es probable que adivinara problemas internos graves, tanto en la Unión Soviética como en el interior de su propio partido, y que prefiriera callar frente a personas ajenas a la militancia. Yo, por mi parte, por respeto, por incomodidad, por lo que fuera, mencionaba pocas veces el asunto. No dejaba de ser extraño, puesto que yo, por mi trabajo a la cabeza del Departamento de Europa Oriental, y Neruda, en su condición de militante destacado del PC chileno, dedicábamos una parte importante de nuestro tiempo a seguir lo que sucedía en esos mundos del Este.

Los signos ominosos se multiplicaron, y la invasión de Checoslovaquia por las tropas del Pacto de Varsovia, al fin, un día de la tercera semana de agosto de 1968, se produjo. La justificación oficial e internacional, aceptada de inmediato y sin reservas por el comunismo chileno, siempre dogmático en las situaciones difíciles y reformista *a posteriori*, cuando la idea de la reforma ya ha sido aceptada por todos los otros, consistió en afirmar que las autoridades checas, para no verse desbordadas por la infiltración contrarrevolucionaria alentada desde Occidente, habían pedido la intervención de los tanques. Pero el embajador de Checoslovaquia, en esa noche de agosto del 68, llegó al Ministerio de Relaciones, en el costado sur de La Moneda, con los ojos enrojecidos, casi llorando, y le dijo al ministro Valdés que podía asegurarle que nadie, ninguna persona con responsabilidades importantes en el gobierno de Praga, había solicitado la «ayuda», como la llamaban oficialmente, de los países «hermanos».

El mismo día de la invasión o el día siguiente, estuve con Armando Uribe Arce, todavía director general de nuestro ministerio, con Pilar, y con la esposa de Armando, Cecilia Echeverría, en casa de un escritor y viejo militante comunista, Joaquín Gutiérrez, una de las personas que acompañaban a Neruda aquel día remoto de mi primera llegada a Los Guindos, en la primavera de 1952. Se trataba de reunirse en esa casa con Pablo Neruda y con Matilde, y ahora no sé si la reunión tenía algún pretexto o algún motivo concreto, y no recuerdo de quién había sido la iniciativa. Lo que recuerdo, sí, es que los Neruda preparaban uno de sus habituales viajes a Moscú y al occidente europeo, y que en esa cena también se hallaba Volodia Teitelboim, escritor, senador, jerarca del partido. Pues bien, se habló de libros y de autores, se hizo algún comentario sobre gente amiga o no amiga, se contaron chistes más o menos repetidos, manoseados, en una atmósfera de naturalidad o de expansión más bien ficticias, y no se dijo una sola palabra, ¡ni una sola!, acerca de los sucesos de Checoslovaquia. Al salir, en una de esas prolongadas despedidas en la calle, bajo el fresco nocturno, que son típicas de los chilenos, le pregunté a Pablo cuándo partía para Europa. «Ya no creo que viaje», respondió, pensativo, preocupado, disgustado: «Me parece que la situación está demasiado checoslovaca...». Eso fue todo, al menos esa noche, y fue, si se lo piensa bien, una alusión indirecta, pero altamente expresiva y reveladora. Más tarde leímos *Fin de mundo* y pudimos comprobar que la procesión había ido por dentro:

> La hora de Praga me cayó
> como una piedra en la cabeza...

Y aún más tarde, conocimos la reacción de su amigo y compañero Louis Aragon. Aragon, que se encontraba de viaje, había llegado a asegurar que se suicidaría si el partido francés no condenaba clara y perentoriamente la invasión. Los franceses hicieron, por fin, una declaración de condena, y Aragon quedó relevado de su difícil promesa. ¿Era esto, esta especie de rigor francés, lo que Neruda calificaba como el «intelectualismo» de Aragon? ¿No fue ligereza, frivolidad mía, mía y de muchos de mis amigos, celebrar con facilidad este antiintelectualismo, este apego a una especie de espontaneidad romántica? Existía, desde luego, el peligro de la pedantería, de la teorización enfermiza, sobre todo cuando se había vivido en Francia y se estaba más o menos cerca del mundo intelectual y universitario francés, pero el otro extremo, la desconfianza frente a toda aplicación rigurosa de la inteligencia, también tenía consecuencias peligrosas. El Poeta, después de haber callado en casa de Joaquín Gutiérrez, agregaba en el poema de *Fin de mundo*:

> Fue fácil para el adversario
> echar vinagre por la grieta
> y no fue fácil definir
> y fue más difícil callar.
> Pido perdón para este ciego
> que veía y que no veía...

Nosotros leíamos esos poemas con rapidez, y nadie, en aquellos días, se preocupaba por señalar su verdadero sentido. Los críticos de la derecha practicaban una dicotomía cómoda: Neruda era un lírico genial y un analfabeto político. Los de la izquierda, cuando el verso apuntaba a verdades evidentemente conflictivas, verdades o perplejidades, miraban para otra parte. El Poeta, en su vida social y pública, guardaba silencio, y todos seguíamos tan tranquilos. Digo «todos» a plena conciencia, a sabiendas de que yo, desde mi refugio en la Administración, no escapaba a esta especie de complacencia colectiva.

Al leer el poema con más atención, uno concluye que el Poeta, aquella noche, estaba perplejo y aturdido. «La situación está demasiado checoslovaca», fue, pues, lo único que atinó a decir, en esa vereda nocturna, bajo los árboles que empezaban a adquirir los perfumes de una primavera adelantada del hemisferio sur, mientras las del hemisferio noreste se iban al diablo, y mientras Armando Uribe y yo cruzábamos miradas llenas de asombro y entendimiento. Al día siguiente comentaríamos esa frase en la «Discothèque», esto es, en la penumbrosa y adusta oficina de la Dirección General de la cancillería, y ahora no puedo imaginarme a qué conclusiones llegamos, si es que llegamos a alguna.

La República de Malagueta

Las conversaciones, generadoras de memorándums, de oficios, de papeles de toda especie; las comisiones, los cócteles, las ceremonias; los discursos y las condecoraciones; las visitas oficiales de ida y de vuelta, no terminaban nunca, pero las relaciones concretas con los países del Este y con la URSS avanzaban poco. Pablo me dijo un día que seguramente había sectores del gobierno que ponían obstáculos premeditados. El Poeta, por lo menos desde que lo conocí en 1952, tenía una tendencia notoria a ver conspiraciones enemigas por todas partes. La experiencia de la guerra española y la de su militancia comunista en los años más duros de la guerra fría, incluyendo su desafuero como senador, su paso a la clandestinidad y su exilio en la época de González Videla, habían desarrollado en él rasgos de tipo paranoideo. Podía confundir fácilmente la crítica con la persecución, y la sensación de verse acosado por enemigos poderosos, diversos, bien atrincherados en el periodismo, en la literatura, en la política, lo hacía volverse intolerante, desconfiado, a veces agresivo. En esos días de fines de 1968, se le había metido entre ceja y ceja la idea de que fuerzas oscuras y reaccionarias boicoteaban desde el interior del gobierno las relaciones entre Chile y la Unión Soviética, e iba a costar mucho convencerlo de lo contrario. Había demasiada práctica del secreto y demasiada lectura, quizás, de novelas de espionaje.

A mí me parecía, y me sigue pareciendo ahora, que tales fuerzas, que sin duda existían, no tenían, en realidad, tanta influencia como el Poeta se imaginaba. El mundo empresarial de aquellos años, más bien, se hacía ilusiones excesivas sobre las posibilidades del comercio con los países del Este. Desde mi cargo estratégico en el ministerio, me tocaba observar este fenómeno a cada rato. Se negoció largamente, con intensos esfuerzos por ambos lados, un intercambio de manzanas chilenas, que serían enviadas por mar a Vladivostok, para ser consumidas en el Oriente soviético, por mantequilla yugoslava ya adquirida en la URSS. Era una complicada operación triangular, y la calidad de esa mantequilla, de un color blanco un poco extraño, no terminaba de convencer a los importadores chilenos, pero la presión entusiasta de los productores e importadores de fruta se impuso. El Oriente soviético era un mercado inmenso, más fácil de abastecer, nos decían, desde Valparaíso por barco que desde la región de Moscú por tren. De ahí a ponerse a soñar, y los empresarios suelen ser, a su manera, soñadores impenitentes, no había más que un paso.

Después de arduas gestiones, se llegó a un acuerdo completo, que contemplaba precios, cantidades, calidades, fletes, etcétera. Los empresarios se imaginaban un océano Pacífico surcado por naves cargadas de frutas y de frutos de nuestros valles. Estábamos en eso cuando llegó a mi oficina una llamada urgente de la embajada soviética en Santiago. El embajador había recibido instrucciones importantes de Moscú y deseaba reunirse de inmediato con la parte chilena. Durante la sesión, celebrada una mañana en la sala Andrés Bello del Ministerio de Relaciones, el embajador nos comunicó textualmente, con aparente tranquilidad, y ante nuestro creciente asombro, que el acuerdo estaba muy bien, perfectamente bien, Moscú se manifestaba encantado, sería el comienzo de un intercambio floreciente, pero que el precio de las manzanas chilenas, que ya había sido convenido, era demasiado alto, había que corregirlo a la baja, y el de la mantequilla yugoslava, indicado con anterioridad a nuestras autoridades, también estaba equivocado y había que subirlo en algunos puntos.

Ahí, en esa reunión matinal, naufragaron muchos proyectos y muchas ilusiones. El embajador soviético, un hombre afable, de buena voluntad, estaba, en realidad, consternado. No hallaba manera de disimularlo. Nos llevó hasta el alféizar de una ventana a los dos funcionarios del ministerio que interveníamos. Viajaría pronto a Moscú, nos dijo en voz baja, y trataría de averiguar lo que había sucedido, ya que no lograba entenderlo.

¿Estaban, entonces, los misteriosos seres que interponían obstáculos, en la Administración nuestra, o en la del otro lado, o en ambas? Le conté todo esto a Neruda, con lujo de detalles, y no supe si había quedado enteramente convencido. Yo comprendería pronto que ciertos fenómenos de desconfianza, de incomunicación, de opacidad y de ambigüedad en la información, son inherentes al socialismo real, y se contagian con pasmosa facilidad a los medios de izquierda occidentales. ¿Me había entendido Neruda, o sospechaba para sus adentros que yo, con mis orígenes burgueses, con mi deformación familiar, o con la que me imponía mi trabajo en la diplomacia, había pasado a formar parte, quizás sin saberlo, de esa conspiración que él adivinaba? ¿O era yo el paranoico, y sospechaba en Neruda suspicacias y recelos que eran simples proyecciones de los míos? Uno aceptaba el cargo de jefe de Europa Oriental, en la remota Santiago de Chile, y de inmediato, sin proponérselo, colocaba un pie, por lo menos un pie, en esos territorios resbaladizos.

Yo tenía la sensación, en todo ese período de 1968 y 1969, de que se acentuaba la desconfianza de Neruda frente a todo lo que proviniera de la Administración de Eduardo Frei, salvo escasas excepciones de carácter personal. En cambio, toleraba con buen ánimo, con humor, con espíritu mundano, a ciertos personajes de nuestras clases tradicionales. Se entendía con gente que en Chile llamaban «momia», o que estaba relacionada de algún modo con «el momiaje», siempre, claro está, que esa gente lo abordara en forma amistosa, cosa que sucedía con bastante frecuencia. Lo veo, en aquellos años finales del freísmo, en esas vísperas de una crisis, conversando alegremente y bebiendo whisky con algunos de esos personajes. Más adelante, después de las elecciones presidenciales ganadas por Salvador Allende, se lamentaría en más de una ocasión porque ya no era posible conversar con sus «amigos momios». La convivencia chilena, una de nuestras virtudes tradicionales, se había esfumado.

En esa misma época, en esa extraña atmósfera de vísperas, se produjo un episodio bastante extravagante y cuya responsabilidad fue enteramente mía. Me encontré en Viña del Mar con Gloria Alessandri, amiga de juventud y miembro excéntrico de la célebre familia política de Arturo Alessandri Palma, su abuelo, el «León de Tarapacá», y de don Jorge, su tío carnal, el presidente anterior a Eduardo Frei y el casi seguro candidato de los sectores conservadores en las elecciones que se realizarían en 1970. El encuentro, después de mis largos años de ausencia del país, fue emotivo e historiado, y nos dedicamos casi toda la noche, en el salón de un departamento viñamarino que pertenecía a mis padres, a hacer recuerdos y a beber vino. Al día siguiente, tuve la peregrina idea de llevarla, en compañía de Pilar y de mi hermana Angélica, de Ulf Hyertonsson, de Silvia Celis, ex mujer del político socialista Carlos Altamirano, y ya no sé si de alguien más, a un almuerzo en Isla Negra. No fuimos nada bien recibidos, ya que Matilde Urrutia me llevó a un lado y me dijo, con esa franqueza tajante que era una de sus costumbres, que el almuerzo había sido cuidadosamente organizado de antemano y que no habría asientos para Gloria y para Silvia. Gloria, alocada, lista, un poco bruta, siempre a mitad de camino, me parecía, entre la agresión inmotivada, irreflexiva, y la sensibilidad, la ternura, no supo de la reacción de Matilde, pero de algún modo la captó: se puso nerviosa, en esa sala rodeada de unos mascarones ya legendarios y en presencia del Poeta, y no halló nada mejor que propinarle a éste una insólita palmada en la calva, una palmada que sonó como el estallido de un petardo. El Poeta, con los ojos cerrados, como si temiera que el ataque se repitiera, levantaba las manos pidiendo misericordia. Ahora me parece recordar que esa palmada fue la culminación de

189

un debate político mitad en broma y mitad en serio. Gloria, en medio de los aperitivos, que se sumaban a los numerosos vinos de la noche, y estimulada por el ambiente festivo dominante, le había reprochado a Neruda el que fuera adversario político «del tío Jorge», y el Poeta, sin vacilar, había respondido que él era alessandrista, pero de la facción de Gloria y de ninguna otra.

Ulf y yo, entretanto, teníamos asiento en la mesa redonda, pero solidarizamos con Gloria, que introducía un factor de perturbación, y con Silvia, que no era, por lo visto, santo de la devoción de Matilde, y partimos a almorzar a la Hostería Santa Elena, donde después se reunirían con nosotros Pilar y mi hermana. Las libaciones continuaron hasta entrada la tarde, y yo, con un resto de cordura que todavía conservaba, subí a dormir a uno de los rincones escondidos de la casa del Poeta. Desperté a la mañana siguiente, lunes, cuando parecía que todos habían partido. Sólo quedaba el ruido inmutable del mar y la humedad de la llovizna en las ventanas, en las piedras y los arbustos, en todos lados. Salí al camino y encontré a Gloria, pequeña, un poco pálida, con su peinado de muchacho y su expresión entre voluntariosa y tímida. Había despertado en una de las habitaciones de la Hostería, sin saber dónde estaba, y esperaba el bus que la llevaría de regreso a Viña del Mar. Fue la última vez que la vi. Me hallaba en el extranjero unos años más tarde cuando supe que se había suicidado tirándose por la ventana de un edificio. Pienso en ella y todavía me entristezco. Era atractiva a su modo, frágil, contradictoria, desarraigada y desesperada. Pertenecía a una generación de viñamarinos que se caracterizó por su manera loca de vivir, de quemar los años de la juventud en un movimiento constante, acelerado, en una búsqueda de sensaciones incesante. Carlos Faz, también viñamarino, pintor extraordinariamente dotado, muerto a los ventidós años de edad en un accidente absurdo, pertenecía sin duda a la misma especie humana. Y Ana María, la hermana menor de Gloria. Y muchos otros a quienes ahora mismo recuerdo, o he dejado de recordar.

Yo relacionaba siempre este espíritu, este estado de ánimo, equivalente a un nuevo «mal del siglo», con la atmósfera de la costa y de las vacaciones, entre Isla Negra y Valparaíso por el sur y Zapallar por el norte, una geografía que tendería a transformarse en mi trabajo en un espacio ficticio. Desde su casa encaramada en los cerros de Valparaíso, la Sebastiana, o desde su reducto de Isla Negra, que cada año crecía por tres de sus cuatro costados, el Poeta percibía estas pulsaciones más o menos febriles, las absorbía por todos los poros, como una esponja, y a la vez las apartaba y las excluía. No resultaba extraño, por ejemplo, que el MIR hubiera nacido pocos años antes en el corazón de los barrios portuarios de Valparaíso, en deliberaciones juveniles y nocturnas habidas en el bullicioso Roland Bar. En esos finales de la década del sesenta, parecía a veces que Neruda detestaba el MIR más que ningún otro grupo del espectro político chileno. El mismo, en sus años de juventud, había estado sumergido en un ambiente de anarquismo, de exaltación postromántica, de locura y de riesgo. Había detestado al burgués «satisfecho e imbécil» y se había sentido cerca «de los criminales y de la gente insatisfecha», como escribió en el prólogo de *El habitante y su esperanza*. Ahora, sin embargo, conservaba la chispa de la locura y del disparate como elemento de diversión, de inspiración poética ocasional, pero la separaba cuidadosamente de sus aspectos peligrosos, de todo compromiso que pudiera implicar consecuencias autodestructivas.

Frente a la polarización, a las divisiones en blanco y negro en las que había participado con tanto entusiasmo, se proclamaba ahora «decididamente triangular», y esto lo hacía en «La verdad», el penúltimo de los poemas de *Memorial de Isla Negra*, que desempeñaba una función de balance y de testamento muy frecuente en su poesía, función equivalente a la del testamento de *Canto general*, y a la del «Testamento de otoño», de *Estravagario*, que ya he mencionado otras veces. Era, pues, triangular; era ciudadano de la República de Malagueta, república que había inventado en uno de sus poemas de esos días; desconfiaba a muerte de los *gauchistes*, término que podríamos traducir por el de «izquierdosos», y era alessandrista de la facción de Gloria, pero se mantenía fiel a su partido, con todo lo que eso suponía, teniendo en cuenta que era uno de los partidos más ortodoxos y prosoviéticos del mundo, y se declaraba, en definitiva, contra viento y marea, incluso contra toda lógica, orgulloso de esa fidelidad. Si alguien, por ingenuidad o por atrevimiento, le oponía argumentos filosóficos, él sabía recurrir a su antiintelectualismo, a su intuición poética, a su sentido natural de las cosas. Por muchos errores que cometiera, su partido era el de los trabajadores, de los pobres, de los perseguidos, del pueblo de Chile. Y él, Pablo Neruda, era su Poeta. No había que darle más vueltas a este asunto.

1. Rosa Neftalí Basoalto, madre de Neruda, Parral, principios de siglo

2. Pablo Neruda, fotografía de
Georges Sauré, 1923

3. Delia del Carril, «la Hormiga»,
Madrid, años 30

4. Luis Oyarzún, Enrique Lihn
y Jorge Palacios, comienzos años 50

5. Delia del Carril
(detrás de ella Tomás Lago),
Diego Rivera y otros amigos,
Los Guindos, 1953

Oscar Navarro, Nicanor Parra
y Jorge Edwards, en casa de
Nicanor, años 50

7. Acario Cotapos y Neruda,
Isla Negra, años 50

8. Neruda y
Pablo Picasso, años 50

9. Matilde Urrutia y Jorge Edwards, comedor de Isla Negra, años 60

10. Neruda y Jorge Edwards,
cumpleaños del Poeta,
Isla Negra, años 60

11. Neruda y
Matilde Urrutia, años 60

12. David Alfaro Siqueiros y Neruda,
México, 1966

13. Salvador Allende y Neruda,
en un acto político, años 60

14. Pablo Neruda, años 60

15. Neruda y Jorge Edwards,
en un cerro de Valparaíso, años 60 .

16. Arthur Miller y Neruda, Nueva York, 1966

17. Neruda y Juan Rulfo,
Isla Negra, 1969

18. José María Argüedas, Jorge Edwards y
Sibila Arredondo de Argüedas,
La Habana, 1968

19. Patricia Vargas Llosa, Juan Rulfo, Neruda y Mario Vargas Llosa,
Isla Negra, 1969

20. Jorge Edwards con su
mujer, Pilar Fernández
de Castro, y Neruda,
Isla Negra, años 60

21. Gabriel García
Márquez y Neruda,
en La Manquel,
casa de Neruda
en Normandía,
1971-1972

El mundo y nosotros

En septiembre de 1969 hubo un Congreso Internacional de Escritores organizado por la SECH, la Sociedad de Escritores de Chile, y que contó con el respaldo financiero del gobierno de Eduardo Frei. La cabeza del asunto, el organizador infatigable, fue Luis Sánchez Latorre, presidente de la SECH, ensayista y cronista. Sánchez Latorre, hombre de letras y político astuto, supo aprovechar sus contactos con el gobierno demócrata cristiano para sacar adelante esta iniciativa. Maniobró para colocar a Pablo Neruda en el comité chileno que extendía las invitaciones y para que los sectores comunistas y de la izquierda marxista no crearan dificultades. Impedir que los escritores se reunieran, aun cuando la reunión tuviera apoyo oficial, no era una buena causa, y los escritores de la izquierda moderada, que incluía en ese tiempo al Partido Comunista, lo entendieron así de inmediato. Yo, como escritor, pero también como funcionario, tuve una participación activa en los preparativos. Mi posición no se presentaba fácil: era en aquellos años, y a veces llego a sospechar que lo sigo siendo, lo que se llama un «intelectual de izquierda»; era un crítico del gobierno demócrata cristiano, y hasta entonces había conseguido refugiarme en el carácter técnico, políticamente neutro, ligado a los intereses generales y permanentes del país, de mi trabajo. Ahora, en cambio, me tocaba actuar como vínculo entre los escritores y el gobierno, papel evidentemente comprometido e incómodo. El asunto, como se verá, terminó más o menos mal para mí. Fue mi primera crisis seria en la «carrera», anunciadora, en alguna medida, de las crisis posteriores.

No me parece que Neruda haya simpatizado en su fuero interno con la idea de ese congreso. Comprendió antes que nadie que no se podía impedir por principio su realización, pero parecía olfatear problemas, sobre todo si los cubanos, a quienes se había mandado invitaciones, conseguían venir. De todos modos, llamó a un almuerzo en Isla Negra a los organizadores y participó en alguna de las reuniones preparatorias que tenían lugar en la casa de la SECH en Santiago, en la calle Almirante Simpson número siete, a pocos pasos de la avenida Vicuña Mackenna y de la plaza Italia. «Un congreso de escritores», recuerda Sánchez Latorre que decía Neruda en esos encuentros, «no sólo se hace con escritores de izquierda, sino con escritores de izquierda, de centro y de derecha». Sugirió invitar, entre otros, a Juan Liscano, amigo suyo venezolano y que no era, precisamente, de izquierda, y a su viejo compañero de poesía y de partido, Rafael Alberti.

Cuando llegó la fecha del congreso, asistió con paciencia y disciplina a una de las sesiones, una mañana entera. Los cubanos, por último, habían dado diferentes razones para no venir, y es probable que el inevitable encuentro con Neruda en Chile, en los terrenos suyos, fuera uno de sus motivos no declarados. Se sabía que Neruda no iba a perdonarles fácilmente el agravio de la carta del año 66. En esa reunión matinal en el Hotel O'Higgins de Viña, la antipatía de Neruda por Enrique Lihn, esa antipatía que yo había tratado de suavizar sin el menor éxito y que era perfectamente recíproca, tuvo una expresión interesante. Lihn, que tendía a ser algo conceptual y oscuro en sus intervenciones públicas, había hecho uso de la palabra un par de veces. Cuando pidió hablar por tercera vez, Neruda, deseoso, quizás, de tomarse un primer aperitivo, y harto de enredos ideológicos y de divagaciones críticas, le dijo al oído a Sánchez Latorre, que presidía la sesión: «¡Córtalo luego porque es un latero!».

Durante los días del Congreso, el presidente Frei me llamó con insistencia por teléfono para invitar a los escritores a la residencia presidencial de Viña del Mar. Ninguna de las figuras de izquierda, que formaban la abrumadora mayoría, quiso asistir. Frei parecía especialmente interesado en conocer a Vargas Llosa, y ya sabía que era amigo mío y que estaba alojado con Patricia, su mujer, en el departamento de mis padres, situado justamente debajo del cerro Castillo y de la casa de los presidentes. Pero Mario, en aquellos años, estaba sometido todavía, como lo estaba yo, como lo estábamos todos nosotros, a esa servidumbre intelectual y social que imponía el castrismo. Fotografiarse junto a Eduardo Frei Montalva, en aquel momento, equivalía a condenarse al infierno de la política y de la literatura, un infierno del que parecía que no había escapatoria posible. El mismo Neruda, aparentemente intocable, había sido condenado por el solo hecho de viajar a Nueva York, y de «comerse un par de huevos fritos», a su regreso por Lima, con el presidente Belaúnde. Y Nicanor Parra había cometido, o cometería muy pronto, el crimen nefando de tomar una taza de té con la señora Pat Nixon. Mario, pues, no quiso por nada aceptar la invitación de Frei, y yo, a pesar de ser funcionario del Ministerio de Relaciones, ni siquiera llamé de vuelta al palacio presidencial de Viña, para no verme obligado a transmitir una negativa desagradable. Esa actitud nuestra con respecto al jefe del gobierno que financiaba ese congreso permite ahora comprender algunas cosas. La censura, el ambiente de recelo, de sospecha, de control policial, que ya dominaban en Cuba, habían sido asimilados por nosotros y limitaban nuestra propia libertad de movimiento, aun cuando nosotros no quisiéramos admitirlo.

Hubo, en cambio, un copioso e interminable almuerzo en casa de Neruda en Isla Negra. Los congresistas partieron en buses y en diversos automóviles desde el Hotel O'Higgins de Viña del Mar. Recuerdo, en primer lugar, a los que no asistieron, o no llegaron, por lo menos, a la hora convenida. Juan Carlos Onetti, el novelista uruguayo, dejó que saliera el último vehículo, ya cerca de las dos de la tarde, porque él, a esa hora, todavía no había terminado de tomar su desayuno. ¡Genio y figura! Y Salvador Garmendia, el venezolano, se había extraviado, de acuerdo con murmuraciones confusas, en correrías nocturnas por los cerros de Valparaíso.

Los que sí llegaron puntualmente a la cita fueron Juan Rulfo, Camilo José Cela, Mario Vargas Llosa y Patricia, Angel Rama y Marta Traba, Leopoldo Marechal, Roger Caillois y Claude Simon, que asistían en calidad de observadores, Nicanor Parra, Manuel Rojas, Antonio Skármeta y Humberto Díaz Casanueva, entre muchos otros. El almuerzo se prolongó hasta el atardecer o hasta bien entrada la noche, y ahora veo una mesa contra una ventana, una mesa atiborrada de copones y jarrones cardenalicios, como le gustaban a Neruda, dibujados en la sombra, a contraluz, y donde se marcaban los perfiles también sombríos, inconfundibles, de Rulfo, de Neruda, de Cela, de Díaz Casanueva, que hablaba con gran exaltación, levantando los brazos, en estado de trance, y que de pronto, quién sabe cómo, perdía el equilibrio en su dura silla de madera y quedaba bruscamente sentado, atónito, en el aún más duro suelo, ante la indiferencia de los asistentes, cuya capacidad de asombro, a esa hora, estaba relativamente embotada.

Creo que Pablo, ese día, estuvo en uno de los mejores momentos de sus años finales. Ofreció esos guisos señoriales y exóticos que le gustaba tener para las festividades de primera magnitud: opulentas lenguas de erizos de esa costa, carne de ciervo de alguna isla del sur de Chile, o quizás de jabalí, traída del interior de Tucumán, Argentina, por Margarita Aguirre; quizás, porque la memoria gastronómica me falla, y lo que sí veo, huelo, paladeo como si fuera hoy, es un vino aterciopelado, antiguo, de aroma intenso y poderoso cuerpo, que el Poeta había descubierto en una de sus excursiones por la zona central y que provenía de una viña olvidada llamada Santa Catalina.

En esa reunión o celebración, la heterogeneidad política que él había preconizado en vísperas del congreso estaba representada por Caillois, quien, aparte de traducir a Neruda, era amigo y había traducido también a Jorge Luis Borges; por Leopoldo Marechal, cuyas simpatías peronistas eran muy conocidas, y por Camilo José Cela, que ya había tomado sus distancias con respecto al franquismo, pero que llegaba, en todo caso, desde el interior de la España de Franco, fenómeno que nosotros, aún inexpertos en cuestiones de dictaduras, tendíamos a interpretar con el mayor simplismo. «Cela», me había dicho un poco antes Neruda, acentuando sus palabras hasta un extremo casi misterioso, «es un verdadero escritor», y esto, dicho por él en esa forma y en esas circunstancias, significaba muchas cosas. Significaba, desde luego —y a esta conclusión, por paradójica y hasta escandalosa que pudiera parecer, teníamos que llegar los conocedores de la situación—, que se sentía mucho más a gusto en la compañía de un escritor como Cela, de lo que se habría sentido en la de Nicolás Guillén o Alejo Carpentier, sus ex amigos y obligados compañeros del mundo revolucionario latinoamericano.

Vísperas limeñas

El presidente Frei le manifestó su disgusto contra mí, a raíz de esa malhadada invitación a los escritores, a Gabriel Valdés, y yo opté por escribirle una carta bastante «parada en la hilacha», como se dice en Chile, en la que sostenía que había participado en los preparativos y en el Congreso mismo en mi calidad de escritor, no de funcionario, cosa que, por lo demás, era exacta, y terminaba por pedir un permiso de dos años sin goce de sueldo para dedicarme a mi trabajo creativo.

Ahora sospecho que Gabriel Valdés, a quien di la carta para que se la entregara al presidente, se abstuvo de cumplir el encargo, seguramente con buenas razones, y prefirió dejar que las cosas se suavizaran por sí solas. En aquellos tiempos, yo estaba ansioso de apartarme de la Administración. Sentía que tenía cosas que escribir y que, si me lanzaba al ancho mundo, sin ataduras burocráticas, sería capaz de salir adelante. El paso, eso sí, no era en absoluto fácil. Había que encontrar una coyuntura favorable. Y la influencia de Pablo Neruda, que en años anteriores había querido apartarme de la diplomacia, actuaba ahora en el sentido inverso. Pablo insistía en que Gabriel Valdés era muy buen ministro y excelente persona; si yo tenía paciencia, él terminaría por nombrarme embajador en alguna parte. Por ningún motivo debía abandonar la diplomacia. ¡No era el momento de hacerlo!

Su simpatía por Valdés, una amistad reciente, también tenía connotaciones políticas que podían llegar a ser importantes. A fines de 1969, todo Chile ya estaba con las miradas puestas en las elecciones presidenciales de septiembre del año 70, que iban a ser decisivas para el país. La primera candidatura que se había formalizado era la de Radomiro Tomic por el freísmo. En la ceremonia inaugural del Congreso de Escritores, Tomic había aparecido en el escenario del Teatro Municipal de Santiago para repartir apretones de manos a las personalidades extranjeras, gesto que vimos como un intento algo fácil de aprovechar la ocasión para su candidatura. En la derecha, el candidato seguro era Jorge Alessandri, quien, después de haber abandonado la presidencia en 1964, podía, de acuerdo con la Constitución, presentarse a la reelección, y que tenía un prestigio sólido en los sectores conservadores y en las capas medias del país. En la izquierda, en cambio, las cosas parecían mucho menos definidas. Salvador Allende era el candidato eterno, había sido candidato en las tres elecciones presidenciales anteriores, y muchos tenían la impresión de que ya era un hombre políticamente derrotado, destinado a la derrota, un perdedor nato, y de que había llegado el momento de presentar una figura nueva. El propio Salvador Allende, en sus momentos de humor —y cuando estaba envena podía ser ameno, divertido—, decía que la losa de su sepultura llevaría el epitafio siguiente: «Aquí yace Salvador Allende, futuro presidente de la República». El mismo parecía admitir, en otras palabras, por lo menos cuando hablaba en broma, que se había convertido en el símbolo de una candidatura eterna, de un futuro sin más futuro que la aspiración y el desengaño.

Dentro de este cuadro, Neruda había llegado a pensar y a decir que su viejo amigo Carlos Vasallo, que había desempeñado altos cargos durante la segunda administración del general Ibáñez, gobierno populista, centrista, caracterizado, más que por otra cosa, por su mediocridad, podía ser la persona que uniera como candidato a una coalición amplia de centroizquierda. Con astucia, el Poeta no proponía, sino que se limitaba a sondear a sus siempre numerosos y heterogéneos visitantes desde su rincón, de manos cruzadas encima de la barriga y con los gruesos pies apoyados en un soporte de madera, junto al fuego de la gran chimenea de piedra de Isla Negra: «Un hombre del estilo de Carlos Vasallo podría ser un excelente candidato. A lo mejor es lo que necesita el país en este momento. Es muy buen político, no se crean ustedes...».

Llegó a pensarlo y a decírselo a mucha gente, pero hacia mediados del año 69 rectificó la puntería y concluyó que el hombre, o por lo menos uno de los hombres más posibles, era Gabriel Valdés Subercaseaux. En ese tiempo solía reunirse en Isla Negra y conversar con Radomiro Tomic, pero ya estaba visto que Tomic no conseguiría jamás la unión de la Democracia Cristiana con la izquierda. Había sido el embajador de Eduardo Frei en Washington en el período en que se negociaba la llamada «chilenización» del cobre, un proceso parcial de nacionalización de la gran minería cuprífera, de propiedad norteamericana, solución que los partidos socialista y comunista habían combatido a fondo. Ese cargo lo había «quemado», en consecuencia, para cualquier candidatura de unidad de centroizquierda. Si Gabriel Valdés, en cambio, tomaba distancia en el momento oportuno con respecto al gobierno de Frei, podía convertirse de inmediato, desde el punto de vista de la izquierda, en una figura política interesante.

Valdés nunca se distanció del gobierno de Frei y nunca abandonó su cargo de ministro de Relaciones, como querían algunos de los que soñaban con su candidatura. Si lo hubiera hecho, probablemente habría terminado por formar un partido pequeño, al estilo del MAPU (nombre que en lengua indígena significa tierra) o de la Izquierda Cristiana, ramas que se desgajaron en ese período del árbol de la DC, y su candidatura, de todos modos, habría naufragado. Me pregunto ahora, por otra parte, si la insistencia de Pablo en hablar de Valdés como un candidato posible no se relacionaba con un deseo secreto de que Allende no se presentara de nuevo. ¿Sentía Pablo que Allende se había comprometido demasiado con la revolución cubana y que podía actuar como el Caballo de Troya del castrismo en la política chilena? Me parece probable que pensara esto en algún momento, y la verdad es que entre líneas, a medias palabras, lo daba a entender con suma claridad.

De todos modos, hacia fines de ese año las cosas empezaron a decantarse y los partidos de izquierda optaron por nombrar precandidatos presidenciales. El paso revelaba que todavía no existía, como en elecciones anteriores, consenso alrededor de la persona de Allende. En estas circunstancias, el Partido Radical llevó como precandidato al profesor y parlamentario Alberto Baltra Cortés, que había ganado algún tiempo antes un importante escaño por el sur en el Senado y había abierto, con esa elección, la posibilidad de una alianza entre los radicales y los partidos marxistas. El MAPU, recién formado, llevaba a Jacques Chonchol, que hacía poco dirigía la reforma agraria y que había roto con el freísmo porque estimaba que el ritmo de la reforma era demasiado lento. Los socialistas sufrían divisiones y conflictos internos, oscilaban entre un reformismo de tipo socialdemócrata y el castrismo, y decidían levantar otra vez el nombre de Allende. Los comunistas, por su parte, frente a la ausencia de alternativas más claras, resolvieron hacer un saludo a la bandera, y quizás negociar con los demás partidos de la coalición desde una posición de fuerza, llevando al más famoso de sus militantes, y nombraron precandidato a Pablo Neruda.

El nos dijo que, una vez que los partidos se pusieran de acuerdo, su candidatura sería retirada. ¿Y si no lograban ponerse de acuerdo? En ese caso, que no consideraba del todo imposible, el Poeta estaría obligado a llegar con su candidatura hasta las últimas consecuencias. Empezaron de inmediato las giras por el país, las proclamaciones, los encuentros con gremios y grupos, los discursos en las plazas, y se vio que la candidatura adquiría un dinamismo que superaba ampliamente el ámbito propio del partido, que en aquellos años, en cualquier caso, siempre representaba más del doce por ciento del electorado, y que se había acercado en sus momentos mejores al dieciocho por ciento.

Vi más bien poco a Neruda en aquellos días. En mi calidad de no militante y de funcionario de carrera del servicio exterior, no tenía mucho que hacer en esa campaña, destinada más bien a servir de elemento de presión en los acuerdos que se tomaran sobre el candidato definitivo. Cuando lo encontré, sin embargo, en su casa de Isla Negra, lo noté cansado. En forma retrospectiva, pienso que su enfermedad, un cáncer de próstata que terminó por extenderse, quizás ya comenzaba. Los periodistas le preguntaron alguna vez si renunciaría, en caso de llegar a La Moneda, a su conocido hábito de dormir siesta, y él dijo que jamás, nunca: cualquier cosa menos eso.

Era, desde luego, una humorada, pero en aquellos días, detrás de las apariencias, creí percibir algunas cuestiones de fondo. Conviene dejar establecido, desde luego, aunque sólo sea para los mal pensados o mal pensantes, que Neruda no tenía verdaderas ambiciones políticas. Esa es mi opinión, por lo menos. Me parece, sin embargo, que la comprobación diaria de su arrastre, de su popularidad en las bases del país, mucho más allá de los ambientes a los que llegaba su partido, y mucho más allá, también, de los ambientes a los que llegaba la literatura, lo halagó. En seguida, flotaba por encima de todo, como una realidad que nadie en la izquierda quería formular por escrito y ni siquiera de palabra, el hecho evidente de que la candidatura suya, mucho más que la del profesor Alberto Baltra o la de Jacques Chonchol, impedía en la práctica que cristalizara, por cuarta vez en la historia chilena contemporánea, la de Salvador Allende, cuyos primeros desfiles había presenciado yo en los años remotos de 1952, en jornadas en las que el general Carlos Ibáñez del Campo, el General de la Esperanza, el General de la Escoba, favorecido por una masoquista nostalgia de su dictadura de la década del veinte, había barrido con sus adversarios.

«Le hemos dicho a Salvador Allende, por ejemplo, que sus discursos recientes no son buenos; que está utilizando una retórica demasiado fácil, superficial, anticuada...» El

Poeta candidato no agregaba nada más, pero uno se quedaba pensativo, y adivinaba otras reservas, otras objeciones, la impresión, quizás —impresión difusa, pero real—, de que un gobierno de Allende, en las circunstancias chilenas y mundiales de aquellos días, no sería nada fácil, para decir lo menos, y de que, si fracasaba, los primeros en pagar los platos rotos iban a ser los comunistas...

En esos mismos días fui nombrado consejero en la embajada de Chile en Lima. Después del incidente de la invitación al Palacio de Viña a los escritores, el presidente Frei había dicho, de acuerdo con rumores que llegaron rápidamente a mis oídos, que nunca me darían ningún cargo en el exterior mientras él estuviera en el gobierno. No eran más que rumores, al fin y al cabo, y parece que Eduardo Frei, en diciembre del año 69, ya se había olvidado del asunto. El que había pedido mi nombramiento era Sergio Larraín García Moreno, el dueño de esa casa en la que había visto a Neruda por primera vez, el poeta del traje de gabardina, en el año de gracia de mil novecientos cuarenta y tantos. Había sido enviado como embajador a Lima para que se entendiera con su amigo y colega en la profesión de arquitectura, el presidente Fernando Belaúnde Terry, y había tenido que presentarle credenciales al general Velasco Alvarado, puesto que había desembarcado en el Callao el día mismo en que los militares sacaban a Belaúnde en piyama de la Casa de Gobierno. Habíamos terminado por ser buenos amigos, Sergio Larraín y yo, a pesar de la diferencia generacional, y él pensaba que un escritor, amigo de Vargas Llosa y de otros intelectuales y artistas del Perú, podía ayudar a mantener unas relaciones siempre delicadas, siempre amagadas por fantasmas históricos.

Le comenté mi nombramiento a Neruda, y él, en uno de nuestros habituales encuentros en el bar de su casa de Isla Negra, dijo algo curioso. Lo dijo, además, y esto lo hacía todavía más curioso, en presencia de los máximos jerarcas del Partido Comunista chileno, que habían llegado hasta allí por algún motivo que yo desconocía, y que se estaban tomando una copa en esa mañana de sábado: Volodia Teitelboim y Luis Corvalán. «No todos los chilenos tienen necesariamente que ser políticos», dijo, y lo dijo dirigiéndose a ellos, y a propósito del caso mío: «Jorge, por ejemplo, está bien donde está. Está bien que una persona como él forme parte de la diplomacia chilena...». No dijo mucho más, pero sobraban palabras para buenos entendedores. Quería decir: no es necesario que Jorge ingrese en las filas de nuestro partido. El hecho de que tengamos una persona amiga, accesible, en cargos importantes de la diplomacia, ya es bastante para nosotros. No le exijamos, por añadidura, una adhesión formal y explícita.

Ellos escucharon y no dijeron nada. Yo no supe qué antecedentes, qué comentarios anteriores, podían reflejar esas palabras, dichas como al pasar, entre copa y copa, pero dichas en una forma claramente deliberada e intencionada. No lo supe entonces con exactitud y no lo he sabido hasta el minuto en que escribo estas líneas.

A fines de 1969, poco antes de mi viaje al Perú, hubo un episodio pequeño, pero significativo, en la casa de Neruda en Isla Negra. El Poeta, instalado en el ala nueva de la casa, destinada a la biblioteca, con una de las piernas reclinadas en un taburete, manipulaba con cierto nerviosismo una radio a pilas. De repente se escuchó la noticia de que los partidos de la Unidad Popular se habían puesto por fin de acuerdo y habían proclamado la candidatura presidencial de Salvador Allende, retirando las demás precandidaturas. Pablo cortó la radio de inmediato y pasó a otro tema, pero no parecía en absoluto contento con lo que había ocurrido.

Supimos entonces que Pablo y Matilde iniciarían pronto, al final del verano, uno de sus viajes habituales a Europa. Yo, por mi lado, me embarqué a comienzos de enero de 1970 en un barco de la Grace Line rumbo al puerto de El Callao, y me instalé muy pronto en la capital virreinal, en esa «Lima la horrible» de Sebastián Salazar Bondy, en una casa del barrio de San Isidro, a poca distancia de lugares tan tradicionales como el Club de Golf, el Colegio de las Monjas Ursulinas, el Parque del Olivar, la avenida Javier Prado.

Un día domingo del mes de abril estaba en mi cama después del almuerzo, tratando de dormitar un poco, cuando me sacó bruscamente de mi intento de siesta, de la cama y hasta de la casa un prolongado y violento conjunto de sacudones de la corteza terrestre. Los automóviles empezaron a pasar a gran velocidad, dando frenazos en las esquinas y antes de los «rompemuelles», y se escucharon los gritos, los lamentos, los rezos de mujeres que se golpeaban el pecho, hincadas de rodillas en medio de la calle. Pilar recuerda que Margarita Chávez, nuestra robusta y espléndida cocinera norteña, e Irene, nuestra empleada chilena, se abrazaban en el jardín, llorando, como si ese «Fin de mundo» del que había escrito Neruda un poco antes nos hubiera llegado a todos.

La verdad es que sólo habíamos recibido las repercusiones lejanas del terremoto que arrasó con el Callejón de Huaylas, en el interior de los cordones cordilleranos del norte del país, y que sepultó bajo una avalancha de piedras y de lodo la ciudad de Yungay. La embajada tuvo que desplegar de inmediato una enorme actividad. Más allá de la solidaridad con las víctimas, que se imponía por sí sola, con evidente dramatismo, el terremoto, desde el punto de vista de nuestra diplomacia, era una gran oportunidad para mejorar las relaciones entre ambos países, amagadas por especulaciones belicistas y por la cercanía del centenario de la Guerra del Pacífico. El gobierno de Santiago, de acuerdo con nosotros, lo comprendió así, y fue de los primeros, si no el primero, en mandar ayuda. A los pocos días, recibí una carta de Neruda: venía de regreso de Europa, en barco, y quería detenerse brevemente en Lima y dar un gran recital a beneficio de las víctimas del terremoto. Deseaba, en lo posible, alojarse en mi casa y que, aparte del recital, su visita fuera enteramente privada. Quería gozar de la cocina limeña y reservar una noche para comer, entre amigos de confianza, esos camarones soberbios que sólo se podían conseguir en unos pocos restaurantes de la ciudad.

Una visita de Pablo Neruda y de Matilde, con alojamiento en la casa, constituía una operación más o menos complicada. Había que atender a numerosos detalles, detalles bastante caros, en algunos casos. El Poeta, en aquellos años, bien recibido en los ambientes más diferentes, aceptado con honores en los *establishments* más diversos, desde Londres y Moscú hasta Caracas y Santiago de Chile, con amistades heterogéneas en todas partes del mundo, se había aficionado a los whiskys especiales y a los vinos de categoría. Contaba que había aprendido a conocer el whisky en las colonias inglesas del Extremo Oriente, en sus años juveniles de cónsul de elección, época en que llegaban de la metrópoli envasados en pequeños barriles de madera, con una etiqueta manuscrita que indicaba el año, la procedencia, la marca. Yo recordaba, sin embargo, que en su casa de Los Guindos, en la década del cincuenta, se bebía vino tinto con frutillas y se celebraban los pipeños de uva Italia de la región de Coelemu, al norte de Concepción. La preocupación por los «etiqueta negra», por las botellas cuadradas de Old Parr o de Buchanan de Luxe, por los *pale whiskies*, los whiskys pálidos, era un fenómeno posterior, una manía «revisionista» que en parte contagiaba a los que lo rodeaban y que había llegado a constituir, ¡en parte, desde luego!, una especie de santo y seña para ingresar al grupo. Algunos se escandalizaban por el hecho de que un poeta comunista tuviera aficiones tan caras, pero la justificación teórica era bastante fácil: nadie buscaba el igualitarismo absoluto, descartado ya en los primeros tiempos de la Revolución, sino la igualdad de posibilidades. Se construía el socialismo, precisamente, entre otras cosas, para que los poetas y los creadores pudieran consumir de vez en cuando una botellona magnum de Dom Pérignon. ¡No sólo los hijos tarambanas de los multimillonarios!

Lo cual dejaba en pie, desde luego, nuestro problema de ser anfitriones de un huésped tan famoso y rumboso. Había que llamar a alguna gente, comunicar la noticia de esta visita exclusivamente a ellos, los escogidos, cualquiera que fuera el motivo de esta elección, amistoso, literario, político, protocolar, e impedir a toda costa, aguzando el ingenio, la infiltración de los pesados, los intrusos, los lateros, la muchedumbre de los majaderos. Era una tarea perfectamente imposible, porque, para asegurar el éxito del recital, había que darle el máximo de publicidad a partir de algún momento y, desde entonces, el asedio sería permanente, el histerismo cundiría, los teléfonos de la embajada y de nuestra casa no cesarían de repicar.

En las primeras ediciones de *Persona non grata* conté parte de esta visita y omití algunos aspectos importantes, sometido a la aplastante autocensura que provocaban los sucesos chilenos de fines del año 73. El recital que había propuesto el Poeta se hizo, por fin, a tres o cuatro cuadras de mi domicilio, en el enorme anfiteatro del Colegio de las Monjas Ursulinas, y con un lleno completo, puesto que hasta los pasillos de la sala y los rincones del amplio escenario resultaron invadidos por un público abigarrado, heterogéneo, predominantemente juvenil y femenino. Yo había escogido ese recinto en atención al espacio y a la comodidad, pero el hecho de que Pablo Neruda leyera bajo el alero protector de Santa Úrsula, en esos días de revisión crítica y de ecumenismo, no era, me parece ahora, enteramente accidental.

En ese acto hubo un incidente simpático. A Neruda le gustaba afirmar, en privado e incluso en entrevistas de prensa, que su libro más popular, *Veinte poemas de amor y una canción desesperada*, era la más mediocre de sus obras. Esa tarde, frente a esa enfervorizada multitud, pasaba el tiempo y los *Veinte poemas* no aparecían por ninguna parte. Había una pregunta en la atmósfera, una petición que no se formulaba. Y el Poeta, de pronto, cuando cesaron los aplausos que seguían a cada lectura, con su voz inconfundible y «su cara de patata recién sacada de la tierra», comenzó:

Puedo escribir los versos más tristes esta noche...

Hubo un suspiro gigantesco en toda la sala, un gran soplo colectivo en el que predominó la entonación femenina, pero en el que participaron todos, hombres y mujeres, viejos y jóvenes, algo que hasta ese instante parecía reprimido. El Poeta sonrió con amplitud, feliz de la vida, y volvió a recitar, esta vez en medio de un silencio sacrosanto,

> Puedo escribir los versos más tristes esta noche,
> escribir, por ejemplo, la noche está estrellada,
> y tiritan, azules, los astros a lo lejos...

hasta que el poema archiconocido, responsable de miles de encuentros que finalizaron en matrimonios, como solía constatarlo el Poeta en plazas y rincones latinoamericanos, culminó en una ovación unánime y estruendosa.

Es verdad, como dije en ese capítulo preliminar que después suprimí, que los jóvenes, a la salida del recital, en los jardines al lado del teatro, levantaron en el aire el Austin Mini en el que yo había introducido al Poeta con no pocas dificultades, con grave riesgo de volcarlo con nosotros dentro, y que conseguimos escapar en última instancia, apretando los dientes, hundiendo yo el pie en el acelerador y esperando que los jóvenes saltaran a tiempo lejos de nuestro camino para no ser atropellados.

Al llegar a mi casa había una amiga nuestra que se paseaba frente a la puerta de calle, sola en la oscuridad. Era la conocida actriz de teatro y entonces diputada comunista María Maluenda y, si no di su nombre en ese relato anterior, fue porque en los días de su publicación, a fines del año 73, cualquier información, cualquier detalle, podía servir de pretexto para interrogatorios, molestias y cosas muchísimo peores, si la persona en cuestión todavía residía en Chile. Tenía que escribir cubriéndoles las espaldas, paradójicamente —y éste fue mi particular destino en esa etapa de mi trabajo literario—, a personas que residían en mi país, perseguidos por una dictadura de derecha, o que residían en Cuba y eran perseguidos por la dictadura fidelista.

Antes de salir con el Poeta a ese recital, había dado instrucciones terminantes, a petición suya, de no recibir en mi casa a ningún periodista, y María, en lugar de presentarse como parlamentaria, tuvo la mala ocurrencia de decir que venía en representación de la prensa, con lo cual la fiel Margarita Chávez le cerró la puerta de la calle en las narices. María Maluenda y Neruda se encerraron en el comedor de mi casa a conversar, mientras el pequeño grupo que iba a salir con nosotros al restaurante de los camarones esperaba en el salón. En ese grupo había un par de caras que yo había visto en Lima con relativa frecuencia, pero ahora no consigo ponerles un nombre. Sólo recuerdo una espera que al comienzo fue distendida, amable, de copa en mano y frases insubstanciales, como son todas esas esperas, y que después se hizo demasiado larga y tediosa. Los reunidos salieron al fin de ese comedor en penumbra con caras tranquilas, ligeramente sonrientes, que indicaban, sin embargo, que había tenido lugar una conversación seria, y María anunció que prefería retirarse a su hotel a descansar, puesto que volaba de regreso a la mañana siguiente, y se despidió de nosotros. El restaurante de los camarones, un recinto moderno, más bien desangelado, situado en algún lugar del barrio de Miraflores, todavía nos esperaba, pero la cena estuvo muy lejos de alcanzar la alegría, el espíritu de improvisación, de broma, de juego, de cenas anteriores con el Poeta en París, en Valparaíso, en Isla Negra. Los camarones eran excelentes, los mismos de siempre, pero la concurrencia estaba cansada, había, en el fondo, un aire difuso de preocupación, y era necesario hacer un esfuerzo para mantener la conversación a flote.

Al día siguiente entré en bata, poco después de las ocho de la mañana, al dormitorio de los Neruda, a quienes había cedido durante esos días la habitación principal de la casa. Neruda estaba en cama, con aspecto un poco fatigado, con la bandeja del desayuno colocada cerca de él, entre las sábanas revueltas, y Matilde, también en bata, se movía con vivacidad entre la habitación, el cuarto de baño y el cuarto de vestir, distribuidos en un mismo bloque y separados del resto de la casa.

Después de los saludos, Pablo se puso a contarme, de manos cruzadas encima de la ropa de cama, la conversación que había tenido la noche anterior en el comedor, a puerta cerrada, con María Maluenda. María había sido enviada por el partido para informarle que Salvador Allende, esta vez, sí ganaría probablemente las elecciones. Pablo tenía que saberlo y preparar en función de eso, de esa expectativa política nueva y bastante cierta, sus intervenciones durante los homenajes que le harían al llegar a Chile, homenajes que previsiblemente iban a iniciarse muy pronto, en el momento mismo en que su barco atracara en el puerto de Arica. Porque Pablo, consecuente con su fobia contra los aviones, había organizado las cosas para abandonar el barco que lo traía de Europa en Caracas, volar a Lima, y después seguir en el mismo barco hasta Valparaíso. «Y tú», le dije, «¿qué piensas de todo esto?». Pablo continuó pensativo, con aspecto fatigado, con las manos cetrinas cruzadas encima de la cama y la mirada puesta en el cielo grisáceo, estancado, espeso, del otoño limeño. El creía que la situación en Chile iba a ser extremadamente difícil. No era nada optimista, no se hacía ilusiones de ninguna clase al respecto. El triunfalismo que exhibirían más tarde algunos otros sectores de la Unidad Popular era, ahora, enteramente ajeno a él, ajeno a su experiencia política y a su visión actual de las cosas. En estas elecciones, él veía a dos candidatos, dos personas valiosas, talentosas, combativas, dos amigos suyos, por lo demás, pero esas dos personas, de un modo demasiado visible, ambicionaban llegar a ser presidentes de Chile, y eso, en aquel momento, a él no terminaba de gustarle. Había un tercero, en cambio, un viejo conservador, muy alejado de las posiciones suyas, representante del Chile anticuado y reaccionario de siempre, pero que a él, en esas circunstancias de la vida del país, le parecía un candidato estimable. Si triunfaba Allende, como su partido, con criterio realista, pensaba que ocurriría, él tenía mucho miedo de que las cosas terminaran mal. «Pero yo no puedo, como tú comprenderás, votar por Jorge Alessandri.»

Matilde, que no había dejado de pasear por la habitación y por los cuartos vecinos, ordenando objetos, colocando algunas cosas en las maletas, preparando la ropa que usaría durante el día, intervino desde un rincón para decir: «Yo voy a votar por Tomic». Nunca supe, en definitiva, si votó por Radomiro Tomic o por Salvador Allende, y estoy seguro, en cambio, de que Pablo, a pesar de su notoria preocupación, votó por este último, pero estoy seguro también de que los temores, el sentimiento general de ansiedad que me manifestó en ese otoño de Lima continuaron, por lo menos en forma esporádica, en ciclos de pesimismo que de alguna manera se relacionaban con los primeros síntomas, con los progresos de su enfermedad, después del triunfo electoral de Allende y de su llegada al gobierno.

También he contado parcialmente la visita que Neruda hizo en Lima al general Velasco Alvarado, que encabezaba entonces, como presidente de la República, la llamada revolución militar peruana. La reunión había sido solicitada por el propio Velasco, y Neruda le llevó una carta personal de Salvador Allende, carta que había traído desde Chile María Maluenda.

Describí mi espera en una antesala del Palacio de Gobierno, cuando el Poeta ya había entrado a las oficinas presidenciales, espera que supuse que duraría unos quince minutos y que se prolongó por espacio de más de dos horas. Describí los movimientos lentos y rígidos, como de autómatas, de los soldados de la guardia, que usaban un uniforme negro y rojo y un casco de acero con penacho negro, imitación directa o versión libre del uniforme de alguna corte europea, no sé si napoleónica o del Antiguo Régimen. Me abstuve de contar, en cambio, que hice buenas migas con dos limeñas jóvenes, de facciones agradables, de temperamento juguetón, que habían llegado a preguntar por un alto funcionario de la presidencia. Las jóvenes me dieron su teléfono, que nunca tuve, desde luego, ocasión de utilizar, y el Poeta, que bajó las escaleras de un amplio corredor palaciego con prisa y con dificultad, mirando las gradas con atención y explicándome, corto de aliento, que el presidente lo había dejado a almorzar con él, se divirtió mucho, más tarde, cuando le conté el episodio, y pidió que le narrara en detalle todas las continuaciones que pudiera tener, como si quisiera disfrutarlo, como dicen los franceses, «por procuración». Era la expresión de un erotismo obsesivo, con algunos ribetes seniles, que después iba a conocer mucho más a fondo, sobre todo porque las distancias generacionales y políticas, que antes habían impuesto una reserva, iban a quedar superadas en los años finales.

La conversación con Velasco Alvarado tuvo importancia, ya que reveló a Neruda y, por medio de él, a la candidatura de Allende, que el gobierno militar del Perú no sería hostil al triunfo en Chile de la Unidad Popular. Velasco se había descrito a sí mismo como un soldado de origen modesto, un hombre sencillo, que no había tenido tiempo ni oportunidad de formarse una cultura literaria, pero que guardaba en su corazón auténticos sentimientos de izquierda.

La verdad es que el Poeta había quedado encantado con esta conversación y con la invitación a almorzar. En cuanto al general Velasco Alvarado, su reacción fue curiosa y a la vez completamente típica. «¡Qué poeta más sensato!», le dijo a Sergio Larraín, al encontrarlo dos o tres días más tarde en una ceremonia, y repitió la frase un par de veces, sorprendido y pensativo: «¡Qué poeta más sensato!». Se ve que tenía, como el hombre de escasa cultura literaria que confesaba ser, una imagen convencional, estereotipada, de los poetas, y sobre todo de los poetas comunistas, y el lenguaje pragmático del Neruda de esos días, su tono eminentemente «aterrizado», para emplear un chilenismo de esa época, le había producido una poderosa impresión. No era, por desgracia, como se comprobaría demasiado pronto, el tono que predominaba en el conjunto de nuestra izquierda, y quizás la conversación con Neruda, en este aspecto, contribuyó a formarle una visión demasiado optimista del proceso chileno.

El pronóstico del Partido Comunista de Chile, el que había llevado a María Maluenda hasta ese comedor de mi casa del barrio de San Isidro, se cumplió al pie de la letra. Salvador Allende, esta vez, en su cuarto intento, ganó las elecciones presidenciales. Ganó por un margen muy escaso, un poco más de un tercio del electorado, a Jorge Alessandri, el candidato de la derecha. Pero las cifras eran claras, y la tradición indicaba en Chile que el Congreso Pleno, llamado por la Constitución a decidir entre las dos primeras mayorías relativas, elegiría seguramente al candidato que había obtenido más votos, por escaso que fuera su margen. Al cabo de siete semanas febriles y dramáticas, entre el 4 de septiembre de 1970, día de la elección popular, y el final de octubre de ese año, el Congreso, con el voto de la izquierda y del centro político, formado por la Democracia Cristiana, terminó por elegir a Allende. Lo hizo, eso sí, después de aprobar un Estatuto de Garantías Constitucionales, documento que implicaba, en la práctica, que, si el gobierno de la Unidad Popular se apartaba de la Constitución, tal como la mayoría del Congreso entendía la Constitución, el ejército estaría llamado a intervenir «en defensa del orden jurídico quebrantado...».

Yo había trabajado en favor de la tercera candidatura de Allende en 1964, desde París, en años de entusiasmo izquierdista y castrista, con la discreción que me imponía mi cargo de secretario de la embajada: una discreción, para ser franco, relativa, que nunca impidió que toda la embajada y que el propio ministerio chilenos conocieran mis preferencias. Había conseguido el apoyo de uno que otro intelectual europeo y latinoamericano para la campaña. En una ocasión, había ido en compañía de Nicanor Parra a visitar a Juan Goytisolo, en su departamento de la Rue Poissonière, para pedirle que hablara con Jean-Paul Sartre, el ídolo casi absoluto de aquellos años, y lo invitara a Chile. Sartre había contestado que iría, pero a condición de que invitaran también a Simone de Beauvoir —después sabríamos que nunca viajaba sin ella, a pesar de que en París vivían separados—, y uno de los encargados me había contestado por carta que la campaña, por desgracia, carecía de fondos para invitarlos a los dos, detalle que daba una medida de los límites financieros de esa campaña, y también, dicho sea de paso, de los límites mentales de algunos de sus «responsables».

El año 70, en cambio, en Lima, me abstuve de participar, y me abstuve a conciencia. Mi visita a Cuba a comienzos del año 68 me había dejado inquieto, y los sucesos de Praga de agosto de ese mismo año, que había seguido desde mi cargo estratégico de jefe del Departamento de Europa Oriental, habían sido para mí una advertencia suficientemente clara y seria. Estaba convencido de que, si ganaba Allende, habría problemas graves, capaces de terminar con el sistema democrático chileno, y sabía además que la alternativa real, si se consideraba el cuadro de las fuerzas políticas del país, no era Radomiro Tomic, sino Jorge Alessandri. No trabajé en favor de la candidatura de Alessandri, ni tomé el más mínimo contacto con ella, pero quizás, si hubiera tenido la ocasión de viajar a Chile para las elecciones (entre nosotros no se vota por correo), habría votado por él como un mal menor: me parecía mucho mejor un régimen conservador democrático que una probable ruptura del sistema político, destinada a desembocar inevitablemente en una dictadura de izquierda o una dictadura de derecha.

Seguí la elección desde las oficinas de la embajada, que se había instalado hacía poco en un caserón de la avenida Javier Prado, en compañía de un grupo de funcionarios diplomáticos y administrativos, en una radio no mucho más grande que la de Neruda en Isla Negra, y me parece que no compartí la euforia mal disimulada de uno de los presentes, partidario de Allende, ni la desesperación profunda, los rostros desencajados y pálidos, los amagos de histerismo suicida, de otros.

A comienzos de octubre recibí instrucciones de viajar a Paraguay a inaugurar una exposición del libro chileno, y por esos mismos días me llegó una invitación para visitar, en compañía de un grupo de escritores latinoamericanos, diversas ciudades de Alemania Federal. Para ir a Paraguay desde Lima y para llegar hasta la ciudad de Frankfurt, en las riberas del Main, tuve que hacer dos o tres escalas en Santiago. Algunas personas del mundo burgués e incluso de mi familia me felicitaban por mi «triunfo electoral», y yo me limitaba, en general, a guardar silencio. Me encontré con Neruda en la Chascona, su casa en los faldeos del cerro San Cristóbal, y subimos hasta el espacio que había construido para colocar su biblioteca, en la parte más alta. Después de donar sus libros, sus papeles y su colección de conchas marinas a la Universidad de Chile, a comienzos de la década del cincuenta, el Poeta había llegado a formar una segunda biblioteca muy importante, donde había numerosas ediciones originales de Walt Whitman, una de Edgar Allan Poe anotada por el propio autor, un maravilloso ejemplar de la primera *Madame Bovary*, dos o tres ediciones en folio de William Shakespeare, un juego de galeradas corregidas por Victor Hugo de *Les travailleurs de la mer*, y diversos clásicos latinoamericanos, entre muchísimas otras cosas. En esa sala, rodeados por las piedras, por las hojas de acanto, por los árboles y los arbustos que crecían en el cerro, hablamos sobre la situación. Para el Poeta y para sus compañeros de partido, estar en el gobierno sería muy diferente, mucho más difícil y mucho más peligroso, que estar en la oposición. De eso no cabía ninguna duda. En el país, en aquellos días, se había producido un estado de violencia latente, una violencia que de algún modo se palpaba en la atmósfera. Habíamos vivido lejos siempre de los conflictos mundiales, habíamos sido los habitantes más o menos felices y desaprensivos de un país donde nunca pasaba nada, y de pronto las circunstancias, una vuelta perversa de la rueda de la historia, nos colocaban en el vórtice mismo del torbellino. Había signos inquietantes por todos lados: signos que partían de la derecha, de las fuerzas armadas, del gobierno de Frei, de empresas multinacionales con intereses fuertes en Chile, y del gobierno de Richard Nixon, con su astuto y peligroso asesor, Henry Kissinger.

«Lo veo todo negro», dijo Pablo, en el momento en que bajaba los tres o cuatro escalones que conducían al recinto más exclusivo y aislado de su biblioteca, y cuando le repetí esta frase, cinco meses más tarde, a Fidel Castro, en La Habana, Castro replicó con notable prontitud: «¡Es que lo veía claro!».

Sentí, a veces, cuando el Poeta era ya embajador en París, en 1971 y 1972, que la lucha diaria, con su inevitable y necesario compromiso emocional, borraba el pesimismo y la clarividencia que me había mostrado en esos encuentros del año 70. Si yo asumía esas actitudes, tenía tendencia a reprochármelas, o a desconfiar, como si él, militante probado, pudiera permitirse el lujo de unos minutos de lucidez o de depresión, y yo, en cambio, un simple compañero de ruta que había entrado en crisis, no tuviera derecho a estas complacencias. Pero aquí estoy adelantándome y, si me salto etapas, corro el riesgo de que mi narración resulte escasamente inteligible. Volví de Paraguay, regresé de Alemania, donde llegué hasta el Muro de Berlín y hasta un poco más allá, y participé, en la primera semana de noviembre, en calidad de edecán de la delegación del Perú, en las ceremonias de la transmisión del mando presidencial hecha por Eduardo Frei Montalva a Salvador Allende.

En esos días, en algún momento, Pablo me contó que iba a ser nombrado embajador en París y que yo, quizás, podría ser el segundo de su embajada. Por mi parte, estaba cerca de ascender en la carrera al grado de ministro consejero, y eso quería decir que yo mismo podría ser acreditado pronto como embajador en algún lado. Neruda insistió un par de veces en su idea, y a poco andar comprobé que su deseo de que yo fuera el ministro consejero de su embajada era una verdadera obsesión, un elemento de sus planes para el futuro inmediato que parecía considerar esencial. Yo no estaba tan convencido, ni estaba tan deseoso de regresar al edificio de la avenida de la Motte-Picquet. Sabía que el puesto me costaría caro, que no me dejaría un solo minuto de libertad, que Pablo sería un jefe amigo, pero en más de algún aspecto exigente y difícil, incluso caprichoso, y que mi trabajo de escritor, una vez más, se vería postergado. En esos mismos días, alguien, en alguno de los pasillos o de los rincones del ministerio, me comentó, como quien no quiere la cosa, y todavía no sé con qué intención, que se buscaba a una persona que cumpliera la misión de abrir la embajada en Cuba, puesto que la reanudación de las relaciones diplomáticas con La Habana era inminente. ¿No me gustaba tanto Cuba a mí?

Neruda, por su lado, parecía dispuesto a insistir tercamente en su idea de que lo acompañara a París. Y Salvador Allende, de quien me fui a despedir en su flamante oficina del Palacio de la Moneda, se mostró muy interesado en mi trabajo de consejero en Lima. Las relaciones entre el gobierno de la Unidad Popular y el régimen de Velasco Alvarado, la revolución militar peruana, eran uno de los puntos delicados de toda la compleja situación chilena, y él pensaba que mi trabajo en Lima podría ser muy útil. Lo más probable, entonces, era que me tocara seguir en esa casa del barrio de San Isidro, en una ciudad donde estaba recién instalado, que en muchos aspectos me gustaba y donde tenía buenos amigos. Regresé, pues, sin mal ánimo, a Lima, y reanudé mis tareas en medio de rumores, de tensiones, de falsas alarmas y de expectativas de toda especie.

III

—Busque, nomás, capitán. Aquí hay
una sola cosa peligrosa para ustedes.
El oficial dio un salto.
—¿Qué cosa? —preguntó, alarmado,
llevándose una mano, quizás, a la
funda de su pistola.
—¡La poesía! —dijo el Poeta...

Diálogo, después del golpe militar de 1973,
entre un capitán del Ejército y Pablo Neruda.
Adiós, Poeta...

Ya he contado que una mañana de domingo, pocos días más tarde, recibí en mi casa de la calle Las Palmeras una llamada de Chile, una llamada, para ser preciso, del Ministerio de Relaciones Exteriores, con la orden, emanada directamente, según se me dijo, del presidente Allende, de viajar de inmediato al país, recibir instrucciones y cartas de gabinete, y partir a La Habana en calidad de ministro plenipotenciario y encargado de negocios, con la misión de reabrir, después de siete años de ruptura, nuestra embajada.

Partí, pues, a Santiago, y esa misma noche, debido a un asunto de la embajada en Perú, vi al presidente Allende en su casa de la calle Tomás Moro. Lo vi en compañía, justamente, de uno de sus amigos del ala castrista de la coalición, el director de la revista *Punto Final*, publicación que en más de una ocasión había ridiculizado y atacado a Neruda, y que también, con motivo del Congreso de Escritores de 1969, había dirigido algunas saetas envenenadas a Mario Vargas Llosa y a mí. En ese encuentro, el presidente Allende me dijo algo que me sorprendió, puesto que contradecía de plano lo que había asegurado el alto funcionario que me llamó a Lima. Me dijo que él, en contra de la opinión de los «sabios» del ministerio, no había sido partidario de mi nombramiento en Cuba, pero que ellos habían insistido y él había terminado por ceder. Esa afirmación demostraba que Allende, sin duda, conocía bastante mejor que nosotros la verdadera actitud del gobierno de Fidel Castro frente a los artistas y los escritores, y que quizás el hombre de *Punto final*, además, le había soplado algo al oído. El período de la libertad en las artes, del apoyo a las vanguardias estéticas, que también existió en los comienzos de la revolución soviética, había empezado a terminar en Cuba desde antes de 1968. El Congreso Cultural de la Habana, realizado en enero de ese año, no había sido un comienzo, como muchos lo quisieron creer, sino un canto del cisne. En aquella ocasión se notó con toda claridad, para buenos observadores, la división entre libertarios de toda especie, desde demócratas burgueses hasta gente de extrema izquierda, y estalinistas, y pudo advertirse que los estalinistas controlarían pronto la situación. El discurso en que Fidel Castro, pocos meses más tarde, aprobó la intervención en Checoslovaquia de los tanques del Pacto de Varsovia, fue una perfecta confirmación de esta tendencia.

Estuve con Neruda antes de partir a Lima y a La Habana y me dijo con todas sus letras que ese viaje mío le parecía un disparate. Yo me reí. Emprendía esa misión en Cuba con curiosidad, con espíritu abierto, y el proyecto de acompañar a Pablo en su embajada en París continuaba sin entusiasmarme. El, resignado, pero dispuesto a insistir en que yo pasara pronto de Cuba a Francia, me escribió en una libreta los nombres de algunos guisos isleños que me aconsejaba probar: cangrejos moros, moros y cristianos, cochinillos lechales... Me dio también toda clase de recados afectuosos para Enrique Labrador Ruiz, el único de los intelectuales conocidos que no había firmado la carta contra él, que no lo había traicionado.

Llegué a la isla, y no tardé en comprobar que ya había una larga lista de factores negativos en mi hoja de antecedentes. El sistema policial me había estudiado con minucia antes de que yo llegara, como lo admitió el propio Fidel Castro en nuestra conversación final. Lo había hecho, supongo, con la ayuda eficiente de algunos sectores del castrismo chileno, con la de la propia revista *Punto final*, con la de Prensa Latina, y había llegado a la conclusión de que yo era la persona menos indicada para cumplir esa misión: tenía orígenes familiares burgueses, carecía de disciplina partidaria, pertenecía a esa especie, por definición sospechosa, del intelectual de izquierda que había simpatizado con la Revolución en sus primeros años, cuando estaba de moda hacerlo, y que ahora tomaba sus distancias, y, para colmo, como confirmación y culminación de todo ese cuadro, formaba parte del círculo de los amigos de Neruda, acusado por Cuba de revisionismo, de aburguesamiento, de algo muy cercano, si no andábamos con tantos remilgos, a la deserción.

En un cóctel en el ambiente de la cultura y los escritores, en mis primeros días en La Habana, una amiga me habló al oído directamente: «¿Ya tú sabes que no eres persona grata aquí?». Había recibido indicios más que suficientes, pero la verdad era que no quería saberlo. Le pregunté la causa y ella puso una expresión enigmática, como diciendo: los detalles tendrás que averiguarlos tú, yo no puedo llegar tan lejos.

Pronto comprendería que esos detalles eran muchos, y que mi conducta en la isla, por inocente que hubiera parecido en cualquier misión diplomática «normal», no haría más que confirmarlos. Desde luego, la amistad con Neruda era un punto que no podía desdeñarse. Después me contaron que la carta de 1966 había sido redactada por un pequeño grupo de escritores, entre ellos, Lisandro Otero, Roberto Fernández Retamar, Edmundo Desnoes, en cumplimiento de una «insinuación» llegada desde las más altas esferas. No todos los supuestos firmantes fueron siquiera consultados: al día siguiente se encontraron con la carta y con sus nombres en las páginas del diario *Granma*. Muchos de los que no aparecían, eso sí, se alarmaron, y corrieron a diversas instituciones, a la Casa de las Américas, a la Unión de Escritores, al Instituto del Cine, a pedir que los agregaran a la lista. Así funcionaba «la voz del amo», como me la había definido el propio Neruda, buen conocedor de estos fenómenos.

El único que aparentemente se negó a firmar, o que quizás no fue convocado y no quiso hacerse presente, como ya me lo había advertido Neruda, fue Enrique Labrador

223

Ruiz, una de las cabezas de la vanguardia cubana en la narrativa de los años veinte y treinta. Pues bien, un final de mañana, en mi habitación del Hotel Habana Riviera, recibí una llamada telefónica de Chile. Era Pablo Neruda, que me hablaba de mi destino como ministro consejero en Francia. Yo seguía, a pesar de que mi situación en La Habana empezaba a complicarse, sin estar demasiado entusiasmado con ese destino. «Lo único bueno de las embajadas», le había comentado a Pablo, antes de separarnos en Santiago, «es el whisky. ¡Ya verás!». Pablo se había reído, pero no me había tomado en serio. Esa mañana, al final de su llamado, me preguntó de repente:

—¿Y has ido a ver a Enrique?

¿A Enrique? No supe, en un comienzo, de qué Enrique me hablaba. Repasé rápidamente en la cabeza a los Enriques posibles: Enrique Lihn, que no era santo de su devoción; Enrique Zañartu, el pintor, que estaba en París y que no pensaba moverse de allí; Enrique Bello, nuestro viejo amigo común, que no se anunciaba por ninguna parte...

—¿Qué Enrique? —pregunté, por fin.

—¡Enrique Labrador! —gritó la voz telefónica, y me acordé de sus numerosos recados. Pablo quería subrayar que su único amigo literario en la isla era él, que no había firmado esa malhadada carta, e indicaba así, con toda claridad, que, si Labrador había adquirido fama de persona hostil a la revolución castrista, eso le tenía perfectamente sin cuidado. Los cancerberos o las cancerberas de las líneas telefónicas podían tomar buena nota: ¡Allá ellos, y allá ellas!

He contado en dos líneas mi primera visita a la casa de Enrique Labrador. Era un caserón viejo, oscuro, más o menos maloliente, en un segundo piso de la calle Reina, en el casco antiguo de La Habana. Debidamente advertido por Pablo, llevé dos botellas del whisky mejor que uno podía encontrar en el Diplomercado: una para beberla con él y otra para sus despensas, que sin duda estarían escuálidas. El caserón oscuro estaba lleno de pintura de notable calidad y, salvo excepciones, igualmente oscura: pintores cubanos de comienzos de siglo, que pintaban escenas y caras más o menos fantasmales, lívidas, enfermizas, y que me recordaban a algunos artistas de nuestra generación del año trece.

Bebimos la primera botella en compañía de Juan David, un gordo de buen humor, muy cubano, si es que puede emplearse una expresión tan vaga, y caricaturista eximio, a quien había conocido cuando era agregado cultural de Cuba en París y que había facilitado mi primer viaje a La Habana. Enrique habló de fiestas pantagruélicas con Neruda en su época de cónsul general en México, fiestas que comenzaban en un lugar cualquiera y que culminaban en gloriosos amaneceres en un mercado, encima de un camión de mudanzas, en un barco que anunciaba su salida inminente, en los sitios más inverosímiles. Cada relato de Labrador era una creación verbal, subrayada por algún comentario del gordo David o mío, y nos hacía olvidarnos de las condiciones de tiempo y espacio que nos rodeaban, de la desolación de la calle Reina y de la espera, en los bajos, del automóvil oficial y su chófer vigilante. De pronto notábamos que la primera de las botellas había sido despachada y procedíamos a destapar desaprensivamente la otra, mientras yo llegaba a la conclusión de que en la visita próxima tendría que llevarle tres, si pretendía que una por lo menos quedara en las alacenas del dueño de casa. Así transcurrían horas y así anotaban puntos contra mí, y contra Enrique Labrador y Juan David, las potencias invisibles que espiaban cada uno de nuestros pasos.

Algún amigo mío había leído las anotaciones que hizo Neruda en mi libreta, esos platos patriarcales, fabulosos, que hacía años que no se «merecían» en la isla, y se había reído a carcajadas, con risa crítica y no exenta de un retintín amargo. Años más tarde, cuando ya estaba en mi exilio semi voluntario de Barcelona, tuve noticias de Enrique Labrador. Había conseguido salir a Caracas, donde sobrevivía con dificultad, en espera de viajar a Miami para reunirse con sus hijos, pero la burocracia norteamericana, en mérito de un antiguo viaje suyo a China comunista, le negaba la visa. ¡Historias de este siglo! En una carta, Labrador me decía que las cosas, desde mi tiempo, habían empeorado en La Habana: «más hambre», escribía, «y más terror».

En la agitada conversación de la víspera de mi salida de La Habana, Fidel Castro, en un momento en que el tono de la discusión se suavizaba, me dijo que ya había informado a Salvador Allende sobre mis devaneos hostiles a la Revolución. En otras palabras, habría sido bueno que conversáramos antes, quiso decir, pero ya era tarde, porque ya me había «acusado». Como continué, sin embargo, participando en la conversación con toda tranquilidad, lo cual indicaba que la acusación a Allende no me había descompuesto de miedo, como él, sin duda, pensaba que debía de ocurrir en un régimen socialista que se respetara, exclamó, sorprendido: «¡Claro! A usted no le importa nada Allende. Pero al que le voy a hablar es a Pablo Neruda...». Ahí no pude menos que sonreír y mover la cabeza. El Número Uno, el Maestro de Escuela, que no había perdido el estilo de los jesuitas a la antigua, me amenazaba con un castigo y, al comprobar que la amenaza no surtía efecto, lo suplantaba por otro que suponía que me dolería más. Pero se olvidaba, o fingía olvidarse, de que él, antes de acusarme a mí, había acusado al propio Neruda, y que su acusación se había basado en las mismas desviaciones, debilidades, complacencias. Creo que el Comandante en Jefe, que nunca ha sido lento en sus reacciones, captó el sentido de mi sonrisa y desistió de su idea de acusarme a uno de sus más prominentes acusados.

El cardenal ateo

Desde hacía dos o tres años, pero con más fuerza a partir de mi breve y accidentada misión en Cuba, había empezado a distanciarme claramente de eso que un crítico chileno conservador, Hernán Díaz Arrieta, más conocido por su seudónimo de Alone, llamaría, al comentar *Persona non grata*, la «religión de la izquierda». Me distancié de la religión y mantuve algunas convicciones fundamentales, pero ahora no sé, para ser franco, si esas convicciones pertenecen en forma exclusiva a lo que se llama «la izquierda», o corresponden a un humanismo laico bastante anterior al marxismo, o son, incluso, derivaciones de la raíz cristiana que uno adquirió con la educación y que ha mantenido, pese a todo, de una u otra manera, a lo largo del tiempo.

Yo salía, pues, de esa religión, y Neruda, en muchas ocasiones, me daba la impresión de la persona que ha perdido la fe, pero que se mantiene, para todos los efectos prácticos, dentro de la Iglesia, dentro del respeto a sus normas exteriores, sus pompas y sus liturgias. José María Blanco White, uno de los grandes heterodoxos de la literatura española, habla en alguna parte de cardenales a quienes conoció cuando era joven sacerdote en Sevilla, a fines del siglo XVIII o comienzos del XIX, antes de colgar la sotana y huir a Londres. No le costó mucho descubrir que eran personajes mundanos, perfectamente ateos, que mantenían su toga cardenalicia por comodidad, por pereza intelectual, por conveniencia, y muchas veces pensé que Neruda se había convertido, con el transcurso de los años, en algo muy semejante a un cardenal ateo de la iglesia suya. De pronto, sin embargo, y esto le ocurría a menudo frente a mí, parecía recuperarse, ponerse rígido, tomar distancia, alarmado, quizás, por una mirada crítica, una frase excesiva, una sonrisa sutilmente burlona. Se acordaba de esa disciplina que era sólo suya, en la que yo no tenía parte, y me excluía, como a persona que, al estar fuera de la iglesia verdadera, estaba condenada a extraviarse en las tinieblas exteriores.

Pero esto sólo ocurría por momentos. Lo que dominó en esos dos años suyos de París, los años finales de su vida, fue, me parece, el deseo de la libertad y de sentirse en confianza con unas pocas personas, sin necesidad de mentirle a los otros ni de mentirse a sí mismo. Había en eso una combinación de notable lucidez política, de humor desengañado y de melancolía profunda, en la que influía la visión cercana de la muerte, y una necesidad de evasión o de refugio en la poesía y en una especie de comunión mística con la naturaleza, sentimiento que siempre, desde su adolescencia, estuvo en el origen de su lirismo de mejor calidad.

Yo había llegado a La Habana el 7 de diciembre de 1970 y volé a Barcelona a fines de marzo del 71, en una larga jornada, con una breve escala para cambiar de avión en Madrid en el aeropuerto de Barajas. Cuando llegué al departamento de Mario Vargas Llosa, en la Vía Augusta de Barcelona, pasadas las tres de la madrugada, tenía una sensación de irrealidad aguda, como si lo único real fuera el Hotel Habana Riviera y sus alrededores, vale decir, como si lo real fuera la pesadilla, y como si la Ciudad Condal fuera una pesadilla degradada, puesto que a Vargas Llosa le pregunté, de pronto, de buena fe, si no habría micrófonos escondidos entre el mobiliario de alquiler o detrás del horrible retrato de una pintarrajeada señora catalana que invadía su salón.

Al día siguiente llamé a mi casa, en Santiago. Pilar estaba preocupada por las noticias del arresto de Heberto Padilla, y se quedó más tranquila cuando supo que yo, por lo menos, continuaba en libertad, aun cuando esto ocurriera, paradójicamente, bajo la dictadura del general Franco. La habían invitado a una cena de gente conectada con la Unidad Popular, y dos o tres de los asistentes, a quienes ella no conocía, habían tratado de sonsacarle noticias y comentarios sobre Cuba, sin saber que se encontraban frente a una maestra consumada del arte de no abrir la boca. Después llamé a la embajada en París, donde Neruda acababa de llegar, con la idea de anunciarle que me tomaría dos o tres días de descanso. Noté al Poeta extremadamente nervioso, tenso. Tenía que presentar credenciales al presidente Georges Pompidou, en el Palacio del Elíseo, al día siguiente, y era indispensable, era absolutamente necesario, que yo participara en la ceremonia. «No veo por qué», le dije. «La presencia mía no tiene la menor importancia.» El insistió con angustia, como si se tratara de una cosa de vida o muerte, para él y también para mí. Después supe que Salvador Allende, que sólo quiso escuchar al comienzo la versión cubana de las cosas, esa acusación que el propio Fidel Castro me dijo que le había transmitido, presionaba a Neruda para que dejara sin efecto mi destino en París y para que se me aplicaran sanciones administrativas de alguna clase. Le había escrito una larga carta a este respecto, carta que Neruda en esos primeros días ni siquiera mencionó y que después nunca me quiso mostrar, según él, «para no ponerme nervioso».

Sin saber eso todavía, la insistencia de Neruda me pareció enojosa, incluso pueril, y me hizo revivir los sentimientos de escaso entusiasmo, de reticencia, de duda, con que había recibido en Santiago la proposición suya de ser el ministro consejero de su embajada. De todos modos, en las últimas semanas en La Habana había deseado que me sacaran a cualquier parte; ya se trataba de salir de Cuba, de escapar de las redes de la Seguridad del Estado, de cualquier manera, y aterrizar en París, al fin y al cabo, no parecía un destino tan negro. El hecho de haber llegado en La Habana a una situación límite, en lo que parecían los últimos límites, me daría fuerzas para escribir en París todas las madrugadas, a pesar del ajetreo diario, con un grado de concentración que antes había alcanzado pocas veces. El tema, claro está, sería aquella experiencia de los abismos políticos y policiales a los que me había asomado en la isla.

Tomé, pues, el primer avión disponible, y me encontré instalado aquella noche en uno de los dormitorios del caserón del número dos de la avenida de la Motte-Picquet, ya bastante conocido por mí, pero esta vez con Pablo y Matilde como anfitriones y como vecinos al otro extremo del corredor. Lo primero que hice fue contarles todo lo que me había sucedido en Cuba, con lujo de detalles, y ni Pablo ni Matilde parecieron demasiado sorprendidos. Me acuerdo, como si lo estuviera escuchando ahora, de uno de los comentarios de Matilde, dicho con una expresión entre divertida y preocupada: «Es que en esas habitaciones de hotel, en esas situaciones, en esos países, con un vaso de whisky en la mano, y en compañía de tres o cuatro amigos de confianza, ¡se habla tanto!».

¡Y cuánto se hablaba! ¡Y cuánta experiencia de aquellos límites escabrosos demostraba ese comentario! La reacción del Poeta fue, en general, la de una persona que viene de vuelta de todo lo que se refiere al estalinismo en cualquiera de sus formas. Nunca habíamos conversado sin reservas y con algún detalle sobre estos problemas, pero esa vez, y en las reiteradísimas ocasiones en que volvimos a tratar el asunto, sí que conversamos. El parecía un experto en las deformaciones y las sutilezas policiales del ahora llamado «socialismo real». Y yo, después de mi breve pero intensa estancia en Cuba, me había incorporado rápidamente al círculo de los iniciados.

En la primera de esas conversaciones, o en alguna de las que siguieron, Pablo me contó que, cuando llegaba de visita a Praga, en años de endurecimiento de la situación política en Checoslovaquia, en la década del cincuenta, muchos de sus amigos, poetas, escritores, artistas, críticos, al divisarlo en la calle, cruzaban con paso rápido a la vereda de enfrente y desaparecían. El contacto con una personalidad que venía del extranjero era demasiado peligroso. Se podía incurrir con suma facilidad en el delito contrarrevolucionario de darle una visión negativa de lo que ocurría en el país, como le había sucedido a Heberto Padilla conmigo. Entendí que la actitud de muchos escritores cubanos con respecto a Julio Cortázar, durante sus frecuentes visitas a la isla, era muy parecida. Ellos temían que Cortázar, en su ingenuidad política, repitiera con el mejor de los ánimos, con la idea, quizás, de contribuir a corregir un error, comentarios privados a una persona del sector oficial (¿por qué no consigue trabajo fulano? ¿por qué zutano, que sufre de una avitaminosis aguda, no encuentra frutas y verduras en el mercado de su barrio?), con lo cual ese comentario, sin que Cortázar se lo propusiera, se transformaba automáticamente en una delación. Cortázar, más tarde, contradictorio, sensible a estos problemas, novato en estos achaques, diría que conservaba su amistad conmigo, pero que después de la publicación de mi libro sobre Cuba prefería no verme...

Pero vuelvo, ahora, al tema de mis conversaciones con el Poeta. Le conté, por ejemplo, el episodio de una muchacha que me había invitado a su departamento, en un edificio que otrora, en años prerrevolucionarios, había sido de lujo, y me había dicho, mirándome intensamente a los ojos, que en Cuba se preparaban cosas terribles, que podía producirse un gran levantamiento popular de un momento a otro. Yo sospechaba que esa joven trabajaba para la Seguridad del Estado y me decía esas cosas para tirarme de la lengua. A Pablo, al escuchar la anécdota, no le cupo ninguna duda. «Le hicieron ensayar la escena cuidadosamente», me dijo, «y repetir la frase que te iba a decir, con ese gesto preciso, con esa mirada relampagueante, con ese modo, hasta aprender su papel de memoria».

A pesar de todo esto, o quizás a causa de todo esto, el Poeta tenía mucho miedo de que yo, por ingenuidad, por indiscreción, o por el motivo que fuera, me metiera en un complicado lío político, seguido de graves consecuencias personales. Heberto Padilla seguía en la cárcel en La Habana, sin que nadie pudiera imaginarse cuál sería su destino definitivo, y la guerra de protestas, cartas, comunicados, alrededor de lo que ya se conocía como «caso Padilla», estaba en su apogeo. Los dos que se hallaban a la cabeza de esta guerra de tinta, Mario Vargas Llosa y Juan Goytisolo, eran amigos míos, y Pablo sabía que estaba en contacto permanente con ellos y que les había dado mi versión detallada del problema. «¡Ten cuidado!», me pedía, con un acento que a veces se volvía implorante, como si su precaria salud lo tiñera de algún modo, y añadía: «¡No firmes nada!», petición que resultaba, en buenas cuentas, bastante absurda y hasta cómica, puesto que yo era un diplomático de carrera y en servicio activo, y no podía ponerme a firmar reclamaciones en contra de un gobierno amigo del de Chile.

Pablo tenía simpatía por Vargas Llosa y había sido el primero en llamarlo por teléfono a larga distancia cuando él, a raíz de haber ganado el premio venezolano de novela Rómulo Gallegos y no haber donado su importe a la guerrilla del Che Guevara, tuvo un primer encontronazo con la Casa de las Américas. Más tarde, cuando supo que Mario había hecho algo así como una consulta previa a la institución cubana, que había propuesto que él hiciera la donación en forma pública y que la Casa le devolviera después el dinero por bajo cuerda, Pablo se sintió decepcionado. ¿Por qué tenía Mario que consultar a Cuba antes de recibir un premio literario de Venezuela? ¿Consultaba él, acaso, en situaciones similares, a la Unión Soviética? Su simpatía por Mario permanecía, pero ese detalle, repetía el Poeta, no le había gustado nada.

Con respecto a Juan Goytisolo, en cambio, tenía una curiosa antipatía. Más que eso, una desconfianza visceral, casi supersticiosa. «¡No te metas con Goytisolo!», me pedía insistentemente. Juan, en esa época, había empezado a sacar en París, en una pequeña oficina de la Rue de Bièvre, en la esquina del Boulevard de Saint-Germain, la revista *Libre*, y yo había aceptado ser miembro del consejo de colaboradores. «¡Libre!», murmuraba Pablo, molesto. «¡Libre! ¡Tú comprenderás!»... El único objeto de esa revista es el anticomunismo. Y ese Juan Goytisolo es un tipo fregado, intratable...»

Como ya lo he dicho, esa actitud tenía caracteres que lindaban en la superstición, y se extendía, en consecuencia, a toda la familia. Una noche me encontré con José Agustín, el poeta, hermano de Juan, que estaba en La Coupole en compañía del cantante Paco Ibáñez. Hablamos, como era inevitable en aquellos días, del sectarismo cubano, de Padilla, de mi accidentada experiencia en La Habana, y José Agustín me anunció que me visitaría en la embajada porque él, Paco y el arquitecto Ricardo Bofill preparaban un viaje a Chile. Se suponía en esos días que Cuba, bloqueada, atrasada, sovietizada, había caído en el estalinismo, y que Chile, en cambio, con su revolución electoral, pacífica, podría salvarse y convertirse en un modelo a nivel mundial. ¡El socialismo tenía que adquirir un rostro humano en alguna parte! Había, pues, que observar el fenómeno sobre el terreno; había que atravesar el charco y conocer ese ejemplo único de socialismo democrático que iba a construirse en esa angosta y larga faja de tierra.

José Agustín llegó al día siguiente o subsiguiente y se produjo en las oficinas de la embajada una situación digna de una comedia de enredos. Baudilio Castellanos, el embajador de Cuba, hacía su visita de estilo a Neruda, en tanto que José Agustín Goytisolo, participante activo en la guerra de comunicados suscitada por el «caso Padilla», conversaba conmigo en la oficina contigua. José Agustín había visto entrar a Castellanos y me advertía que tuviera cuidado, ya que probablemente, en esos mismos instantes, estaba previniendo a Neruda contra mí y contra todos nosotros. Salimos de mi oficina al ascensor con tanto tino que nos encontramos todos a boca de jarro: Castellanos, Neruda, José Agustín y yo. Hubo saludos más bien incómodos. Neruda me manifestaría después su fobia contra José Agustín, sólo comparable a la que le inspiraba Juan. «¡Habla como una tarabilla! ¡Es un perfecto histérico!» Y me confirmaría, de paso, las advertencias que éste me había hecho. Baudilio Castellanos, que era aficionado a tomar copas con la gente del ambiente intelectual de París y que sus amigos conocían como «Bilito», le había preguntado a Neruda si su embajada contaba con sistemas adecuados de vigilancia, micrófonos, policías, etcétera, y le había insinuado que no se encontraba en compañía política segura. «Le dije», me comentó el Poeta, «que nosotros no somos partidarios en Chile del policial-socialismo, y me parece que el embajador entendió muy bien y tomó nota». Después, al conocer mejor a «Bilito» como colega suyo en París, le tomó cierta simpatía. «El hombre», me dijo, «no está contaminado en absoluto por el morbo de la literatura, y eso me gusta». Eso podía significar, claro está, que el hombre no había leído un libro en su vida. En cualquier caso, la idea de la obsesión o de la manía literaria como enfermedad, desviación capaz de provocar las peores manifestaciones de la vanidad, del egoísmo, de la envidia, era una de las constantes nerudianas.

En esos primeros días de nuestra misión en París, en los que volvíamos constantemente al tema de lo que me había sucedido en Cuba, el Poeta me aconsejó muchas veces que lo escribiera todo, sin omitir detalles. «Será un libro importante», repetía, «pero todavía no puedes publicarlo. Yo te voy a decir cuándo lo puedes publicar...». Escuchaba el consejo con una sonrisa y trabajaba en el libro todas las madrugadas, sin hablar mucho del asunto. La gente me veía en todas partes, en oficinas, cócteles, ceremonias, eventos literarios, y no podía imaginarse que yo, conocido como trasnochador impenitente, estuviera dedicado a consignar mi testimonio con paciencia y perseverancia de hormiga. En cuanto a Neruda, su deseo de que yo escribiera ese libro era perfectamente auténtico, pero nunca habría estimado, me parece, que había llegado el momento de publicarlo. ¡Salvo que hubiera vivido para ver la perestroika, y la caída del Muro, y todas esas cosas! Con la Unidad Popular en el poder habría considerado que era inoportuno —darle argumentos al enemigo—, y con el pinochetismo, igual cosa, por iguales razones.

Si la idea del libro era para él un proyecto a largo plazo, algo así como una reivindicación mía e indirectamente suya, en lo inmediato estaba preocupado, y lo estaba muchísimo más que yo, por las consecuencias que podía tener para mí el conflicto. Por un lado, no conocía el Ministerio de Relaciones Exteriores de esos años, donde mi posición personal era más o menos sólida. En seguida, él recibía las acusaciones políticas contra mí en toda su crudeza, y sabía hasta qué punto el castrismo tenía influencia sobre Salvador Allende y sus allegados más cercanos. Muchas veces me dijo: «Como comprenderás, una sola línea de ridiculización o de crítica, en un discurso de Fidel Castro, habría bastado para destruir la imagen política de Salvador Allende».

Ahora bien, frente a la situación extremadamente «peligrosa» en que él me veía envuelto, empezó a aconsejarme, al comienzo en forma eufemística, indirecta, algo que jamás me había aconsejado en épocas anteriores, algo de lo cual, más bien, había tratado sutilmente, cada vez que había adivinado en mí alguna tentación al respecto, de disuadirme: que ingresara en el Partido Comunista. «Yo creo que tú, ahora», decía de repente, a propósito de cualquier cosa, «necesitas la protección de un gran partido». O comentaba la actuación en París de algún joven comunista chileno y me decía: «Son siempre los mejores. No te vayas a equivocar en eso». O declaraba, con su voz pastosa y con una simplicidad enigmática, cercana a la poesía: «El partido es el partido central, el verdadero centro», queriendo indicar que era el partido más equilibrado y maduro de la coalición de izquierda, afirmación que en el período de la Unidad Popular era, por lo demás, perfectamente defendible.

A Pilar le decía lo mismo, de un modo aún más explícito y con bastante más frecuencia que a mí, pero Pilar, con su modo silencioso, en el que a veces no se sabe si la motivación última es la discreción o la simple indiferencia, me transmitía muy poco. Ella sabía, por otra parte, que Pablo perdía su tiempo con esos consejos. Yo había llegado a sentir la tentación de la militancia en años bastante anteriores.

Ahora, después de mi experiencia como jefe de ese Departamento de Europa Oriental, después de la intervención de los tanques en Checoslovaquia, y después, sobre todo, de mis tres meses y medio como encargado de negocios en la isla de Cuba, estaba perfecta y definitivamente vacunado.

Hacia el veintitantos de abril del año 1971, el poeta Heberto Padilla salió de la cárcel golpeándose el pecho, haciendo su autocrítica pública en el escenario de la UNEAC, la Unión de Escritores y Artistas de Cuba, denunciando a sus amigos contrarrevolucionarios y acusando a algunas figuras internacionales, también amigos suyos —el experto agrícola francés René Dumont, el poeta alemán Hans Magnus Enzensberger—, de ser agentes de la CIA.

Yo no fui incluido en esas acusaciones, gracias, seguramente, a que todavía tenía la protección oficial de la diplomacia chilena. Más tarde sabría que Salvador Allende había querido retirármela, pero se había encontrado con dos escollos difíciles: el de Pablo Neruda, que no quería oír nada del asunto y que llegó al extremo de amenazar con retirarse de París si me sacaban a mí, y el del ministro de Relaciones, Clodomiro Almeyda, que no quiso tomar sanciones contra mí antes de conocer mi propia versión de los hechos y que, al escucharla, en julio de ese año, dijo que me reiteraba su confianza. Aún más tarde, al leer las memorias de Heberto Padilla, tituladas, con sobrada razón, *La mala memoria*, puesto que son parciales, incompletas, aunque reveladoras en algún aspecto, he sabido que el gobierno cubano, después de enviar un grueso expediente acusatorio a La Moneda, confiaba en que yo fuera destituido de la diplomacia en forma ignominiosa, como un perro anticastrista. Les faltaba conocer un poco mejor, sin duda, los vericuetos de la Administración y los viejos hábitos de la democracia chilena, que todavía, con todos sus ostensibles defectos, no había sido destruida.

Ya me había instalado en París con mi familia, en un

departamento moderno de la Rue de Passy, y dos o tres días después de la salida de la cárcel de Padilla y de su autocrítica pública, que escandalizó más y trajo peores recuerdos que su propio encarcelamiento, llegué con Pilar una noche a la casa de la Motte-Picquet. El embajador, me dijeron, estaba en el comedor, y, cuando entré a esa sala que conocía de memoria, con sus hermosos muros de madera esculpida del siglo XVIII, provenientes del célebre Hotel Crillon de la plaza de la Concordia, antigua Plaza de la Revolución y Plaza del Rey, vi que cenaba en compañía de una cara muy célebre, cuyo nombre había salido a relucir con bastante frecuencia en las conversaciones habaneras, el poeta soviético Eugenio Evtuchenko. Había encontrado a Evtuchenko un par de veces, en Santiago de Chile y en París, pero Neruda ya le había informado en detalle, sin duda, sobre la conexión mía con el caso de su amigo Heberto Padilla, y es probable que me hubiera hecho ir esa noche para que yo le contara el cuento en persona. Evtuchenko, al verme, se puso de pie y me besó efusivamente, con un beso en ambas mejillas, a la rusa o a la francesa. «Debemos agradecer», dijo, y fue lo primero que dijo, con toda la teatralidad en la que es un maestro, «que Heberto Padilla esté vivo». Nunca había creído que el delito de Heberto Padilla, que había consistido en hablar en forma un poco liviana de la sacrosanta Revolución, pudiera merecer la pena de fusilamiento, pero Evtuchenko venía del interior de esos mundos y, si hablaba en esa forma, era *pour cause*, por algún motivo. Años después recibí un curioso recado, en el que no creí ni creo todavía, pero que transcribo por lo que pueda valer: un viceministro de Relaciones que había tratado asuntos conmigo en La Habana y que más tarde había defeccionado, me mandaba decir, desde Madrid, que se había barajado, entre otras alternativas, la de mandarme a alguna granja militarizada a cortar caña. No dramaticé para nada el recado, y supongo que no dramatizar posibilidades que son puramente hipotéticas contribuye a mantener la buena salud.

Pasamos al salón, y Guenia, como lo llamaba Neruda,

nos advirtió que una pareja «burguesa» pasaría pronto a buscarlo para llevarlo a un club nocturno. Esto significaba, en el código de los iniciados, que yo empezaba recién a comprender, que apenas apareciera esa pareja en el salón, tendríamos que cambiar de tema. Tuvimos tiempo, de todos modos, de hablar un poco de Chile, de Cuba, de la Unión Soviética. Guenia contó que se gastaba todo su dinero en librerías de viejo de Moscú, en la compra de libros que habían circulado en épocas de mayor apertura, antes de Stalin o durante el deshielo de Nikita Kruschev, y que ahora habían desaparecido. Yo ya sabía que el método más simple de censura, en los países socialistas, consistía en no reimprimir determinados libros, o en hacer ediciones de bajo tiraje. En Cuba, por ejemplo, no había censura formal de *Paradiso*, de José Lezama Lima, pero el libro era perfectamente inencontrable. En una reunión de los años sesenta con Ilya Ehrenburg y Pablo Neruda, supe que los cuentos de Isaac Babel, uno de los grandes desaparecidos de la época de Stalin, fueron publicados durante el deshielo krusche-viano en diez mil ejemplares, tiraje clandestino para las dimensiones soviéticas. Después, cuando las autoridades argumentaron que no había papel para reimprimirlo, Ehrenburg escribió un artículo ofreciendo el papel destinado a su próximo tomo de memorias para los libros del autor de *Caballería roja* y *Cuentos de Odessa*.

Evtuchenko, esa noche, habló de un memorialista y autor de diarios íntimos que vivía en los años veinte y en los primeros tiempos del estalinismo. El hombre anotaba todo lo que uno le hablaba, todo lo que observaba y escuchaba de la gente que iba encontrando a lo largo del día. Sus textos, después, aparecían publicados en revistas y libros. Esto lo convirtió, al comenzar el terror de Stalin, en uno de los individuos más peligrosos de la comunidad literaria de Moscú. Sus colegas lo divisaban en la calle y escapaban a perderse. Nadie podía esperar que un hombre así, por inocente que fuera, moderara sus ímpetus de grafómano para proteger a un colega o un amigo.

Llegó la anunciada pareja «burguesa», burgueses elegantes, buenosmozos, para más señas, y el cambio de tema fue realizado por Evtuchenko, Guenia, con la rapidez del rayo, con notable gracia y dominio. Ellos, el hombre y la mujer que entraban a esos salones con timidez, haciendo un gesto para acostumbrar la vista, eran los ingenuos políticos, eran jóvenes, cándidos, bellos e ingenuos, y nosotros cambiamos de tema como esos praguenses y esos moscovitas que se pasaban a la otra vereda. ¡Ni más ni menos!

Neruda y yo, en esos días, conversamos mucho y especulamos un poco sobre lo que podía haberle ocurrido a Padilla en la cárcel. Neruda pensaba que el episodio de la autocrítica en la UNEAC había sido cuidadosamente preparado por la policía, así como pensaba que las niñas, las aspirantes a escritoras o las turistas amables que habían ido a visitarme, habían tenido que ensayar antes, con el mayor cuidado, cada frase que iban a decirme. La versión posterior de Padilla confirmaría que Neruda, conocedor de esos enredos subterráneos, no se equivocaba. Por otro lado, Neruda no creía que Padilla hubiera sido sometido a una verdadera tortura. ¿Qué mayor tortura que la de estar encerrado en una celda, incomunicado, sin ser sometido a ninguna forma seria de juicio, sin poder imaginarse qué pensaban hacer con él, y recibir, de pronto, la visita de Fidel Castro? «Padilla, frente a Fidel», decía el Poeta, «estaría como un conejito asustado», y los hechos demostraron que en este punto Neruda también hablaba con un buen conocimiento de las cosas. Ni siquiera en las insuficientes memorias de *La mala memoria*, muchos años más tarde, se ha atrevido Padilla a contar lo que ocurrió en el encuentro entre él y el Comandante en Jefe, producido en el hospital de la cárcel, encuentro del que derivó, sin duda, su autocrítica pública, episodio lamentable, pero también, al fin y al cabo, justificable, y que dejó peor parado, en definitiva, al régimen cubano que a su maltrecha víctima.

Lo que todavía me sorprende es que Neruda, a esas alturas, y conociéndome un poco, insistiera en aconsejarme que me acogiera a la «protección de un gran partido». Era como si los reflejos defensivos propios de los burócratas chilenos de clase media, una de las especies humanas más asustadizas que he conocido, se hubieran presentado en él, en el momento menos pensado, y hubieran contribuido a robustecer las viejas prácticas de su cofradía. El Poeta recuperaba a veces toda su arrogancia, se levantaba de su poltrona, con el orgullo del creador, e imponía su personalidad poderosa, pero después, inexplicablemente, perdía el sueño porque no había tenido tiempo de acompañar al aeropuerto a un coronel del Ejército o a una diputada socialista, y ellos podían irse de París y regresar a Chile «pelándolo», hablando mal de él a sus espaldas.

En esos días pasó por París Luis Corvalán, secretario general entonces y hasta hace poco del Partido Comunista chileno, y Neruda arregló las cosas para que yo pudiera conversar a solas con él y contarle mi versión del episodio cubano. Seguramente Neruda le había hablado ya de esa posible, aconsejable y deseable militancia mía. Conversamos en los corredores alfombrados y en penumbra del segundo piso, en ese tono discreto, casi conspirativo, que implicaba ya toda una iniciación. Después de escucharme, Corvalán me contó la historia de un militante comunista, experto agrícola, que había partido a Cuba en los comienzos de la Revolución, entusiasmado, pero que pronto se había sentido en desacuerdo con las políticas agrarias que aplicaba Fidel Castro en persona. Al final había sido vejado, la policía política había allanado su casa de mala manera, y él había tenido que regresar a Chile entre gallos y medianoche, en pésimas condiciones personales. Corvalán me contó que había ido a esperarlo al aeropuerto de Santiago para manifestarle todo su apoyo y el del partido, y que acababa de pedir un cargo para él en el gobierno de la Unidad Popular, pero que el hombre, de todos modos, había quedado «quebrado» por su experiencia. «Así es que échele nomás para adelante», fueron las palabras finales de Corvalán, en esa penumbra alfombrada, cerca de las habitaciones donde el

Poeta, que nunca lograría sentirse cómodo en ese caserón, ya se había retirado a dormir su siesta habitual, que cada día se prolongaba hasta más entrada la noche.

El Poeta había llegado a decirme que los militantes que ingresaban al partido a mi edad, y no en el fervor de la juventud, eran los mejores, los más seguros, los que estaban a prueba de decepciones. Yo le eché para adelante, desde luego, pero no en la línea que el Poeta, con la probable complicidad del secretario general, quería trazarme. Es decir, no me acogí a esa «protección de un gran partido», ni esperé el momento «oportuno» para publicar mi testimonio cubano, y la verdad es que no he tenido ocasión, hasta el momento mismo en que escribo esta página, de arrepentirme de haberlo hecho así.

Louis Aragon

Elsa Triolet había muerto un poco antes de que nos instaláramos a comienzos de 1971 en la embajada en París. Aragon, el Aragon viudo, que se diferenciaría cada día más del Aragon anterior, el poeta militante, monógamo, ascético, de *Les yeux d'Elsa*, sería uno de los personajes que más frecuentaría la avenida de la Motte-Picquet. Pablo, y su traductor al francés, Jean Marcenac, viejo amigo de ambos, siempre hablaban de «Louis» con una mezcla de curiosidad, de admiración, de respeto indudable, y, a la vez, de ligera ironía. «El Coronel», solía decir Marcenac, y comentaban largamente, él y Pablo, sus «cosas», sus crecientes extravagancias, que contradecían todo un pasado y una imagen pública de intelectual comunista perfecto.

Estuvimos en los primeros días de nuestra llegada, con Jean y Dédé Marcenac, con los Neruda y con «el Coronel Aragon», en el Munich, un restaurante de la Rue de Buci, en pleno barrio de Saint-Germain-des-Prés, que se mantenía abierto hasta la una o las dos de la madrugada. Aragon, sin entrar en mayores reflexiones o especulaciones sobre el tema obligado de aquellos días, el «caso Padilla», como si se tratara de asuntos archiconocidos, repetidos de un modo cíclico en la historia contemporánea, y con los cuales no valía la pena gastar tanta saliva, me dijo que le gustaría publicar poemas de Padilla, en lo posible inéditos, en *Lettres Françaises*, la revista literaria que él había fundado, que dirigía desde los tiempos de la segunda guerra mundial y que era uno de los órganos más importantes de la intelectualidad comunista de Francia. ¿Podía yo ayudarlo a conseguir esos materiales? Por supuesto que podía, le dije, aun cuando había perdido todo contacto con Padilla al salir de Cuba, y sospechaba, además, que cualquier intento mío de restablecer ese contacto sería comprometedor y quizás peligroso para él. Pero podía, y estaría encantado de ayudarlo en esa tarea.

No sé si Pablo escuchó este intercambio mío con Aragon, si lo escuchó y se hizo el sordo, pero es muy posible que no haya sido del todo ajeno a la iniciativa. Es probable que Jean Marcenac, por su lado, escuchara con los oídos muy alertas, en silencio, temiendo que Aragon estuviera empezando a meterse en otro de los enredos políticos que ahora parecían acompañar todas sus actuaciones. Desde los centros del poder comunista en París y en Moscú, sin embargo, ya se había detectado perfectamente que *Lettres Françaises*, que sin duda contaba con apoyos financieros de origen soviético, podía convertirse, debido a la nueva e insólita fase a la que parecía ingresar con paso decidido su director, en una fuente de conflictos. Al poco tiempo, supimos que la revista dejaría de existir y que Aragon recibiría una de las más altas condecoraciones que otorga la URSS a un extranjero. Le quitaban su juguete literario, en resumidas cuentas, y lo compensaban con una medalla. ¡Buen negocio para Moscú! Y Aragon, que siempre, en el límite de la ruptura, a pesar de sus extravagancias crecientes, se comportaría como un militante disciplinado, inclinaba la cabeza y aceptaba que el embajador de todas las Rusias le colocara un distintivo en la solapa y le diera un par de sonoros besos en las mejillas.

Por esos mismos días, Pablo Picasso cumplió noventa años y Aragon partió a su casa del sur de Francia a saludarlo en nombre del partido y suyo, pero supimos que el anciano pintor, «el monstruo en su laberinto», para citar a otro poeta, Jaime Gil de Biedma, permaneció encerrado en su mansión o su plaza fuerte, sin recibir a nadie, gesto que se interpretó como expresión de la vejez y de la mala leche sumadas.

Regresó Aragon más o menos desairado, con la cola entre las piernas, como se dice en Chile, y leyó, pese a todo, un largo poema en honor a Picasso en un homenaje celebrado en el Palacio de los Deportes, un enorme recinto de forma cóncava, situado en una de las salidas de París. Neruda había sido internado y sometido a una intervención en la próstata, cosa que se mantenía en estricto secreto, y yo asistí al homenaje en representación suya y del gobierno de Salvador Allende.

Me acuerdo de las caras conocidas y reconocidas, de la atmósfera típica del París intelectual de los años sesenta, que en esos inicios de los setenta había cambiado ya en forma sutil, no fácil de percibir todavía. El poema de Aragon fue hermoso, aunque un poco largo y desmadejado, y él, para proceder a su lectura, avanzó desde el fondo del vasto escenario con lentitud teatral, vestido de terciopelo negro y haciendo ostentación de una larga melena blanca. Era, para los conocedores del personaje, una melena inédita, anunciadora de su fase final, curiosamente neosurrealista, y que haría pensar a alguno, con mala idea, que el poeta más bien parecía viudo de André Breton, muerto también hacía poco, pero de cuya tutela intelectual y política se había apartado hacía ya muchas décadas, que de Elsa Triolet, la gran inspiradora de sus años maduros.

Me acerqué a explicarle la ausencia de Pablo, «Pabló», con una disculpa vaga, y a felicitarlo por su bello poema al otro Pablo, y recuerdo, como si la estuviera escuchando ahora, su respuesta, delicada, un poco dulzona, cansada, y por lo demás muy francesa: *«Tu es gentil»*. Lo cual añadía un matiz de duda, un tácito «no te creo demasiado».

Veo después a Louis Aragon en el comedor dieciochesco de la embajada de la Unión Soviética en París. Lo veo cerca de unos canapés de salmón o de esturión, junto a candelabros de plata maciza y a botellones de vodka. Hay una concurrencia abigarrada, heterogénea, frecuente en esos recintos de la Rue de Grenelle: barbudos y corpulentos popes de la Iglesia Ortodoxa, con sus gorros negros, cuadrados, y sus iconos colgados en el pecho; funcionarios soviéticos; franceses de tendencias variadas, desde gaullistas «históricos» hasta conocidos militantes del PC; diplomáticos del Tercer Mundo, del Segundo y del Primero. «Tú no sabes», me comenta Aragon, sin cuidar sus palabras y sin bajar demasiado el tono de su voz, «cómo ha decaído el nivel intelectual de la gente de esta casa. Yo vengo aquí desde los comienzos de la Revolución, y año tras año he sido testigo de esta decadencia: un deterioro que ha seguido una curva siempre declinante y que parece que no va a detenerse nunca... ¡Un deterioro que parece infinito!»

Me lo encuentro, en otra ocasión, en el Teatro de los Champs Elysées, a la salida de una representación de *El holandés errante*, de Ricardo Wagner, por la ópera de Berlín Oriental. En la escena habíamos visto un barco casi completo, con todos sus arreos, sus cubiertas, su maderamen y su velamen, y a un conjunto de fornidos marineros que parecían encarnar a los proletarios del mundo, en su lucha contra los pérfidos contramaestres y capitanes capitalistas.

—¿Qué te pareció? —le pregunté a Louis.

—Musicalmente impecable —dijo, y añadió, con una mueca inequívoca—, pero demasiado realista para mi gusto.

Lo vi, también, fotografiado en la fiesta anual de *L'Humanité*, con un traje de terciopelo que ahora era verde y con una melena blanca que ya le llegaba hasta los hombros, sentado en las gradas reservadas para el Comité Central del partido, del que no había dejado de formar parte.

A todo esto, se hizo frecuente divisar a Louis Aragon en diversos lugares públicos de París, en restaurantes o en exposiciones de pintura, en compañía de jóvenes poetas de aspecto delicado y levemente afeminado. En los círculos intelectuales, la homosexualidad era frecuente y no llamaba demasiado la atención en esos comienzos de la década del setenta, pero arrojaba una luz inesperada, sorprendente, sobre el pasado del Coronel, sobre su personalidad política, sobre el amor eterno a Elsa, tan cantado y celebrado en su poesía. ¿Quería indicarnos Aragon que todo había sido una farsa o, peor todavía que una farsa, una equivocación, y que ahora lanzaba esos respetos humanos, esas disciplinas, con sus inevitables hipocresías, por la borda? Se murmuraba que el poeta dilapidaba sus derechos de autor en *champagne*, en botellas bebidas en el Maxim's ostentosa, escandalosamente, en compañía de sus efebos, y que el partido, para evitar situaciones de escándalo y que podían llegar a revestir algún peligro, lo hacía seguir en forma discreta por dos guardaespaldas.

Encontré más de una vez al poeta ahora melenudo, desmelenado mejor dicho, en compañía de sus nuevos y jóvenes amigos, pero no sé si las habladurías sobre el carácter de esas amistades, sobre el *champagne* en Maxim's, sobre los guardaespaldas del partido, correspondían estrictamente a la verdad. Años más tarde, durante un viaje a París desde Barcelona, se me ocurrió en forma enteramente gratuita, por amistad, por nostalgia de los tiempos de Neruda y de la embajada, llamar a Jean Marcenac. Ya se había publicado en la editorial Plon la versión francesa de *Persona non grata* y había sido recibida por la prensa del partido con el más estricto silencio. Nos reunimos con Marcenac y su mujer en el Munich, para no perder la costumbre, y hablamos de cosas pasadas. Sobre mi libro, que la gente de esa izquierda y la de algunas otras consideraba, tal como lo había previsto Pablo, «inoportuno», no se dijo una palabra. Pregunté por Aragon, por el Coronel, que todavía estaba vivo, y los Marcenac manifestaron una gran molestia, dando a entender que con la edad se había puesto insoportable, que se había vuelto medio loco. Yo, para mis adentros, me lo imaginé caminando por las calles, apoyado en sus jóvenes acompañantes, o bebiendo *champagne* en una mesa de lujo, olvidado de las conversaciones prudentes, de las claves grupales, de las ironías y los silencios, riéndose a carcajadas, sin mesura, y sentí simpatía por él. Sentí que reivindicaba a su modo, aunque tarde, su locura de artista, de creador, y que eso había que comprenderlo. Lo de los efebos, lo del champagne, no eran más que detalles, estilos personales. El poeta, ese hombre libre del que había hablado Baudelaire, recuperaba su libertad, la que había exhibido en *Le paysan de Paris*, en su mejor poesía, en sus años de lucha contra el nazismo, y había que apoyarlo contra viento y marea. Se había convertido en un disidente tardío, y más valía tarde que nunca.

El Poeta y la Administración

Ven conmigo a la sombra de las administraciones...

«Desespediente», *Residencia en la tierra*

El poeta se refugia en las fallas de la administración.

Paul Valéry

Neruda no alcanzó a conocer esa etapa final de su amigo Louis Aragon. Me imagino que lo habría defendido, que habría solidarizado con su locura, aun cuando la locura de Neruda fuera muy diferente, y fuera, en definitiva, más disimulada y controlada, más razonable, lo cual, en buenas cuentas, si de locura se trata, es una curiosa contradicción. Neruda intentó alguna vez, como embajador, combinar la vida social y literaria con las obligaciones diplomáticas, sin resultados demasiado buenos. Invitó a un almuerzo a Louis, al político socialista Gaston Deferre, a la conocida escritora Edmonde Charles-Roux y a Dimitri de Favitsky, diplomático de carrera y director de América Latina en el Quai d'Orsay. Aragon era suficientemente mundano como para convivir bien con Deferre, cacique político de la región de Marsella, alcalde de la ciudad y hombre conocido en toda Francia por su socialismo marcadamente centrista y anticomunista. Edmonde Charles-Roux era una gran dama, para utilizar la expresión que Neruda había aplicado a Elsa Triolet. Era, eso sí, una gran dama de otro ambiente, del ambiente de la burguesía liberal cultivada. La juventud ya se le había pasado, pero conservaba su atractivo, unido ahora a una elegancia madura, y acababa de publicar, o publicaría pronto, una buena biografía de la modista Coco Chanel.

De Favitsky, en cambio, no pegaba para nada en esa reunión, y no hubo un solo minuto en que el hielo mostrara indicios de romperse. Era el tipo del funcionario francés competente, pero estirado, protocolar, prendido por todas partes con alfileres. En esos días, Chaban Delmas, primer ministro del gobierno del presidente Pompidou, había sido seriamente afectado en su carrera política por un problema de evasión de impuestos. Aragon, antes de que pasáramos al comedor, hizo una alusión irónica y pesada al asunto, sacando a relucir sus garras panfletarias, y De Favitsky, en el salón privado que había inventado y decorado Neruda en el segundo piso de la Motte-Picquet, puso, todavía lo estoy viendo, cara de pánico. «¿En qué trampa me habré metido?», pareció decir.

Fue un experimento de convivencia que no pasó de ahí, pero sirve para iniciar un retrato de Neruda como embajador y en sus relaciones con el mundo oficial. Habíamos visitado juntos a Chaban Delmas, precisamente, en los comienzos de nuestra misión, y Neruda había quedado encantado. Era un hombre todavía joven, de buena figura, de aspecto deportivo, simpático, un poco bromista. Sabíamos que jugaba al tenis, que coleccionaba pintura moderna, y que tenía una señora buenamoza, o que se había enamorado hacía poco de una señora buenamoza. Hablamos de Chile y de su nuevo gobierno, y nos quedamos con la impresión de que trataría de ayudarnos. Después nos acompañó con agilidad, sin ponerse un abrigo, mientras bajábamos por las escaleras glaciales del Hotel Matignon, y Neruda le pidió que por favor volviera a sus oficinas, que no fuera a pescar un resfrío por causa nuestra. «De todos los políticos de la derecha francesa, éste es el que más me gusta», me dijo después el Poeta, y nunca supe si lo dijo por razones verdaderamente políticas, por intuición poética o simplemente porque la simpatía del joven ministro, su espontánea cordialidad, lo habían conquistado. Después, cuando lo alcanzó el escándalo de los impuestos y su carrera se vio truncada, Neruda insistía en que era una lástima: Chaban

Delmas, antes de ese problema, parecía el mejor de los delfines del gaullismo.

Esa embajada en París, como ya se ha dicho muchas veces, tuvo que enfrentarse a dos conflictos decisivos para el destino de la Unidad Popular chilena: la renegociación de la deuda externa y el embargo de una partida de cobre de la mina de El Teniente, embargo obtenido por la Braden Copper Corporation, una de las compañías norteamericanas nacionalizadas por el gobierno de Allende, en una demanda contra el Estado de Chile presentada ante el Tribunal de Gran Instancia de París.

Cuando se produjo el problema de la deuda externa, a fines del año 71, los primeros en tomar contacto con las autoridades del Tesoro en Francia, que proporcionaba los servicios de secretariado al conjunto de los países acreedores de Chile, fuimos Neruda y yo. Era un Neruda cansado, ya bastante enfermo, y que se hallaba en el apogeo de su celebridad, puesto que había obtenido el Premio Nobel hacía muy poco. Escuché a los funcionarios franceses comentar con asombro: «Los que renegocian la deuda externa chilena son un poeta y un novelista». Más tarde, naturalmente, llegaron los técnicos, pero los técnicos toparían siempre, tanto en el asunto de la deuda como en el embargo del cobre, con un punto previo que planteaba la delegación de los Estados Unidos: Chile tenía que reconocer la deuda del Estado, por concepto de pago de adecuadas compensaciones, a las compañías del cobre nacionalizadas. Planteaban esta cuestión porque el gobierno de Allende, bajo la influencia de algunos juristas y políticos socialistas, había elaborado la teoría de las utilidades excesivas, que significaba, en la práctica, que las grandes compañías, por el hecho de haber obtenido ganancias anuales superiores al doce por ciento de sus capitales, no iban a recibir ninguna compensación en dinero efectivo por sus inversiones expropiadas. «Esta teoría de las ganancias excesivas es muy bonita», me dijo Pablo en más de una ocasión, «pero con ella nunca vamos a convencer a un juez o a un banquero capitalista. ¡Si el capitalismo vive de las utilidades excesivas!» El Poeta nunca se vanaglorió, y nunca tuvo la menor pretensión, de conocer las ideas filosóficas o económicas de Carlos Marx, pero aquí demostraba, sin duda, que podía manejar la teoría de la plusvalía de un modo bastante lúcido. Tanto él como yo creíamos que la renegociación de la deuda y el problema del embargo del cobre debían abordarse con criterios más pragmáticos, con menos rigidez teórica de la que parecía predominar en el gobierno.

Con su enfermedad a cuestas y con su escasa afición a muchos aspectos de su trabajo, Neruda era un embajador más preocupado y más competente en las cosas esenciales de lo que podría pensarse. A veces me llamaba a las siete de la mañana a mi departamento de la Rue de Passy, en horas en que yo estaba metido a fondo en la escritura de mi testimonio cubano, para recordarme algún asunto pendiente, algún detalle del programa de una visita oficial, algún problema de protocolo. Esas llamadas reflejaban una ansiedad, una inquietud, una dificultad, también, para delegar responsabilidades. Se trataba, en general, de cuestiones menores, o que se hallaban bajo control, pero el Poeta, que de pronto, en su vejez, se había extraviado en esa «sombra de las administraciones», en esos «túneles profundos como calendarios», en esa «doliente rueda de mil páginas» de que hablaba uno de los grandes poemas de su juventud, «Desespediente», perdía con facilidad el sueño.

Subía a sus oficinas, en el tercer piso de ese edificio que ahora sólo mencionaba como «el Mausoleo», a alrededor de las diez de la mañana. En ese despacho había, a su llegada a París, una galería de retratos fotográficos de sus antecesores —muchos de ellos, por curiosa coincidencia, incluidos en la lista de los «castigos», los *Châtiments* hugolianos, de *Canto general* o de otros textos suyos—, como era el caso de Enrique Bernstein Carabantes, de Carlos Morla Lynch, de Joaquín Fernández, de Gabriel González Videla. El, como primera medida, mandó retirar esa galería, que era, por cierto, bastante grisácea y desprovista de encanto, y reemplazarla por objetos más significativos —una bandera chilena—, o más alegres —una o dos tapicerías de las bordadoras de Isla Negra. En la mañana conversaba un rato conmigo y comentábamos los télex y la correspondencia. Dictaba un par de cosas y recibía en audiencia a dos o tres personas. Si se trataba de asuntos de la embajada, siempre me pedía que participara en la conversación. También hacía lo mismo, en la gran mayoría de los casos, cuando se trataba de conversaciones políticas.

Hacia las doce de la mañana ya estaba enormemente fatigado. Solía asomarse a mi oficina, pegada a la suya, y decirme: «No aguanto más. Voy a salir a dar una vuelta». «Ándate», le decía yo, «no te preocupes». O le decía: «Recuerda que tienes un almuerzo a tal hora», pero no era persona, salvo en alguno de los peores momentos de su enfermedad, de olvidar sus compromisos.

Por la tarde se encerraba en su vasta habitación del segundo piso, donde habría podido alojar, como escribió en *Confieso que he vivido*, un caballero de la época de las Cruzadas con su caballo. Al final de la siesta, después de las seis y aún más tarde, yo bajaba y le contaba lo que había sucedido en el día. Neruda solía estar tendido de espaldas, con una taza de té en el velador, con la cama atiborrada de libros y revistas, y con los pies desnudos y gruesos fuera de las sábanas, ya que Matilde a esa hora solía hacerle masajes en los pies y en las piernas, supongo que para contrarrestar la flebitis, o para los dolores de la gota, que era otro de sus males. («La gota no me deja comer caviar», me dijo un día, la cual, como queja de poeta comunista, no dejaba de tener su gracia.) Después, cuando se levantaba y se vestía, Matilde tenía que agacharse y amarrarle los zapatos, porque el Poeta era de una torpeza manual inverosímil:

Me confieso culpable de no haber
hecho, con estas manos que me dieron,
una escoba...

Una vez lo vi, vestido de punta en blanco, listo para salir a una recepción, y de pie en el centro del inmenso dormitorio, con cara de angustia, llamando a Matilde a gritos. ¡Si ella no llegaba a amarrarle los cordones de los zapatos, él tenía que esperar allí, inmovilizado, como una pesada embarcación que no ha podido levar anclas! A pesar de estos detalles cómicos, aunque marcados por un leve patetismo, ya que un aire fúnebre parecía revolotear encima de esa embajada (¡el Mausoleo!), encima de la experiencia de la Unidad Popular y de su Embajador Poeta, cuya enfermedad se notaba en sus movimientos, en su fatiga cada vez mayor, en el color cada vez más amarillo de su piel, pudo hacer una gestión importante y eficiente ante el presidente Georges Pompidou en los días del embargo del cobre por órdenes del Tribunal de Gran Instancia. Consultó a la dirección de Protocolo si podía visitar al señor presidente de la República acompañado por mí, su ministro consejero, y le contestaron que no era posible. Partió solo, entonces, al Palacio del Elíseo, y tuvo la idea de llevar un ejemplar de *Cien años de soledad*, la novela de Gabriel García Márquez, que acababa de aparecer en su versión francesa. Hubo, pues, un breve preámbulo literario en esa conversación, como correspondía a un embajador que era poeta y a un presidente que había sido profesor de letras y que había hecho en su juventud una excelente antología de la poesía francesa. Cuando se habló, después, del cobre, Neruda dijo que el país vivía de las exportaciones de ese metal, que impedir su comercio era condenar a una nación entera, vieja amiga de Francia y admiradora de su cultura, a la asfixia económica, y que el metal chileno, por lo demás, era muy apreciado por los industriales franceses. Pompidou contestó que sabía muy bien que los industriales franceses apreciaban la buena calidad del cobre de Chile y lo necesitaban para sus empresas. Eso sí, el señor embajador tenía que comprender que el poder judicial en Francia era completamente independiente, y que él, en su calidad de jefe del poder ejecutivo, no estaba en condiciones de influir en las decisiones de los tribunales de justicia. De todos modos, iba a preocuparse del asunto y vería qué se podía hacer.

Conservo los detalles de esta conversación en un memorándum dictado por Neruda a Matilde esa misma tarde. Es una demostración de que el Poeta, en el momento de tratar cuestiones económicas o políticas delicadas, sacaba a flote esa sensatez que había impresionado en Lima al general Velasco Alvarado. Por desgracia, la cordura no era la virtud más difundida en aquellos tiempos de la Unidad Popular, ni en uno ni en otro extremo. Nuestros abogados nos decían que había que invocar la inmunidad de jurisdicción del Estado de Chile frente a los tribunales de otro país, y que había que abstenerse estrictamente de entrar en el fondo de las materias.

Neruda, que había estado muy lejos de seguir esa línea de acción en su encuentro con Pompidou, me comentó, a propósito de esas recomendaciones de los «técnicos»: «La soberanía se demuestra vendiendo nuestro cobre, y no arropándonos con argumentos legales, mientras el cobre chileno sigue sin poder llegar a Europa». La causa fue alegada por ambas partes, los abogados de la Braden y los nuestros, ante el Tribunal, y Neruda, que se dio el trabajo de asistir a los largos alegatos, me dijo a la salida, mientras atravesábamos la Sala de los Pasos Perdidos, a un costado de la Sainte Chapelle, en pleno corazón de la Ile-de-la-Cité: «El problema es que llega la noticia del alegato a Chile, hacen un desfile o una manifestación callejera, pronuncian un par de discursos, y todos quedan felices, sin que aquí se haya resuelto nada».

La elección de nuestros abogados franceses, a todo esto, había sido interesante, reveladora del pragmatismo del Neruda de esos años. La izquierda francesa había organizado un comité de apoyo a la Unidad Popular chilena, pero ese comité reflejó las divisiones políticas de ese momento en Francia, donde no se consolidaba aún la coalición socialista comunista que llevaría a la presidencia de la República a François Mitterrand y, en la práctica, a pesar de las buenas intenciones de sus miembros, no funcionó nunca. El Partido Comunista Francés, por su lado, consciente de la filiación política del embajador chileno, había designado a una persona para que sirviera de enlace con la embajada y nos ayudara en todo lo posible. Pablo me sugirió que hablara con esa persona para sacarle ideas sobre la designación del abogado, aun cuando ya habíamos pensado, Pablo y yo, que el profesional más indicado sería Edgar Faure, ex presidente del Consejo, ex ministro de Agricultura y gran personaje de la vida política y social del país. Faure había venido a la embajada más de una vez y nos había dicho que él, como ciudadano francés, no necesitaba «pasar por el socialismo». La economía francesa había seguido otros caminos para desarrollarse. Nos aseguró, en cambio, que si fuera chileno sería allendista. «Eso sí», me advirtió una vez, con un tono un poco pedagógico, que empleaba, quizás, para dirigirse a los buenos salvajes «condenados» a socialismo, «dígale a su presidente que es más o menos fácil socializar la industria, pero que hay que tener mucho cuidado con el campo, que es por esencia conservador y reacio a los experimentos ideológicos. Vea usted, *mon cher ami*, lo que ha sucedido en la propia Unión Soviética. Recuerde que fui ministro de Agricultura y que algo sé de estas cosas.»

El «enlace» del PCF venía con la misma idea nuestra, la de pedirle nuestra defensa legal al presidente Faure, como era conocido en toda Francia, y no a un abogado de izquierda. Sin esperar más, conversé con Neruda y le pedí una cita a Faure, que me recibió en su departamento de la Avenue Foch, entre tapices lujosos y jarrones y otros objetos de antiguas dinastías chinas. Aceptó el encargo con notoria satisfacción y me habló de casos de sociedades francesas nacionalizadas por la Unión Soviética, por países de Europa Oriental, por Cuba. El había intervenido como abogado en más de alguno. Sabía de pagos que Cuba había efectuado por bajo cuerda a industriales de Francia para evitar el bloqueo económico y para no dañar, al mismo tiempo, su imagen revolucionaria. Cuba podía efectuar pagos en esa forma, claro está, pero Chile, con su sistema democrático, tenía que actuar de un modo más abierto. Me parece que el presidente Faure repitió su idea sobre el liberalismo para Francia y el socialismo para Chile, idea que en esos años era bastante popular en Europa y que es, si se la examina un poco, profundamente paternalista y desdeñosa, y yo quedé en hacer los trámites necesarios para que el gobierno de Chile confirmara oficialmente este encargo profesional.

Poco después Edgar Faure fue elegido presidente de la Asamblea Legislativa y ya no pudo actuar directamente en el proceso entre Chile y la Braden Copper Corporation. Se hizo cargo del asunto un miembro de su estudio jurídico y, aunque no era lo mismo, los conocedores del medio nos explicaron que, si entraba esa persona a un tribunal francés, el efecto, desde el punto de vista de la influencia política, sería idéntico al que produciría la entrada del propio presidente Faure.

Así lo demostraron, por lo menos, los resultados. El fallo del Tribunal de Gran Instancia, pronunciado algún tiempo después, quiso ser salomónico; fue, probablemente, desde el punto de vista de la técnica jurídica, un híbrido; no aceptó el argumento de la inmunidad de jurisdicción del Estado de Chile, pero levantó el embargo del cobre, y eso era lo que nos interesaba. Pablo, a todo esto, con su enfermedad a cuestas, y decepcionado del trabajo de embajador, había viajado de regreso. Se decía que había partido en uso de sus vacaciones, pero era un hecho casi definitivo que ya no volvería y que yo tendría que actuar como encargado de negocios durante un tiempo más o menos largo. Lo llamé desde mi despacho en París a Isla Negra para contarle lo del fallo del tribunal, y acudió pronto al teléfono. Me imaginé la conmoción en la hostería, las órdenes marciales de la señora Elena, sentada en su silla de mando de siempre, a un costado del mesón, y la llegada del Poeta con su gorra, su cayado, sus pasos cansinos, pero animados por la curiosidad y por el aire de la costa. «¡Qué bueno!», exclamó, cuando le conté la noticia, y después dijo: «¡Vente para acá! Esta costa está formidable».

Además de preocuparse del problema del embargo del cobre, Pablo Neruda había conversado con Salvador Allende sobre el tema de la renegociación de la deuda externa, cuyo monto se acercaba en aquellos años a los cinco mil millones de dólares. Pablo le había explicado la idea suya y mía de que había que abordar el tema de las compensaciones a las compañías norteamericanas del cobre con un criterio menos rígido, menos ideológico, más político. Nuestra intransigencia ofrecía un pretexto fácil, una justificación, que podía resultar convincente en sectores de la opinión pública de Europa y de los Estados Unidos para bloquear nuestras finanzas. Al no pagar el precio de las maquinarias expropiadas, Chile se colocaba al margen de las normas internacionales consagradas en el mundo financiero. Cuba lo había hecho, con algunas excepciones bien disimuladas, como nos había contado el presidente Faure, pero, ¿nos convenía a nosotros, en Chile, llegar a una situación de bloqueo comparable a la que sufría Cuba? Nuestra teoría de las utilidades excesivas, que justificaba el no pago de compensaciones, era muy bonita, pero no íbamos a salvar el conflicto de la sociedad chilena, que cada día presentaba caracteres más peligrosos, por medio de bonitas teorías.

En los días de su regreso a Chile, el Poeta me escribió tres o cuatro cartas interesantes, que describían la atmósfera del país y que reproduje en el «Epílogo parisino» de *Persona non grata*. Sin embargo, me escribió también una carta enormemente reveladora sobre esa conversación suya con el presidente Allende, y yo, en ese dramático mes de octubre de 1973 en que tuve que revisar mi manuscrito, me sentí forzado a omitirla. Escribiéndome en una clave completamente personal, clave surgida en forma espontánea en largos años de convivencia, Pablo me contaba que había conversado con «el Boss», es decir, con el Patrón, con Salvador Allende. Con gran sorpresa suya, había descubierto que el Boss pensaba igual que nosotros en todo lo que se refería a la renegociación de la deuda y al pago de las compensaciones a las compañías. El problema, inexplicable para Neruda, era que, cuando salían las instrucciones a los representantes chilenos, decían exactamente lo contrario. En estas condiciones, Pablo me aconsejaba muy en serio, con la mayor energía, por mi propio bien, que me limitara a cumplir las instrucciones oficiales y que no me metiera en el asunto, que no interviniera en nada.

Años después, cuando se conocieron las palabras de Salvador Allende a Clotario Blest, el anciano apóstol del sindicalismo chileno, pronunciadas pocos meses antes del golpe de Estado, recordé esa carta. «Yo aquí», le había dicho Allende a don Clotario, sentado en su despacho de La Moneda, «no soy presidente de la República ni soy nada. Porque si ordeno que se haga algo, no se hace y, si prohíbo algo, se hace.»

¡Palabras terribles!, comentaba don Clotario años más tarde, en una entrevista de prensa, y yo coincido enteramente con él: palabras terribles, y que confirmaron el sentido de una carta para mí decepcionante y esclarecedora. Era muy de Pablo eso de aconsejarme con la mayor seriedad, con insistencia, que no me metiera, que dejara pasar los acontecimientos, ya que un compromiso demasiado personal y contra la corriente dominante resultaría dañino para mí y no beneficiaría a nadie. Era la voz de esa cordura que impresionaba a tanta gente en esos años, reverso exacto de la locura poética, noción tan antigua como la poesía misma. La verdad, sin embargo, es que yo, prosaico e insensato, no seguí para nada los consejos de prudencia que me prodigó en sus años finales. Habíamos convenido en que Neruda, al regresar a Chile, hablaría en el ministerio para conseguir que me trasladaran al puesto de encargado de negocios en Copenhague. Allí podría descansar, reponer un poco mis finanzas personales, destruidas por el ajetreo y la carestía de París, y escribir.

Pues bien, mi reacción frente a esa carta y frente a los sucesos de esos días, reacción sin duda muy poco cuerda, fue exactamente la inversa. En vísperas de su regreso a Chile, Pablo sabía que yo había terminado y guardado en un cajón seguro, bajo siete llaves, mi testimonio sobre Cuba. En esos días, en lugar de recomendarme que lo escribiera todo, sin omitir detalles, como lo hacía a mi llegada de Cuba, me decía: «Pásame el manuscrito. Yo lo voy a leer con atención y voy a subrayar con un lápiz rojo las cosas que todavía no pueden publicarse».

La sensatez, el extremo de la sensatez, lo conducía a él, nos conducía a todos, a la censura y a la autocensura, como tan a menudo ocurre. Pero la situación, para mí, se había vuelto insostenible, y ya había tomado la decisión opuesta: la de publicar el libro y no contarle una palabra a Pablo. A mediados del año 73 le escribí a Orlando Letelier, entonces ministro de Relaciones Exteriores, para que me concediera un permiso sin sueldo a partir del primero de agosto. Al mismo tiempo, le envié mi manuscrito, que aún tenía muchos títulos y no tenía ninguno, a Carlos Barral, que entonces dirigía en Barcelona, después de haber roto con la vieja Seix Barral, una editorial más pequeña, Barral Editores. Carlos se entusiasmó con el texto, y en mayo firmamos un contrato importante, con un anticipo en pesetas que me permitiría vivir por lo menos un año tranquilo.

Yo estaba dispuesto a plantear el problema del sectarismo, del castrismo, del dogmatismo que parecía dominar en la izquierda chilena, desde una posición de izquierdismo racional y democrático. Es probable que ya no existiera espacio para una posición así, y en eso consistía, quizás, en último término, el mensaje que me había mandado Pablo en su carta. Pero yo mantenía mi optimismo inveterado, y prefería mil veces «lanzarme a las patas de los caballos», como se dice entre nosotros, que ir a vegetar al limbo de Copenhague. Estaba convencido, además, de que, si esperaba que Pablo me dijera cuándo había llegado el momento de publicar mi libro, me moriría yo, se moriría él, y nos moriríamos todos esperando.

Pablo quedó muy sorprendido de mi decisión de no ir, al fin, a Dinamarca y me escribió una carta quejumbrosa, donde sostenía que lo había dejado en ridículo ante las autoridades del ministerio, puesto que él había abogado con gran insistencia en favor de ese destino y donde se declaraba resignado —«¡qué le vamos a hacer!»—, ante esa nueva manifestación de mi «contumaz chaplinismo». Supongo que el chilenismo «achaplinarse» no viene de Carlitos Chaplin sino de su amigo millonario de *Luces de la ciudad*, que en la noche, con muchas copas en el cuerpo, promete fabulosas aventuras y que en la sobriedad del día siguiente se «achaplina».

Yo me había «achaplinado» con respecto al proyecto de Copenhague, pero esto respondía a una decisión muy clara, una decisión que implicaba desoír los consejos y dar un paso que me alejaría, en la práctica, de la órbita particular del Poeta y que me permitiría publicar *Persona non grata*. No sabía cómo tomaría su publicación y prefería no plantearme el problema. Al poner mi firma en el contrato de edición, había tenido la impresión de cortar amarras con el pasado. El Poeta se identificaba de algún modo, de muchos modos, con ese pasado, pero lo que se acercaba, lo que me iba a tocar presenciar a mí, era una crisis terrible, probablemente siniestra y sangrienta, y me parecía que las antiguas complacencias, las prudencias, los temores reverenciales, carecerían muy pronto de todo sentido. Firmé, pues, ese contrato de edición y, en agosto, en compañía de Pilar y de mi hija Ximena, ya que Jorge Luis había regresado antes a Chile, me fui a la playa de Calafell, al sur de Barcelona. La idea era terminar la corrección del libro, estar en España durante su salida y regresar a Chile a fines de año. Quería a toda costa que la obra llegara a Chile durante la vigencia del allendismo, pero por todas partes veía signos anuncia-

259

dores de golpe de Estado. Mario Vargas Llosa, que ya había leído el texto, me dijo una tarde, en los momentos en que sudábamos la gota gorda en una cabina de sauna: «Si el día de mañana esos marinos de la Esmeralda que tú describes tan bien están matando comunistas, no vas a poder sacar el libro».

Guardé silencio. Sacaría el libro, me dije, con una aclaración, con una reflexión retrospectiva, pero las cosas que había contado me habían ocurrido. Ahí estaban. Y era necesario, era útil para todos, en el fondo, que se conocieran, cualesquiera que fuesen las circunstancias posteriores. Al Poeta lo veía en su Isla, como un símbolo remoto, y yo, para bien y para mal, ya estaba en otro mundo. En las noches, a veces, me costaba conciliar el sueño, pero en las mañanas, caminando por la playa o navegando en el patín a vela de Carlos Barral por el mar Mediterráneo, me sentía completamente liberado, más liberado y más contento de lo que había estado nunca bajo el cómodo paraguas de la burocracia y de la diplomacia. El Poeta había querido hacerme desistir de ingresar en la «carrera», a fines de los años cincuenta, y después había tratado de hacerme permanecer a toda costa, recurriendo a todas las «protecciones» que fueran necesarias, pero yo, ahora, abrumado, saturado, decidía cortar por lo sano y terminar de una vez por todas con esa red, con esa telaraña de compromisos, sin preocuparme de medir las consecuencias.

La lucha política

Pero hemos llegado a esa víspera del 11 de septiembre de 1973 de una manera un poco prematura, dejando demasiadas cosas en el tintero. Es una fecha tan decisiva que produce en el conjunto de este relato, al menos para su autor, un efecto de succión, una absorción brusca de los acontecimientos, que caen en ese día como si cayeran en un hoyo. Tenemos que hacer un esfuerzo, entonces, para contar las cosas en un orden inteligible, ¿para introducir inteligibilidad en las cosas?, para llegar al día 11 y para seguir después de ese día, ya que no todo terminó allí, aun cuando el Poeta, su persona física, quiero decir, no pudiera sobrevivir ni siquiera dos semanas más allá de esa fecha.

Volvamos a los agitados días del año 71 y 72, ya que de otro modo esta memoria personal de Pablo Neruda, que es inevitablemente mi propia memoria, la memoria, por lo menos, de las andanzas mías y de alguna gente de mi época por las residencias y los caminos nerudianos, quedaría trunca. He hablado de la relación de Neruda, Neruda como embajador, con algunos de los personajes oficiales de la Francia postgaullista, y surge de inmediato, en estrecha conexión con ese tema, el de la relación con personajes del centro político, de la derecha y, en general, de lo que podríamos llamar el *establishment* chileno. Me parece ahora que hubo una primera etapa de su embajada en la que fue conciliador, avenible, y en la que empleó todo su encanto personal para atraer, o, por lo menos, tranquilizar a los adversarios. Quizás haya comprobado más tarde que esta empresa de seducción era imposible y que entonces, en una reacción muy suya, se haya replegado, se haya encabritado, recuperando una combatividad de épocas bastante anteriores, pese a los límites que le imponía, ahora, un factor nuevo, imprevisto e incontrolable: la enfermedad.

En esa primera etapa, en la etapa conciliadora, llegó a la embajada el coronel Alberto Labbé, director de la Escuela Militar, que poco tiempo después tendría un conflicto público, muy celebrado por los sectores golpistas del país, con el gobierno de Allende. Recuerdo que Neruda, con gran despliegue de amabilidad, le mostró al coronel la parte de libros chilenos que tenía en la biblioteca de su salón privado y le dijo, en presencia mía, y probablemente en la inspiración del momento, que deseaba regalar a la Escuela su colección carrerina, folletos, documentos, libros relacionados con José Miguel Carrera y sus hermanos, los héroes trágicos de la Independencia chilena, fusilados en cumplimiento de instrucciones de San Martín y O'Higgins. El coronel, que había llegado a una cena en la embajada vestido de uniforme, con la casaca blanca que usan en verano los militares chilenos, pareció encantado, y entiendo que Neruda formalizó la oferta por escrito al día siguiente.

Por desgracia, Neruda, en esa cena, había hecho uno de sus intentos, típico de los comienzos de su embajada, de combinar amigos suyos, intelectuales y artistas, con personalidades oficiales. Esa misma noche cenaban allí figuras notables del teatro francés: Madeleine Renaud y Jean-Louis Barrault, que habían viajado a Chile más de una vez, y Jean Mercure y su esposa. El experimento, como casi siempre, funcionó pésimamente mal. Barrault quedó asombrado con el uniforme del coronel Labbé, cosa que suele suceder en Europa con los arreos de los militares chilenos —y no hablemos de los cascos prusianos y del paso de ganso—, y se dedicó a mirarlo con una impertinencia levemente burlona. En algún momento, aludiendo a la vistosa casaca de color blanco, habló con sus amigos franceses sobre la *fiancée*, la novia, y sospecho que el coronel, pese a que estaba lejos y a que su francés no parecía de los mejores, entendió la alusión. Es probable que los intelectuales europeos, de-

262

dicados de lleno a lo suyo, no estén tan acostumbrados como lo estamos nosotros, en nuestro mundo más pequeño y menos especializado, a convivir con políticos y autoridades, y sus salidas, en estas «mezclas» de personas que a veces no se podían eludir, no nos ayudaban para nada.

Las reacciones de Neruda con respecto al ex presidente Eduardo Frei, que era muy conocido en Francia y que se transformó, por lo menos desde la perspectiva europea, en el enemigo más poderoso del régimen de Allende, fueron interesantes e importantes para comprender su evolución. En un primer viaje de Frei a Europa, que había dejado hacía poco la presidencia del país para entregársela a Salvador Allende, Neruda se preparó para ofrecerle un gran banquete en la embajada. Discutió conmigo, con detención, la lista de los posibles asistentes y resolvió convidar, entre otros, al ministro de Relaciones Exteriores, Maurice Schuman, a Edgar Faure, a algunos embajadores latinoamericanos y al nuncio apostólico. Frei se encontraba en Inglaterra, en vísperas de llegar a París, cuando se produjo en Chile el asesinato terrorista, obra de un grupo de ultraizquierda, de Edmundo Pérez Zujovic, una de las personalidades más fuertes del ala derecha de la Democracia Cristiana, ex ministro del Interior de Frei, y éste resolvió cancelar su gira y regresar a Chile de inmediato.

Cuando Frei volvió a viajar, alrededor de un año más tarde, la situación chilena se había deteriorado. El régimen norteamericano de Richard Nixon tomaba algunas medidas, sobre todo en relación con la deuda externa, que provocaban efectos desestabilizadores del gobierno de la Unidad Popular, y lo hacía con la complicidad o con el apoyo entusiasta de sectores chilenos de la derecha o del centro político. Apenas supimos de esa segunda visita de Frei, la discutimos extensamente, Neruda y yo, y llegamos a la conclusión de que el ex presidente pintaría un cuadro negativo de lo que pasaba en Chile y que eso influiría contra nosotros en los gobiernos europeos occidentales. Neruda propuso, entonces, que la embajada se abstuviera de toda participación o colaboración con esta gira, incluso de carácter protocolar, y yo estuve de acuerdo con este criterio. Es muy probable que nos hayamos equivocado de medio a medio. El propio Neruda, por esos mismos días o un poco más tarde, me diría que la única salida política del conflicto chileno pasaba por un acuerdo entre la Democracia Cristiana, dominada entonces por Frei, y la Unidad Popular de Salvador Allende. Subrayó decididamente la palabra «política», lo cual indicaba que cualquier otra alternativa sería anormal y violenta. Esto coincidía, por lo demás, con el pensamiento de los comunistas franceses amigos suyos. El senador Jacques Duclos viajó a Chile y nos dijo a su regreso, en los salones de la Motte-Picquet, que nuestra tarea número uno era evitar que la clase media se convirtiera «en una base de apoyo para el fascismo», esto es, en partidaria de un golpe militar. Dijo también, y conviene recordarlo ahora, que había que modificar la Constitución para permitir que Allende pudiera ser reelegido, ya que Frei, de otro modo, sería el ganador seguro de las próximas elecciones. Yo le comenté que el sentido de la norma constitucional había sido siempre evitar la perpetuación en el poder, típica de los caudillos latinoamericanos, observación que a Duclos no le gustó nada, que lo dejó pensando, quizás, que Neruda estaba en mala compañía. Ya me habían contado, por ejemplo, y de fuente cercana y segura, que Régis Debray opinaba que yo ejercía «una mala influencia» sobre Neruda, y la reacción silenciosa de Jacques Duclos parecía ir en ese mismo sentido.

De todos modos, si el problema crucial era el de ganarse a la clase media, más habría valido recibir a Eduardo Frei y conversar con él, pero es un hecho que la lucha diaria de esa embajada, donde se vivía muy de cerca el problema del bloqueo financiero y el asedio periodístico norteamericano y europeo, y donde se captaban, además, a cada rato, detalles significativos de la conspiración chilena contra el allendismo, hacía que tomáramos partido con excesivo apasionamiento, radicalizando nuestras actitudes. Neruda había comenzado con el talante dubitativo, pesimista, conciliador, que ya he descrito. Y yo venía de sufrir en La Habana una crisis personal seria, que consignaba todas las madrugadas en seis o siete páginas manuscritas, pero de algún modo se había hecho imposible participar en la lucha cotidiana sin simplificar y extremar las posiciones. Más adelante, al tomar la decisión de publicar mi libro, yo me saldría de ese corsé político e ideológico, pero todavía faltaba tiempo para que eso ocurriera. Habíamos entrado, por el contrario, en una etapa de terrible polarización, y comprender el punto de vista del otro se convertía en un lujo excesivo, y además de excesivo, arriesgado. En resumen, Neruda reunió al personal de la embajada y le comunicó que nadie iría al aeropuerto a recibir al ex presidente Frei y que no tomaríamos contacto con él mientras estuviera en Francia.

Pilar y yo estábamos una noche de fin de semana en La Coupole, en el corazón agitado de Montparnasse, en compañía de una pareja chilena. Estábamos en las mesas del fondo, en ese recinto extenso, movido y bullicioso como una gran piscina, cuando nuestros amigos, con una sonrisa irónica, me dijeron: «Mira quién está allá atrás». Me di vuelta y divisé a Eduardo Frei, rodeado por los funcionarios jóvenes de nuestra embajada. ¡Por lo visto, las instrucciones verbales del Embajador Poeta no habían sido muy efectivas! Por mi lado, no era amigo personal de Frei en esos años, y pensé que no tenía más remedio que continuar en mi rincón, sin darme por aludido de su presencia.

Supe después que Frei se había quejado amargamente de mi conducta; según él, debería haber aconsejado a Neruda que actuara de otra forma con respecto a su viaje. Yo, por mi parte, dudo de que mis consejos, en este último punto, hubieran surtido el menor efecto. Mi «mala influencia», a pesar de la fértil imaginación del joven Debray, no llegaba tan lejos. El Poeta era influenciable en algunas cosas, y notablemente testarudo en otras. Mantuvo sin la más mínima variación su hostilidad a Eduardo Frei, que tenía orígenes más o menos antiguos, y la consignó en las páginas de *Confieso que he vivido*. Yo, por mi lado, hice una revisión a fondo de mi actitud frente a Frei, tanto en los tiempos de Allende, como en los de su propio período presidencial, en un ensayo publicado en 1977 en *Desde la cola del dragón*, libro que nadie se atrevió a llevar aquel año a Chile y que más tarde sufrió la suerte de sus editores catalanes, la Editorial Dopesa, quebrada y desaparecida. Frei, a quien le envié un ejemplar con unas líneas, me mandó una carta calurosa de reconciliación. Pertenecía a la especie muy rara de los políticos chilenos que experimentan alguna forma de interés y hasta de simpatía por los escritores y los intelectuales. En julio de 1978, en mi primer viaje a Chile después del golpe de Estado, cenamos juntos en la casa de Vicente García Huidobro Portales, en una sala donde veíamos los dibujos a pluma con que Juan Gris y Pablo Picasso habían retratado al padre del anfitrión, el autor de *Altazor*, en años en que era un furibundo enemigo de Neruda. Me parecía leer en los rostros de esa mesa y en esos retratos cercanos, silenciosos, una historia curiosa y compleja, que iba de Chile al mundo y que volvía.

«Pinochet, hasta ahora», decía Frei, «gana cada una de sus batallas, pero va dejando muchos muertos en el camino». Se acababa de producir la primera crisis grave de la Junta Militar, y el «muerto» que había quedado en el camino era el general Gustavo Leigh, el comandante en jefe de la Fuerza Aérea, que había tenido algunas veleidades de independencia y había sido abruptamente expulsado por Pinochet. El proceso que seguía el régimen militar era lento, en cualquier caso, y tuve la impresión de que Frei lo observaba y lo comentaba con amargura. Dos o tres años después me invitó a una cena en su casa, en la calle Hindenburg de Santiago, destinada a organizar un comité multipartidario e independiente que se preocuparía del tema de la situación internacional de Chile bajo la dictadura. Como no era fácil poner de acuerdo a los diversos sectores, me llamó otra vez y me pidió que aceptara la presidencia de ese grupo. «Sé que los escritores necesitan aislarse para escribir», me dijo, «pero le pondremos un secretariado competente y le quitaremos muy poco tiempo». No tuve más remedio que aceptar. Me salvaron, eso sí, las divisiones caóticas que predominaban en esos años en la oposición al pinochetismo. Surgieron comités rivales, quizás porque había muchos candidatos para «sacrificarse» como presidentes, y todos, en resumidas cuentas, se anularon entre sí y desaparecieron.

En aquellos años de la embajada en París durante el Gobierno de la Unidad Popular, el tema de Frei volvió a surgir de una manera inesperada. El cardenal Raúl Silva Henríquez viajó a Francia, al avanzar el año 1972, en compañía de Domingo Santa María, ex embajador de Frei en Washington, y pidió ver a Neruda. Recibí al cardenal, que llegó acompañado de Santa María, en el portón de la embajada; los llevé hasta el segundo piso, hasta el dormitorio del embajador, que estaba en su lecho de enfermo, con fiebre más o menos alta, y los dejé solos. Fue, recuerdo, una conversación larga, de una hora o más de una hora. Acompañé después a los visitantes hasta la calle, donde los esperaba un automóvil, y volví al segundo piso. «Hablamos», me contó Neruda, con voz entrecortada por la fiebre, «de la situación, sin pelos en la lengua, y el cardenal me comentó que Allende, en opinión suya, no tendría más remedio que renunciar. De otro modo corríamos el riesgo de una guerra civil. Yo le contesté que quizás tenía razón, que Allende, quizás, tendría que irse de La Moneda, pero que Frei, en ese caso, tendría que renunciar a su vez a ser candidato a la presidencia.»

Parece que el cardenal había escuchado esto último, la idea de que Frei tenía que «parearse» con Allende, y no había hecho comentarios. Menos de un año más tarde, el presidente Allende y el entonces presidente de la Democracia Cristiana, Patricio Aylwin, se reunirían en su casa, bajo el alero de la iglesia, para buscar una salida al conflicto político del país, que se veía cada día más inextricable y peligroso. El fracaso de esas conversaciones fue uno de los factores decisivos en el camino al golpe de Estado. En los días de la campaña presidencial de Aylwin, en la segunda mitad de 1989, se quiso asignar responsabilidades por ese fracaso. Creo que la respuesta de Aylwin fue correcta: a todos nos cupo responsabilidad. Fue responsable la izquierda por su dogmatismo, la derecha por su golpismo, el centro porque dejó de actuar como centro y se desplazó a un extremo o al otro. En los peores momentos de la dictadura de Pinochet, la muerte inesperada de Eduardo Frei constituyó un suceso dramático, que nos hizo pensar que la suerte acompañaba al dictador. Pero cuando se controla en un puño la totalidad del poder, la suerte siempre acompaña a su detentador. Hasta que la corriente de la Historia, de pronto, bajo nuestras narices, se pone a discurrir por otros cauces. Parece que esto último nunca va a suceder, y al final sucede. Al final debemos decir «sucede», como en el poema intitulado, con perfecta propiedad, «No hay olvido». Sólo es cuestión de tiempo.

El socialismo real

Ya he contado algunas de las relaciones de Neruda con respecto a eso que los franceses, con buenas razones, llamaban la «experiencia» de Allende, es decir, la instauración del socialismo marxista a través de un proceso constitucional y pacífico, sin necesidad de pasar por el *raccourci*, como dijo uno de ellos, de la Revolución. Su pesimismo, sus dudas de los comienzos, se fueron transformando, en el fragor de lucha diaria, en compromiso, incluso en entusiasmo. El pesimismo, de todos modos, volvía a hacerse presente, de acuerdo con las circunstancias, pero uno tenía la impresión de que el Poeta lo ocultaba o lo superaba mediante un acto de voluntad. En La Habana, durante mi breve encargaduría de negocios, conocí actos de voluntad parecidos. Un amigo me decía que despertaba todas las mañanas y sufría una crisis. «La Revolución, ¡qué jodedera!», exclamaba para sus adentros, y en seguida se reconstituía, reconfortaba su ánimo, y decidía, junto con terminar el desayuno, que había que «echarle para adelante», o, como decían los cubanos, «echarle p'alante».

En esa época de París también sucedían cosas en el mundo socialista, en el «socialismo real», y Pablo las seguía con una mirada atenta, intensa. Su observación, su reflexión, surgía de un modo esporádico y casi siempre entre líneas, en forma metafórica o indirecta, como en esa exclamación que le había escuchado en Santiago, en una noche de agosto de 1968: «¡La situación está demasiado checoslovaca!».

La situación estaba, a menudo, checoslovaca, húngara, cubana, soviética, china, y hasta chilena. Con respecto a la

Unión Soviética, el Poeta tenía una actitud curiosamente defensiva, una especie de solidaridad intransigente frente a personas extrañas. Ya he dicho que yo, después de mi corta estancia en Cuba, había puesto un pie, por lo menos, en el círculo de los iniciados, y esto me daba acceso a conversaciones, a críticas internas, a secretos, que de otro modo nunca habría vislumbrado siquiera. Claro está, el Poeta esperaba que yo diera el paso, que me acogiera a la «protección de un gran partido», y aquí había un malentendido esencial, pero, de todos modos, me contaba cosas y conversaba conmigo a un nivel de confianza política que antes jamás habría tenido. Por ejemplo, habíamos cenado en un bistró del Barrio Latino, a mediados de los años sesenta, con Sergio Larraín García Moreno, el arquitecto y embajador de Frei en el Perú al que ya he mencionado varias veces, y Sergio se había permitido criticar a la URSS de pasada, sin darle, me parece, una importancia excesiva al asunto. Pues bien, Pablo reaccionó como una fiera, como si hubiera sido atacado en forma personal. Habló con inusitada pasión de la fuerza de la Unión Soviética, de sus progresos materiales, de los niveles que había alcanzado en la medicina, en la educación, ¡hasta en los deportes! Yo me quedé asombrado, y Sergio Larraín, sin duda, también.

Después, en esos mismos años, almorzamos, como ya lo he contado, con Ilya Ehrenburg en la imprescindible Coupole, y Ehrenburg, un hombre que había sabido coexistir con el estalinismo y sobrevivir a esos tiempos, habló con acritud de la censura intelectual y de los límites hipócritas que tenía el deshielo de la época de Kruschev. Pablo se limitó a escuchar, y me imaginé que le gustaba que yo viera a un intelectual soviético que se expresaba con la misma libertad, con el mismo desenfado, que un francés o un italiano, aunque hubiera tenido que tragarse, en etapas anteriores, muchos sapos y muchas culebras. Si Sergio Larraín hubiera dicho la mitad de lo que dijo Ehrenburg en ese almuerzo, la cólera del Poeta habría sido apocalíptica, pero había diferencias abismales entre el lenguaje permitido a los iniciados y el que se toleraba en los mortales comunes. Es por eso por lo que los matriculados de siempre, los Volodia y compañía, dicen ahora, con notable desparpajo, que ellos fueron precursores, ¡nada menos!, de Gorbachev y de su *perestroika*.

En cuanto a Pablo, después de sus años de estalinismo flagrante y de sus conocidos y lamentables poemas al «sabio maestro», había sido un entusiasta de Nikita Kruschev y de su apertura. Cuando Edouard Bailby, en una entrevista para *L'Express*, a comienzos de octubre de 1971, en vísperas de la concesión del Premio Nobel por la Academia sueca, le había preguntado por el tema de Stalin y de sus crímenes, el Poeta le había contestado lisa y llanamente, con una sencillez que podríamos llamar olímpica: *«Je me suis trompé»*.

En los primeros tiempos de la misión de Neruda en Francia, Nikita Kruschev murió en su dacha en los alrededores de Moscú y fue enterrado sin honores, en unos funerales casi clandestinos. A Pablo le pareció que la conducta del Kremlin había sido mezquina, indigna. No me lo dijo en esa misma forma, pero me lo dio a entender en diversas oportunidades. La publicación de los crímenes de Stalin había sido traumática, tremendamente difícil de tragar, pero la política de Kruschev parecía indicar que una revisión profunda, seguida de la rehabilitación de las víctimas, estaba en marcha. Si era así, los intelectuales comunistas de Occidente podían levantar cabeza y responder a sus críticos. Los primeros años de la era de Brejnev indicaron, sin embargo, que eso no había pasado de ser una ilusión más, que el neoestalinismo volvería a implantarse sobre la URSS como una lápida.

En esa misma época salió una traducción francesa de las supuestas memorias de Kruschev, *Kruschev recuerda*, texto cuya autenticidad fue negada por las autoridades soviéticas y que también fue objeto de un desmentido bastante ambiguo y parcial, un desmentido que en el fondo, bien leído, resultaba confirmatorio, del propio Kruschev. Pablo devoró ese libro y me recomendó más de una vez que lo leyera.

271

«Es probable», me dijo, «que los editores norteamericanos hayan intervenido de alguna manera, cortando, adaptando, como hacen siempre por lo demás (y habría que conocer, añado aquí por mi parte, la función del *editor* en los Estados Unidos), pero estoy convencido de que el libro tiene una base auténtica. Me recuerda muchas de las historias que me contaban mis amigos de Moscú, sobre todo después de la muerte de Stalin, cuando hubo un peligro real de que Beria, el jefe de la policía política, se quedara con todo el poder.» Algunas de las revelaciones del libro de Kruschev eran terribles, de modo que la recomendación de Neruda, así como su decepción al conocer los detalles del entierro de Nikita Sergueievitch, no dejaban de ser enormemente decidoras. Un día me llamó a su salón privado del segundo piso y me presentó a un hombre de mediana edad, delgado, de estatura regular, vestido como un alto funcionario de cualquier oficina de este mundo. Era, me dijo, el ministro de Educación o de Cultura de Hungría, y él lo había conocido en sus viajes a Budapest y a Moscú muchos años antes. El Poeta me llamó, no me cabe ninguna duda, para que yo escuchara la conversación, y el diálogo resultó ser uno de los más abiertos que me tocaría escuchar entre él y otro alto personaje del comunismo. Pablo habló del entierro de Nikita Kruschev en forma enteramente crítica, con franca molestia, puesto que implicaba, a su juicio, un freno decidido en el proceso de la desestalinización. Su compañero y amigo húngaro se mostraba de acuerdo y hablaba de los intrincados problemas del socialismo en Europa Oriental, problemas que de algún modo empezaban a presentarse en Chile. El tono crítico de la conversación subió gradualmente de punto, como si Pablo, ese día, por algún motivo concreto que yo desconocía, estuviera particularmente irritado, y el húngaro, de pronto, con aire entre cansado, resignado, lúcido, se puso de pie:

—¡Pabló! —exclamó—. *¡Quand même, le socialisme va triompher!* (¡De todos modos, Pablo, el socialismo va a triunfar!)

Pablo, a su vez, se levantó, y le respondió en francés, con seriedad:

—Yo tengo mis dudas.

Pareció que todo había sido dicho, y los dos hombres guardaron silencio durante unos segundos. En seguida, se besaron en las mejillas, a la europea, con cierto dramatismo, y se despidieron.

El año 72 fue Leonid Brejnev en gira oficial a Francia y le concedió una entrevista privada al embajador y Premio Nobel Pablo Neruda en la embajada soviética. «Le quiero hablar del caso de Solzhenitsin», me dijo el Poeta antes de salir: «Solzhenitsin es un pesado, es un majadero insoportable, pero ellos tienen que dejarlo tranquilo. Somos nosotros, después, los escritores comunistas del otro lado, los que pagamos el pato...». Le habló de Solzhenitsin a Brejnev, en efecto, como le había hablado antes al embajador de la URSS en París, Abrassimov, y el resultado fue igualmente negativo.

—¿Qué te contestó Brejnev, Pablo? —le pregunté.

—No me contestó una sola palabra —dijo Neruda—. Me escuchó, mudo, con cara de palo, y no hubo más remedio que cambiar de tema.

Neruda solía decir que la Unión Soviética era un elefante de reacciones muy lentas, y la lentitud de estas reacciones, o más bien la absoluta ausencia de reacción, quedó archidemostrada en esa entrevista.

Hubo otros encuentros importantes con gente del mundo socialista o de la izquierda de Europa y de América, y uno que otro detalle pintoresco. Neruda abogó con fuerza, en diferentes oportunidades, en favor de la unión de socialistas y comunistas en Francia, asunto que en aquellos días empezaba recién a discutirse y que tropezaba con algunas dificultades serias. Me acuerdo de las caras impávidas de George Marchais y de otros jefes del comunismo francés mientras escuchaban, en ese salón privado del segundo piso, el elogio que hacía Neruda de François Mitterrand. «¡Lo conocemos mejor que tú!», parecían querer decirle, pero callaban, y seguían las palabras del dueño de casa con atención. Este, por lo demás, no cejaba: una alianza así sería muy semejante a la que ahora gobernaba en Chile. ¿No querían ellos ensayar la fórmula aquí en Francia?

Antes de esas conversaciones, François Mitterrand había viajado a Santiago y había almorzado en la embajada chilena, en vísperas de emprender el vuelo, en compañía de otros miembros de su partido. «Yo soy», había dicho de pronto, con firmeza, «señor embajador, el único de los socialistas franceses que nunca fue anticomunista». Los demás comensales levantaron los ojos de su plato de comida y alguno esbozó una protesta tímida, un «yo tampoco, señor embajador», como niños sorprendidos en falta. El viaje de Mitterrand a Chile coincidió con el de Fidel Castro, que no se había anunciado en detalle por razones de seguridad, y el recién ungido primer secretario del Partido Socialista Francés pasó perfectamente inadvertido. Alguien lo divisó en un rincón, durante un cóctel en La Moneda, mientras los reflectores enfocaban al Comandante en Jefe de Cuba. A su regreso a Francia, sin embargo, consiguió vender muy bien su imagen del «Allende francés». Hasta que vino el fracaso de la «experiencia chilena», el golpe de Estado, la muerte de Salvador Allende, y esa comparación, que había pasado a ser inconveniente en la política francesa, fue cuidadosamente sepultada.

También vi en aquel tiempo, en el salón del segundo piso de la embajada, que empezaba a estar atiborrado de toda clase de cachivaches y objetos insólitos, recogidos en los más heterogéneos anticuarios, cachureos, *bric-à-bracs*, jugueterías, a Dolores Ibarruri, «la Pasionaria». Neruda la hizo sentarse en un sillón que acababa de adquirir en las galerías Printemps y que era, por lo menos ese día, todo su orgullo: un sillón blanco, redondo, cuyos bordes tenían líneas onduladas, que sugerían una enorme corola instalada en su tallo, y cuya modernidad contrastaba con las guirnaldas neoclásicas de las paredes.

La Pasionaria habló con entusiasmo de la democratización española, que a su juicio, vista desde ese año 1972, era inevitable. Dos de los antiguos bastiones del franquismo habían cambiado: la Iglesia, donde ahora soplaban aires postconciliares, y el Ejército, en cuyo seno había surgido un movimiento de oficiales democráticos. La conversación se ponía interesante, pero yo tenía un compromiso ineludible, algún cóctel de una «embajada amiga» o alguna autoridad chilena que llegaba al aeropuerto, uno de los lugares que el Poeta y yo conocimos mejor en esos años, y tuve que despedirme. El me contó a la mañana siguiente, entre risueño y preocupado, lo que había sucedido con la Pasionaria. Resultaba que el famoso sillón del Printemps, el sillón en forma de corola blanca elevada sobre su tallo, tenía que colocarse sobre un anillo del mismo material a fin de conservar su equilibrio, y nadie, al recibirlo y desembalarlo, se había fijado en ese detalle. Pues bien, en lo más fogoso de su exposición, cuando analizaba las ricas promesas de la situación hispánica, el sillón había vacilado sobre su base incompleta y había terminado por arrojar a Dolores Ibarruri al suelo y por cubrirla como un caparazón grotesco, de gigantesca tortuga, en medio de los gritos de alarma del Poeta y de las otras tres o cuatro personas que había en la sala. «Ves», pude haberle dicho a Pablo, y quizás le dije, «el mobiliario de la época del señor Puga Borne y de don Ramón Barros Luco era, al fin y al cabo, más de fiar», reflexión conservadora que nos habría hecho reír de buena gana y que no habría dejado, después de todo, frente a las circunstancias chilenas, de tener algún sentido.

Una firma indiscreta

En esa época se produjo un incidente pequeño, un episodio ínfimo, pero revelador, que Neruda y yo sepultamos de inmediato en un discreto silencio, y que yo, quizás, debería omitir, si el propósito de este libro consistiera en hacer una apología en lugar de un retrato verdadero. Sin embargo, sólo una memoria real, sin concesiones, y un retrato de verdad, con todas las luces y las sombras que eso exige, tienen algún sentido a estas alturas y pueden contribuir, a lo mejor, a una comprensión más cabal de la vida literaria y política de nuestro tiempo, ese «siglo permanente» de que habló Neruda, ese siglo que nunca terminaba de hundirse en el pozo de la historia, con toda su cohorte de errores y de horrores.

Ricardo Paseyro, el hombre que se escondía detrás de las columnas de la Estación del Norte, en París, para espiar la llegada del Poeta, se había convertido en uno de los muchos enemigos obsesivos de Neruda, quien provocó siempre, en la amistad y en la enemistad, adhesiones y rechazos fanáticos, amores y odios apasionados, y amores convertidos en odios. Paseyro había sido en una época suya, época de comunismo o de izquierdismo más o menos a la moda, un miembro secundario de la corte nerudiana. Se contaba que lo había acompañado como guía y chófer en una corta estancia en París a fines de los cuarenta, y que después había reaccionado con resentimiento y con furia frente a una situación personal que había aceptado, pero que en definitiva había considerado humillante.

Ricardo Paseyro, Pipí Paseyro, como lo describía un verso nerudiano de los años sesenta, había propalado por todas partes, con una constancia y una eficacia sólo comparables a las que desplegaban los funcionarios que distribuían la carta de los escritores de Cuba, la especie de que Neruda había estado implicado de algún modo en el intento de David Alfaro Siqueiros, el pintor muralista mexicano, de asesinar a León Trotsky. Se decía que Paseyro había viajado muchas veces a Estocolmo para desprestigiar a Neruda ante los miembros de la Academia sueca y que había conseguido, de hecho (¡como la carta de los cubanos!), retardar la concesión del Premio Nobel al autor de *Canto general*.

A mediados del año 71, en vísperas de la reunión anual de la Academia sueca para decidir sobre el Premio, las posibilidades de Neruda eran notoriamente mejores. Salvador Allende había llegado al poder en forma democrática, y Neruda, el gran personaje de la literatura chilena y latinoamericana, era su embajador en Francia. Ricardo Pipí Paseyro, en esta emergencia, redobló sus esfuerzos, y Neruda fue largamente entrevistado, como ya lo mencioné antes, por Edouard Bailby para el semanario *L'Express*. Bailby le preguntó directamente sobre su eventual participación en el caso Siqueiros-Trotsky. Neruda, entonces, contó que, al llegar a México en calidad de cónsul general de Chile, en 1940, Siqueiros ya había intentado asesinar a Trotsky, en un bullado asalto a su casa de Ciudad de México, y se encontraba en la cárcel. La fecha de su llegada, por lo demás, el 16 de agosto del año 40, que he confirmado en un par de cronologías, confirma este dato perfectamente. En esas circunstancias, prosiguió Neruda, Manuel Maples Arce, poeta y embajador de México en Santiago, había llegado de paso a la capital mexicana y había ido a visitarlo al consulado. El gobierno de su país, le había explicado Maples Arce a Neruda, no deseaba tener a Siqueiros, uno de los grandes artistas de ese momento, en la cárcel pública, y vería con buenos ojos que saliera por un tiempo prudencial al extranjero. Chile, que había iniciado en 1938 su experiencia de Frente Popular, parecía el país más adecuado para recibirlo, y a él le habían encargado que conversara con Neruda sobre la posibilidad de que Siqueiros recibiera una visa chilena.

Neruda, según la versión suya entregada a Bailby, le había contestado que estaría de acuerdo en principio con esta idea, aun cuando no conocía a Siqueiros personalmente. Maples Arce lo llevó entonces a la cárcel para presentarle al pintor y obtuvo permiso del alcaide para que los tres pudieran salir a almorzar a un restaurante de la ciudad. Después, cuando Siqueiros obtuvo su libertad provisional, Neruda se las arregló para darle una visa por su cuenta y riesgo y para conseguir que viajara a Chile, donde el pintor dejó testimonio de su paso y de su interpretación de la historia chilena en un gran mural pintado en una Escuela de Chillán, escuela que lleva el nombre de México desde hace muchos años. Como la visa no había sido autorizada por el gobierno de Chile, Neruda fue objeto de una sanción administrativa. El hecho seguramente influyó, unido a otras actitudes políticas suyas —por ejemplo, la lectura de un poema en homenaje al líder comunista perseguido en el Brasil, Luis Carlos Prestes, en los funerales de su madre en México, lo que provocó una protesta diplomática del gobierno brasileño—, en el fin de su carrera consular y su regreso a Chile en 1943. Dos años después, en 1945, fue elegido senador por las povincias del norte y formalizó su adhesión, solemnizada en un acto público, al Partido Comunista.

La solidaridad con la República española, el asesinato de su amigo Federico García Lorca, la muerte en la cárcel de su «compañero del alma», Miguel Hernández, la lucha contra el fascismo durante la segunda guerra mundial y su rechazo de los escritores formalistas e intelectualistas, no comprometidos con la acción política, «adobados de tinta y de tintero», fueron las motivaciones más conocidas, visibles y poderosas, de su paso al comunismo. Nadie podría sostener seriamente que el Poeta haya buscado su comodidad. Hizo, por el contrario, una elección apasionada y arriesgada, en medio de una crisis mundial terrible y cuyas consecuencias nadie podía prever.

Muchas veces le escuché comentarios o anécdotas que

revelaban su mayor simpatía por los comunistas durante la guerra de España, y su crítica de los diversos extremismos, que se caracterizaban por su actuación desordenada, irracional, ineficiente. Esta crítica comprendía a los feroces anarquistas ibéricos y también, probablemente, a los trotskistas, que solían anteponer el antiestalinismo —por razones que ahora, claro está, uno comprende perfectamente—, a cualquier otra consideración. Una vez, a propósito de las acusaciones de Paseyro, junto con sostener que eran absurdas, y ya hemos visto que ni siquiera las fechas coincidían, agregó, medio en broma, dirigiéndose a algunos de sus amigos comunistas franceses: «Nosotros no matamos a Trotsky, pero no fue por falta de ganas...». En otras palabras, todo comunista disciplinado y convencido, en esos tiempos de fanatismo y de guerra a muerte, se habría sentido muy orgulloso de poder derribar al Archienemigo de la causa de la Revolución, del Proletariado, de la Humanidad.

Las declaraciones de Neruda a *L'Express* contenían, sin embargo, una tergiversación de los hechos. No era, en el fondo, más que un detalle, pero Neruda utilizó ese «detalle» para darle más fuerza a su respuesta, y nunca pensó que yo, en presencia suya, iba a descubrir sin quererlo una prueba evidente de que esa versión, la conversación con Maples Arce y su continuación, la visita a la cárcel para que le «presentara» a Siqueiros, estaba, por lo menos en parte, fabricada. Neruda solía hablar con cierta complacencia de su amistad antigua, que databa de los tiempos de la guerra española, con André Malraux. Había visto a Malraux en años recientes y contaba que éste le había recomendado dos libros esenciales para comprender a Francia: el *Memorial de Santa Helena*, y la *Historia de la Revolución Francesa*, de Jules Michelet.

Una tarde en que estábamos más o menos libres insistió en ir a cenar, Matilde y él, Pilar y yo, al restaurante Louis XIV, en la Place des Victoires, en el centro viejo de París, porque era muy bueno y porque había cenado allí, de regreso de España, con el autor de *L'Espoir* y *La condition humaine*. Fuimos, pues, al Louis XIV, en una salida muy informal y repentina, muy «nerudiana», y cenamos con alguna botella de un vino generoso de la región de Borgoña puesta sobre la mesa. A los postres, Neruda me dijo que le pidiera al dueño del restaurante el libro de visitas, porque él recordaba muy bien haberlo firmado con Malraux allá por el año 39. El libro que me trajeron comenzaba por el año cincuenta y tantos y pregunté si no tendrían el volumen anterior. El anterior atravesaba sin duda los años de la guerra y podía no ser demasiado discreto. De todos modos, al cabo de una búsqueda de unos diez minutos, apareció. Pablo y yo comenzamos a recorrer las páginas que correspondían al año 39. De pronto encontramos una gran página blanca, que sólo estaba ocupada por tres firmas rotundas, inconfundibles, indiscutibles: André Malraux, Pablo Neruda, David Alfaro Siqueiros. El Poeta guardó silencio, un silencio que de inmediato, de una manera muy suya, se volvió olímpico, y yo le devolví su libro, sin comentarios, al dueño del restaurante.

La memoria le había fallado al Poeta con respecto a esa cena de 1939 y también podía haberle fallado con respecto al origen de su amistad con el pintor. El había llegado a la conclusión de que merecía el Premio Nobel, de que le correspondía, y de que todos —él, Chile, su partido, el gobierno de Salvador Allende—, iban a salir ganando. En esas condiciones, y dado que no había participado para nada en el intento de asesinato de Trotsky que le achacaba Paseyro, la fecha de iniciación de esa amistad no pasaba de ser un asunto completamente secundario. Ahora, en el recuerdo, calculo que el silencio olímpico, su primera reacción, fue seguido por el olvido inmediato y por la inmediata reincorporación a la alegría y a la cháchara de esa excelente cena. Ni Matilde ni Pilar habían alcanzado a ver la firma indiscreta de Siqueiros en la parte baja de la página, ni se habían interesado tanto como nosotros, ellas, en el hecho literario de que Malraux y Neruda hubieran comido juntos, de manera que el episodio, inadvertido por la compañía femenina, fue superado sin mayores dificultades.

La penúltima residencia

La política era tan agitada, tan visible, tan dramática, que nos olvidamos de la poesía. «Nadie me lee», solía decir Pablo en esos años finales, en un tono de quejumbre cómica, con un dejo de coquetería, puesto que era, de todos modos, uno de los poetas más leídos del mundo contemporáneo. Pero sus amigos, y la comunidad literaria, sobre todo la del idioma, tenían ya una idea fija, adquirida y congelada, del poeta Pablo Neruda y de su obra. Neruda era el autor de *Crepusculario*, de *Veinte poemas*, de las *Residencias* y de *Canto general*. Cada año salía un libro nuevo, y ese libro se vendía bastante y supongo que se leía en alguna parte, pero sus amigos, y los demás, y los enemigos que nunca faltaban, y los críticos, solían dedicarle una atención más bien escasa, circunstancial, distraída. Mi experiencia personal, por lo menos, consistía en leer con rapidez un poema anticipado por una revista, en asistir, quizás, a una lectura pública, en recibir, más tarde, un ejemplar del libro con una dedicatoria en grandes trazos de tinta verde, donde nunca faltaba un dibujito, una flor, una mosca, una broma, y en recorrer sus páginas con vaguedad y dejarlo encima de una mesa, o guardarlo en el sitio de la biblioteca destinado a la poesía.

Uno sentía, para ser franco, y qué sentido tendría escribir memorias si no es para ser franco, para franquearse, buscando la síntesis difícil de la invención verbal y de la fidelidad a la verdad, a la verdad de la memoria, por lo menos, que el Poeta escribía demasiado y que su talento, a veces, su lenguaje incluso, tendían a dormitar, a descuidarse. Sin embargo, de pronto, en la esquina de un verso, en un co-

281

mienzo, en un final, en los bloques compactos de *La Barcarola* o en los hilos de las *Odas elementales*, en los poemas de infancia de *Memorial de Isla Negra*, el poderoso genio poético despertaba, con toda su inventiva, con su originalidad fresca, con el carácter curiosamente visual y sorpresivo de sus giros y de sus imágenes.

Una vez, en la Sebastiana, la casa de Valparaíso, bajábamos por las estrechas escaleras, en un grupo alegre, heterogéneo, dotado de la dosis necesaria de frivolidad, y alguien, una señora buenamoza, en un tono perfectamente ingenuo, preguntó por un pájaro embalsamado, de grandes alas rojas, que estaba colocado en una vitrina de madera y vidrio en uno de los descansos. «¡Y ese pájaro!», preguntó, o exclamó, con un acento inconfundible de señora chilena de buena familia, educada en colegio de monjas, y que ha llegado, por alguno de los imprevisibles caminos del Señor, a incorporarse al círculo de los intelectuales de izquierda, a convertirse en mujer, en compañera, en amante de alguien, en musa inspiradora. Pablo, entonces, recitó unos versos sobre pájaros que acababan de publicarse en uno de sus libros. No estoy completamente seguro, pero me parece que estábamos reunidos para celebrar el Año Nuevo de 1960 o de 1961, y los versos podrían haber pertenecido al «Adiós a Venezuela» de *Navegaciones y regresos*, libro publicado, según consta ahora, en 1959:

> Ay cuando hacia las islas
> palpitantes pasaron
> los corocoros como si pasara
> volando el fuego vivo...

Recitó esos versos, o versos parecidos, en medio de la algazara de los que bajábamos, después de haber visto desde la terraza los fuegos artificiales de los cerros porteños, desencadenados junto con las sirenas de los barcos, y yo, que iba delante, di media vuelta y lo miré, porque no era habitual que se citara a sí mismo. Además, y esto era lo que más me había sorprendido, nadie se había fijado en el detalle, nadie había interrumpido por un segundo su risa o su parloteo. «¡Ves!», me dijo el vate, abriendo sus brazos con un gesto de resignación, como si el episodio fuera una nueva demostración de lo que él y yo ya sabíamos: «¡Nadie me lee!».

En los días de la embajada en París, todo conspiraba para que no pudiera escribir una línea: la enfermedad, los compromisos diplomáticos, el asedio de los periodistas y de los amigos, el paso constante de autoridades y de chilenos de toda clase. Ehrenburg había visitado Chile en 1954, para celebrar los cincuenta años de Neruda, y la policía de inmigración le había revisado las maletas y le había confiscado papeles y discos folklóricos, acusádolo de traer allí las instrucciones de Moscú para los comunistas chilenos. *«Le Chili n'est pas sérieux!»*, le había dicho Ehrenburg, en esa oportunidad, a Neruda. En París, cada vez que notábamos el desorden, la improvisación, la precipitación, la ingenuidad de nuestros compatriotas o de nuestro gobierno, Pablo, levantando el dedo índice y sonriendo con una mezcla de humor y de melancolía, me repetía: *«Le Chili n'est pas sérieux!»*. Yo le insistía en que él no tenía obligación alguna de ir al aeropuerto a recibir a cada funcionario, a cada diputado, a cada oficial de ejército que llegara de visita por cualquier motivo, y él, entonces, me decía: «¿Y si se van pelando? ¿Y si pasan a firmar los registros del Partido de los Sentidos?».

Esto del Partido de los Sentidos era una invención nuestra. Los chilenos, una buena parte de los chilenos, por cualquier cosa, por detalles, a veces, que uno mismo no alcanza a percibir, se «sienten», quedan sentidos por largo tiempo o por el resto de su vida, irremediable y desconsoladamente heridos. Como era una época de intensa actividad partidista, Pablo me decía: «Habrá muchos demócrata cristianos, radicales, nacionales, socialistas, comunistas, pero estoy seguro de que el partido mayoritario del país, con mucha distancia sobre los otros, es el Partido de los Sentidos».

Sometido a ese asedio constante, a esas presiones e imposiciones, cuyo carácter absurdo, inútil, saltaba a cada rato a la vista, Pablo siempre mantenía a mano sus cuadernos de croquis, sin líneas, y sus estilográficas o sus rotuladores con tinta verde. A menudo, cuando íbamos en el automóvil a alguna ceremonia oficial, sometidos a la desesperante lentitud del tráfico, lentitud que se acentuaba en las horas llamadas «de punta» o en los días de lluvia, el Poeta, que siempre iba sentado delante, junto al chófer, sacaba un cuaderno guardado en la guantera y escribía. No se crea que ese asiento delantero ofrecía mucha comodidad. El automóvil del Poeta Embajador no era una *limousine*, no era uno de esos armatostes habituales en los cuerpos diplomáticos, equivalentes contemporáneos de las antiguas carrozas, sino un simple Renault 16 o 18, para colmo de color blanco, un automóvil de la clase media y hasta de los obreros franceses de aquellos años. El Embajador Poeta subiría después un poco de categoría, en cuanto al automóvil, se entiende, y circularía por París y por los caminos de Normandía, rumbo a su casa de Condé-sur-Iton, en un Citroën más grande y de un sobrio color gris acero, un modelo muy típico de esos años, que parecía suspirar y que se levantaba del suelo cuando el motor era puesto en marcha.

Se quejó muchas veces del hecho de que la residencia y la cancillería de aquella embajada estuvieran en la misma casa. Esto le impedía aislarse, concentrarse, y hacía que siempre hubiera interferencias, interrupciones, llamadas telefónicas, incluso en las horas y en los días de descanso. Llegó a pensar seriamente en la posibilidad de no vivir en la Motte-Picquet y de arrendar un departamento en París, y me lo comentó. Ahora bien, en unos versos punitivos célebres de finales de los años cuarenta había escrito: «Si usted nace tonto en Rumania / sigue la carrera de tonto, / si usted es tonto en Avignon / su calidad es conocida / por las viejas piedras de Francia, / por las escuelas y los chicos / irrespetuosos de las granjas. / Pero si usted nace tonto en Chile / pronto lo harán embajador...». Después seguía: «Llámese usted tonto Mengano, / tonto Joaquín Fernández...». Este Joaquín Fernández era uno de sus antecesores en el cargo, un miembro de esa galería de retratos que el Poeta, en una de sus primeras medidas, había mandado desterrar de sus oficinas.

—¿Sabes —le dije, y se lo dije con un fundamento real— qué otro embajador arrendó un departamento para no tener que vivir en la Motte-Picquet?

—¿Quién? —preguntó.

—Joaquín Fernández.

—¡Quiere decir que no era tan tonto! —exclamó de inmediato Neruda.

Para escapar de los interminables compromisos y de las tensiones de París, hacíamos algunas excursiones. Adquirían siempre, en forma inevitable, una faceta entre gastronómica y poética, y el coleccionismo también solía hacerse presente. Uno advertía, además, que el Neruda del sur, de Temuco, y el de Isla Negra, el del mar, estaban en todo momento a flor de piel. La gran ciudad lo fascinaba, pero también lo abrumaba, le hacía sentir la necesidad imperiosa de escapar de ella. Se podría argumentar que su sentimiento de la naturaleza era comparable al de los burgueses que salen al campo los fines de semana, pero la verdad es que la naturaleza, los volcanes, los ríos, las costas del sur de Chile, habían sido absorbidos por todos los poros del Poeta en su infancia; había quedado en él, para todo el resto de su vida, una especie de comunicación mágica, de algún modo religiosa, con el mundo de lo natural, de lo primigenio.

Hacia fines de ese primer año en la embajada, noviembre o diciembre de 1971, y a pesar de que ya había comprado, con el dinero del Premio Nobel, la casa normanda de Condé-sur-Iton, hicimos un largo paseo en compañía de Matilde, Pilar y nuestros dos niños, Jorge y Ximena, en el automóvil mío y conducido por mí, al puerto de Saint-Malo. Saint-Malo está en el norte de Francia, cerca del límite de la provincia de Normandía y ya en el comienzo de Bretaña. Partimos un día viernes, bastante tarde, y el tráfico de salida de un fin de semana largo nos retardó más de lo previsto. Recuerdo todavía el atochamiento infernal del puente y del túnel de Saint Cloud, después de haber atravesado en el atardecer de otoño el Bosque de Boloña. Pasamos el túnel, por fin, y nos internamos en los hermosos campos del norte de la Isla de Francia. Al cabo de un par de horas, ya de noche cerrada, llegamos a la conclusión de que teníamos que parar en alguna parte si queríamos comer algo. Vimos una hostería con las luces encendidas, una típica *auberge* campestre. Cuando bajábamos del automóvil, llegué a la conclusión un poco alarmante de que era uno de los establecimientos más caros de toda esa región, un lugar anunciado con abundancia de estrellas y tenedores en las guías turísticas. Entramos, y los mozos nos advirtieron que los fogones de la cocina ya estaban apagados. Podían servirnos unos jamones al perejil y otros fiambres, especialidades de la casa. Y vino, desde luego: la carta de los vinos era voluminosa y espléndida.

Pablo se puso a examinar esa carta con atención curiosa, golosa, y sus ojos se detuvieron en la última página, un pergamino que anunciaba, con letra caligráfica escrita en tinta china y que ocupaba el centro del espacio, una botella de vino de Borgoña de los tiempos de Napoleón I, objeto mitológico, de coleccionista, que se vendía por la suma, importante en esos años y todavía ahora, de ochocientos francos de los que los franceses llamaban nuevos *(nouveaux)* o pesados *(lourds)*. «¿Por qué no la pedimos», dijo Pablo, sonriendo, «y nos volvemos a París?» Intuí que este viaje en automóvil, atravesando las planicies nocturnas, había empezado a cansarlo, y que lo del botellón histórico iba en serio. Se me ocurrió, como último recurso, un argumento culinario: «Si nos dieran de comer, por lo menos, la comida de esta *auberge*, que dicen que es extraordinaria... Pero abrir esa botella para acompañar un plato de jamón frío...». Pablo aceptó mi argumento, aunque de mala gana, y ahora, al escribir esta página, llego a la conclusión de que cometí un error, de que incurrí en la manía burguesa y burocrática de la prudencia, que Pablo, con sabiduría, practicaba en esos años en la política, pero no en la literatura y ni siquiera en la vida diaria. Habríamos descorchado la botella fabulosa, habríamos descubierto el perfume remoto y quizás el sabor de los tiempos de Napoleón, de Stendhal, de Josefina Bonaparte, y Pablo, después, en Saint-Malo, en París, en Condé, en cualquier otro lado, habría escrito una oda.

En el puerto de los marinos bretones, los malouinos o malvinos de los antiguos viajes a los mares del sur, en lugar de escribir una oda, escribió una historieta para niños, con ilustraciones suyas, dibujadas con su tinta verde, en el cuaderno de Ximena: una historia de un pescadito que se estiraba, que cambiaba de forma, que se enrollaba y se convertía en nudo, riéndose de los lectores espectadores. Comimos estupendas ostras y grandes platos de *moules* (choros o mejillones) regados con vino blanco de Muscadet, el vino bretón seco y barato; paseamos por los contrafuertes de piedra, reconstruidos después de la segunda guerra, cerca de una casa donde había vivido el vizconde René de Chateaubriand, escritor situado, por cierto, en las antípodas políticas de Neruda, pero dotado de algunos rasgos, rasgos románticos, de exaltación de la naturaleza virgen del Nuevo Mundo, parecidos a los suyos, y compramos, él y yo, unos gorros de marinero, que exhibimos a nuestras mujeres y a mis hijos con gran alegría. El gorro mío sobrevivió a esos tiempos difíciles y me acompañó en años posteriores, en años de exilio semi voluntario, en el pueblo catalán de Calafell, con alguna molestia por parte de Carlos Barral, que se sentía el único autorizado en esa costa para llevar gorros de capitán de barco.

Al regresar de Saint-Malo paramos en la casa de Condé, quizás para depositar un artefacto que Neruda había encontrado en un anticuario, quizás un globo terráqueo de los viejos navegantes malouinos, o una rueda de timón, y el Poeta estuvo todo el tiempo muerto de miedo de que los niños le rompieran unas muñecas de porcelana que acababa de comprar y que había instalado en una habitación.

«Ellos las miraban fascinados», cuenta ahora Pilar, «pero ni siquiera se atrevían a tocarlas». Lo que pasaba es que el Poeta tenía la paciencia de dibujarle una historieta a Ximena en su cuaderno y de darle temas a Jorge para que escribiera una poesía, poesía que después se sentaba a escuchar, en medio de sus ajetreos de París, con grave atención, pero eso no excluía el terror de que los niños jugaran con los juguetes suyos, en general bastante caros, y se los rompieran.

La Manquel, la casa de Normandía, bautizada con la voz araucana que designa al águila, fue la penúltima de sus residencias poéticas, antes de su regreso final a Isla Negra, su residencia de siempre, o por lo menos de toda la segunda mitad de su vida. Y hay que tener en cuenta que en la primera mitad, la de *Residencia en la tierra*, precisamente, sólo tuvo residencias provisionales, cambiantes, y destruidas, como las casas de su padre en Temuco, devoradas por los incendios, o la de Wallawata, en Ceylán, o la Casa de las Flores, sometida a los bombardeos de Madrid durante la guerra.

Cuando Arthur Lundqvist, su amigo en la Academia sueca, lo visitó en París y le dijo que la decisión de darle el Premio Nobel ya había sido tomada y que la Academia había entrado en receso por vacaciones, Pablo me pidió que lo acompañara a buscarse un refugio en Normandía. Al final de esa mañana de sábado, encontramos el caserón de Condé-sur-Iton, antiguo aserradero perteneciente a la propiedad señorial de ese lugar, propiedad presidida por un castillo renacentista que no se veía desde el pueblo, porque había sido construido en unos terrenos bajos, pero cuyos portones enrejados daban sobre la calle principal. Como ocurría en estos casos, Pablo tomó su decisión de inmediato y empezó a pensar en la casa, a vivir en función de ella, como si la casa creciera dentro de él, desde ese mismo instante. Firmó unos papeles en una pequeña oficina de corretaje, dio un cheque en garantía, y el asunto, antes de las dos de la tarde, había quedado oleado y sacramentado. Tuvo tiempo, incluso, de encontrar unos muebles rústicos y amables, de sólido cuero y madera, que también reservó y que servirían de punto de partida para el amoblado.

Yo le dije que había encontrado Temuco en Normandía, y me parece que él, aunque no respondió nada, estuvo de acuerdo. La casa era pura madera, madera de aserradero y para un aserradero, y alguien nos contó que después de cumplir sus funciones iniciales de aserradero, había prestado servicios como *boîte de nuit* para la juventud de la zona. ¡Cuántos amores, cuántas efusiones habrían presenciado esas tablas, esos listones, esas vigas aparentes! Había un canal que pasaba junto a las ventanas y que daba la impresión de entrar al vasto salón, y al otro lado de ese canal había pastizales, bosques, vacas, terneros, caballos, pájaros que revoloteaban de rama en rama y que lanzaban chillidos agudos. Me acuerdo de que el chófer, un día, había derribado un faisán, no sé si a pedradas o a escopetazos, y lo tenía listo para meter a la olla.

En esa casa celebramos el Año Nuevo de 1972, su único Año Nuevo como embajador, ya que por noviembre del 72 regresaría a Chile en forma definitiva. Fue una celebración extravagante y, a su modo, divertida. Pablo y Matilde acababan de llegar de Moscú, donde el Poeta había sido agasajado por su Premio y además examinado por los médicos, y habían traído en el avión carne de oso y generosas cantidades de caviar fresco. Queríamos que la fiesta fuera alegre, relajada, *décontractée*, como decían los franceses, desprovista de tensiones y de compromisos, ya que para compromisos y celebraciones formales, aburridas, teníamos la embajada, y después de recorrer una larga lista de invitados posibles, terminamos por descartar a todos y quedarnos sólo con el poeta colombiano Arturo Camacho Ramírez, delegado de su país en la Unesco, y con su esposa. Camacho era un hombre más bien rechoncho, de buen humor, gran conocedor de versos cómicos y de circunstancias, y era, en cambio, persona más bien indiferente a la política, o alejada, por lo menos, de la política de izquierda, detalle que no deja de ser ilustrativo de la actitud de Neruda en esos días.

Camacho llegó a Condé-sur-Iton aquejado de una fuerte bronquitis y se pasó toda la noche tendido en un sofá y acezando, resoplando como un fuelle, en estado febril, mientras nosotros bebíamos champagne y bailábamos como trompos, felices de la vida. Al final de la fiesta, cerca del amanecer, yo bailaba, con gran soltura de movimientos, con una de las sillas del mobiliario rústico. Al día siguiente, Pablo me la señaló, para refrescarme la memoria, y no fui capaz de levantarla del suelo. Un año más tarde, recibiría una carta fechada en Isla Negra el 28 de diciembre de 1972 y que terminaba así: «Como las cosas principales no te las he dicho, termino esta carta con los correspondientes abrazos de Año Nuevo, repartidos en la siguiente forma: uno para ti con una silla pesada para que bailes, un abrazo delgadito para Pilar, uno en forma de erizo para Jimena, y uno con reminiscencias de Alejandro Dumas, para Jorge junior».

En la casa de Condé-sur-Iton, que los parlamentarios conservadores denunciaron en el Congreso chileno con indignación por tratarse, según ellos, de un castillo, Neruda escribió parte de *Geografía infructuosa*, uno de sus mejores libros del final. ¿Por qué «infructuosa» la geografía, podemos preguntarnos, cuando él fue el Poeta de la naturaleza, de los bosques vírgenes y las lluvias del sur, del mar incesante? En «El campanario de Authenay», uno de los poemas más notables de su vejez, encontramos la respuesta. El Poeta contemplaba ese campanario en el paisaje de las cercanías de su casa, bajo el cielo de ese otoño a fines de 1971 y de ese invierno a comienzos del 72. Alguna vez me lo dijo vagamente, y yo, después, ponía atención en el campanario en medio de la planicie. En el poema, el Poeta observa el contraste entre la construcción humana, la simetría gris, expresión de una «voluntad pura», y la dispersión de la geografía, de la naturaleza, de las nubes invernales. El siente que viene de esa naturaleza —la Normandía suya es, en efecto, como yo le había comentado, equivalente al Temuco de su infancia—, y que lleva dentro su desorden, su dispersión, su belleza en el fondo estéril, infructuosa. Se siente culpable una vez más, sentimiento recurrente en su poesía última, de no haber construido nada, de no haber engendrado un orden, una organización, como es la torre, la flecha, la veleta en forma de gallo que veía en Authenay, a partir de la voluntad. Sus ojos, después de errar por el mundo, «por nieve o lluvia o corazón cansado», se quedaban amarrados a esa forma arquitectónica,

> a la estructura de la voluntad
> sobre los dominios dispersos
> de la tierra que no tiene palabras
> y de mi propia vida.

Porque el Poeta, al hacer su balance, a pesar de haber vivido una existencia tan rica, tan llena de experiencias, de amores, de luchas, de libros, tenía la curiosa sensación de que todo había sido intangible, inútil:

> Ay lo que traje yo a la tierra
> lo dispersé sin fundamento,
> no levanté sino las nubes
> y sólo anduve con el humo...

Al recuperar sensaciones de su infancia en Temuco, en un proceso de reflexión solitaria y teñida, sin duda, por una conciencia crepuscular, ¿sentía el Poeta, en su yo profundo, que su padre, el obrero ferroviario, el enemigo de su primera vocación poética, había tenido de algún modo, en alguna medida, la razón? Constato en mi memoria que en esos dos años de París el tema del padre surgió a menudo, y surgió con una franqueza y una crudeza que eran nuevas. Me habló de su autoritarismo y me contó que impartía sus órdenes a la familia con pitazos de ferrocarrilero: un pitazo para levantarse, otro para partir, uno para entrar al mar, en los baños veraniegos de Puerto Saavedra, y otro, perentorio, tajante, para salirse.

Una vez, sin darle demasiada importancia al asunto, me

contó que él y su media hermana, Laurita Reyes, hablaban a menudo, en Temuco, de la posibilidad de matar a su padre. ¡Matarlo! Sí, matarlo, y Pablo movió una mano, como si comprobara con ese gesto la monstruosidad que podían llegar a tener los niños, la monstruosidad de la naturaleza humana. Un texto suyo, extraordinario y escasamente conocido, cuenta el traslado de los restos de su padre, durante uno de sus viajes a Chile, allá por los años treinta o cuarenta, y describe una terrible cascada de piedras y de líquido que se habían empozado dentro del ataúd. ¡Líquido de la descomposición cadavérica, agua y piedras de las lluvias y los lodazales de Temuco! A eso se había reducido esa autoridad, esa sombra, ese orden indiscutible, ese miedo.

La última vez que la casa de Condé tuvo animación, invitados numerosos, ambiente de fiesta, fue el 12 de julio de 1972, fecha de su sexagésimo octavo cumpleaños. El Poeta se disfrazó, se puso un sombrero de copa, una chaquetilla roja de *barman*, unos enroscados bigotes postizos, y ofició en un bar que se había inaugurado al fondo del jardín. Recuerdo a Julio Cortázar, a Ugné Karvelis, a hermosas señoras chilenas como Raquel Parot y Silvia Celis. La gente iba y venía, del jardín a la casa y de la casa al jardín, hablando de Miguel Angel o de cualquier cosa, y yo tengo la sensación, ahora, de que reinaba una alegría más bien ficticia, una alegría erosionada, debajo de la superficie, por premoniciones oscuras, relacionadas con la salud física del dueño de casa y festejado, y también, hasta cierto punto, con la salud política del gobierno que representaba en Francia.

La poesía es peligrosa

El diagnóstico de esos médicos soviéticos que habían examinado al Poeta, antes de su regreso a Francia llevando cargamentos de oso y de caviar, había sido malo. La primera intervención de París, realizada en el primer año de su estada, no había conseguido detener el proceso de cáncer en la próstata, que amenazaba con extenderse por las caderas y por los huesos de las piernas. El Poeta había padecido de flebitis durante muchos años y sufría de ataques más o menos frecuentes de gota. El cáncer prostático, unido a esos otros males, creaba un cuadro complejo: dolores difusos, que a veces se volvían agudos, dificultades para caminar, palidez extrema, momentos de angustia. El Poeta no tenía una información abierta, franca, y hasta el final creía, o fingía creer, que su enfermedad era el reumatismo. «El reumatismo de mi cadera me anduvo descaderando», me escribía en esa misma carta del 28 de diciembre del 72. Y el 18 de febrero de 1973, también desde la Isla, me decía: «Mi reumatismo va mejor cada día, pero ando con un bastón y no me gusta mostrarme. Prácticamente no he viajado a Santiago». Se había comprado un sitio en Lo Curro, que en esos años todavía era un barrio nuevo de las afueras de Santiago, y quería que le construyeran una casa sin escaleras, en un solo piso, para desplazarse con más facilidad. Los médicos chilenos le habían dicho a Matilde que el cáncer de Pablo era de evolución lenta, que podría vivir todavía bastantes años, y le habían insistido en la importancia de que conservara el ánimo bueno. Si se le permitía caer en la depresión, su organismo, explicaban los doctores, soltaría adrenalinas, que a su vez precipitarían el proceso canceroso. Esta era una razón más que justificada para ocultarle la verdadera gravedad de sus dolencias.

El Poeta no sabía, en buenas cuentas, o nosotros suponíamos que no sabía, pero él, guiado por su intuición, llegaba lejos en el conocimiento de su situación personal. Una mañana entré a su despacho, en la embajada, y estaba con la edición de *Le Figaro* desplegada encima del escritorio. Me miró, me saludó, y yo me senté, como de costumbre, en la silla que estaba en frente. En esa época siempre me impresionaba su palidez amarillenta, su expresión fatigada, su voz, que resonaba con un timbre gastado, cascado, a veces irreconocible. «Mira esta noticia», me dijo: «Este hombre, Raúl Leoni, el ex presidente de Venezuela, era amigo mío, y muy buena persona. Tenía exactamente mi edad, sesenta y ocho años. Y mira de lo que acaba de morir...». La escueta noticia decía que el ex presidente de Venezuela había muerto de cáncer en la próstata, y el Poeta, pensativo, abstraído, con una mano grande, pero donde la piel empezaba a verse fláccida, acariciando el mentón, clavaba la vista en el vacío. Hacía tres o cuatro años, en el bar de la casa de Isla Negra, al comentar la muerte de Jorge Sanhueza, me había dicho, con una expresión muy parecida, desde un ensimismamiento profundo: «¿Qué es eso de la muerte? Morirse... ¡Qué misterio más grande!».

Uno podía olvidarse con cierta facilidad, porque la poesía épica, de exaltación de la naturaleza y del amor, la vena luminosa, vitalista, ocupaba una parte tan decisiva y tan visible de su obra, pero Neruda había sido y seguiría siendo, también, el poeta de «Sólo la muerte», en *Segunda residencia*; el de «Alturas de Machu Picchu», texto que sólo podemos interpretar como un viaje al País de los Muertos, como un descenso al Hades, y el de otro viaje, de descubrimiento en este caso, el «Viaje al corazón de Quevedo», donde explica que la obra quevediana, que conoció y que lo deslumbró, junto con tantas otras cosas de España, en la década del treinta, le dio a él «una enseñanza clara y biológica del hecho de la muerte, que no es el transcurriremos en vano, no es el Eclesiastés ni el Kempis, adornos de la necrología, sino la llave adelantada de las vidas. Si ya hemos muerto, si venimos de la profunda crisis, perderemos el temor a la muerte. Si el paso más grande de la muerte es el nacer, el paso menor de la vida es el morir...».

Ahora, frente a lo concreto de la muerte, cuyos trabajos se habían radicado en la médula de sus propios huesos, reflexionaba, embargado. «Médulas que han gloriosamente ardido», cantaba don Francisco de Quevedo. La conciencia de la cercanía de la muerte ya no era pura metafísica, puro lirismo: esta vez se instalaba en un cuerpo minado, obviamente predestinado, y hacía que el Poeta, en una especie de mejoría final, recuperara sus ínfulas juveniles. En forma muy directa y cómica, sin el menor tapujo, me había dicho un día en París: «Mientras más viejo, más caliente me pongo». Yo me había quedado perplejo y había pensado en la locura sin remedio del erotismo, una locura de la que yo, sin duda, tampoco me liberaría fácilmente.

Pablo me propuso muchas veces, en esos días de París, que alquiláramos una *garçonnière* a medias, y me preguntaba a menudo si me había preocupado del asunto y si ya había encontrado algo. «Está muy bien, Pablo», le contestaba yo, que en verdad no había movido un dedo, «pero, dime, por favor: ¿en qué momento crees que vamos a poder usarla?». El refunfuñaba, porque ya veía que la embajada en París no era una bicoca tan fácil y tan placentera como se había imaginado, pero mis argumentos no lo convencían.

El Poeta se había enamorado en Chile, en vísperas de salir como embajador, de una mujer bastante joven, de piel clara, de formas exuberantes, colocada por las circunstancias en la cercanía suya. Matilde al parecer había partido de viaje de Isla Negra a Santiago, se había arrepentido a mitad de camino, movida quizá por una súbita «intuición femenina», y los había sorprendido *in fraganti*, para utilizar la expresión del antiguo Código Penal. Supongo que había comprendido de inmediato su error, al permitir que esa joven y el Poeta estuvieran tan cerca, y se había dicho a sí misma, con sorpresa filosófica, que nunca terminamos de conocer a las personas, puesto que ella y nadie más que ella era la responsable de esa cercanía y de esa familiaridad. Ardió Troya, el personaje de marras no tuvo más alternativa que tomar una considerable distancia, cayendo en el destierro de los barrios santiaguinos más o menos modestos, y las cosas recobraron, al menos en apariencia, su normalidad. Pero el Poeta había mordido una manzana juvenil, regozante, bien formada, y no pudo quedarse tranquilo. Cualquiera que lo conociera bien habría concluido que pedirle esa tranquilidad, en sus condiciones psicológicas, en su complejo estado de conciencia con respecto a la propia enfermedad, y en una etapa de su poesía en que el mundo de la infancia y de la juventud retornaba con fuerza incontenible, como esas olas que se levantan desprendiendo penachos de espuma y que en Chile llamamos «toros», era como pedirle peras al olmo.

Apenas nos instalamos en París, me advirtió que yo recibiría unas cartas, con mi nombre y con la dirección manuscritos en una caligrafía determinada, y que esas cartas, que eran para él, desde luego, y no para mí, debería entregárselas con la máxima discreción. Las cartas empezaron a llegar con regularidad, a razón de una o dos por semana, y una vez que cometí el error de entregarle una a otra persona, persona de confianza de ambos y que viajaba hasta Condé-sur-Iton para visitarlo, Pablo me lo reprochó seriamente: «No debes hacer eso nunca», me dijo. «¡Por ningún motivo!»

Al día siguiente de la concesión del Premio Nobel, mientras Pablo acumulaba felicitaciones, tarjetas, telegramas, encima de un brasero colocado a sus pies, recibí un cablegrama de Chile dirigido a mí, que me daba abrazos y besos apasionados por haber ganado el Nobel. Se lo entregué al Poeta con la reserva obligada, sin comentarios, y él lo leyó, y se lo guardó en un bolsillo, sin decir una palabra.

Un día me dijo que le había enviado con unos amigos un paquete a mi hermana menor, Angélica, y me hizo saber que el envío tenía relación con esa historia secreta. Parece que me pidió, también, que le escribiera unas líneas explicativas a mi hermana, explicativas y destinadas a disimular toda la operación, pero la verdad es que no tengo ahora el menor recuerdo de haber escrito ese mensaje. Mi hermana cuenta que abrió el paquete, sorprendida por mi súbita generosidad fraternal e instigada por los amigos comunes que lo llevaron, y que empezaron, para asombro y confusión de todos, a aparecer prendas infantiles de no muy buen gusto, compradas de prisa en algún Prix Unic o en el Printemps de siempre. Eran regalos para la hija de la mujer amada, hija anterior, para evitar suposiciones, a los días de su encuentro con el Poeta. Angélica tuvo que atravesar la ciudad de Santiago para entregarlas, y la destinataria, durante el breve encuentro, no consiguió salir de un estado mixto de incomodidad, alegría y sorpresa.

No supe si Matilde llegó a sospechar que la historia descubierta por ella en Chile se prolongaba a distancia. Pablo hacía planes más o menos misteriosos para traer a su amiga a París. A veces me los comentaba, y yo escuchaba con paciencia, para no defraudarlo, pero nunca creí que pudieran llegar a realizarse. La enfermedad avanzaba a ojos vista, y yo tenía la impresión, en el fondo triste, patética, de que todo era fantasía, arrebato senil, apego angustioso a la vida, a sus «frescos racimos», en medio de los «fúnebres ramos» que un olfato aguzado percibía con la más penosa evidencia.

Una noche, en una cena oficial ofrecida en honor del ministro de Relaciones Exteriores de Chile, Clodomiro Almeyda, y a la que asistía su homólogo francés Maurice Schuman, vimos que el Embajador Poeta se levantaba de la mesa, con expresión de franca angustia, de una palidez amarilla, doliente, y se retiraba con andar dificultoso. Regresó a los cinco o diez minutos, pero esa noche, cuando los invitados partieron, me dijo que nunca había sentido más dolor en su vida. ¡Había botado por la uretra una verdadera pelota de sangre!

Los correligionarios de Pablo, con lo que me parecía y

me sigue pareciendo una terrible obcecación política, disimulaban el mal, impávidos, porque, si Neruda dejaba de ser embajador en París, esa embajada, concedida por Allende a título personal, iba a perderse para «el partido» (y ya sabemos que una de las debilidades mayores del pensamiento comunista contemporáneo ha sido el predominio de la abstración: «el partido» por encima de la persona o de las personas). En la segunda mitad del año 72, sin embargo, ya no había argucia ni disimulo posibles. El Poeta, definitivamente amagado por su mal, tenía que recluirse en una clínica de París y someterse a una segunda intervención, mientras yo, con medios insuficientes, entre tensiones y rumores, me veía en la necesidad de asumir la totalidad de las funciones oficiales. Quedó decidido que Pablo regresaría a Chile y, para que no perdiera todo contacto con Francia y con el mundo internacional, el gobierno promovió su candidatura al Consejo Ejecutivo de la Unesco. El cargo le habría permitido volver a París dos veces al año, y el Poeta llegó a creer que era una excelente solución para él, pero escasamente le alcanzaron las fuerzas para asistir a la sesión de la Unesco en que se votó a favor suyo y para recibir las felicitaciones de los delegados, en su mayoría del Tercer Mundo, felicitaciones acompañadas de floridos e interminables elogios y de apretones de mano que parecía que iban a descalabrarlo.

Matilde fue siempre una eximia organizadora y dueña de casa, pero en esos meses finales de 1972 comprendió que su prioridad máxima y excluyente era atender a la salud de Pablo. El Poeta, en su vasta habitación, se sentaba y miraba con un telescopio, el más reciente de sus juguetes, la cúpula dorada de los Inválidos. «No me gustan nada los dorados», me dijo una tarde, «pero te confieso que he llegado a enamorarme de esta cúpula, con sus curvaturas, sus relieves, sus adornos...», y se quedaba pensativo, sumido en una ensoñación que uno sólo podía adivinar.

Entré un día después del almuerzo al salón, que hacía tiempo que permanecía más o menos desocupado, y encontré unos pedazos y unas migas añejas de galleta en la alfombra. Me pareció el síntoma de un deterioro insidioso, invasor, y fui a la cocina para dar órdenes perentorias de que limpiaran. Nunca me he olvidado, sin embargo, de esas migas endurecidas en la alfombra, que se me quedaron clavadas, atragantadas, por así decirlo, y que pasaron a formar, junto con los adornos de la cúpula de los Inválidos, con un abridor de botellas en forma de pescado que encontré tirado en el alféizar de una ventana, objeto nerudiano inconfundible y que todavía conservo, y con muchas otras cosas, una constelación crepuscular, capaz de suscitar esas enumeraciones sombrías, lúgubres, que el Poeta practicaba, con el más notable de los dominios, en sus grandes tiempos.

Mis últimas memorias de Pablo en París son esas migas, ese abridor en forma de pescado, esa contemplación del Dôme de Mansart con un telescopio de juguete o casi de juguete. Unos meses antes, recuerdo momentos de alegría en un café de Saint-Germain-des-Prés, de noche, en el que sería el último de sus inviernos europeos: el Poeta desmenuzaba los pétalos de unas flores colocadas como centro de mesa y se los pegaba con solemnidad oriental en la frente espaciosa. Había con nosotros dos chilenas elegantes, atractivas, mundanas. Una de ellas era Marta Montt, que había alcanzado a conocer, muy de niña, el ritual de los recitales de Neruda en discos de setenta y tantas revoluciones, tocados con agujas de cactus, en una terraza zapallarina. A Pablo le encantaba escuchar y contar historias de chilenas en París, historias que habían adquirido un sabor antiguo, legendario. Decía que una vez había estado en una fiesta en que había tres chilenas, reunidas por un simple azar, que habían asesinado a sus respectivos maridos o amantes. Convenía, según él, cambiar el refrán *cherchez la femme*, por *cherchez la Chilienne*, y pronunciaba *Chilienne* con fruición, con regocijo, arrastrando las palabras. Martita, que nunca en su vida, desde luego, ha asesinado a una mosca, recuerda que el Embajador Poeta, a la salida de ese café, con el mayor desparpajo, se puso a hacer pipí contra un árbol, sobre la nieve fresca, detalle que a ella la asombró y la divirtió y que a mí, ahora, me hace pensar en un ciclo de meadas iniciado en una mañana asoleada y lejana, frente a las olas de Isla Negra, y cerrado en esa noche de nevazón parisina.

Como ya lo he dicho, las cartas que recibí después de su regreso reflejaban, contra toda lógica, un ánimo muy diferente del que yo había notado en las vísperas y en los primeros tiempos de la Unidad Popular, cuando las cosas, paradójicamente, no habían llegado todavía a extremos graves. Parecía que el Poeta, frente a las evidencias de un deterioro que encontraba una réplica, una sorprendente simetría, en el de su cuerpo, reunía todas sus reservas de ánimo, en una lucha a brazo partido por la vida. Sus cartas hablaban de una costa formidable, que ofrecía todos sus dones, incluyendo los frutos del mar y de los valles vecinos —erizos, congrios, corvinas, quesos mantecosos, chirimoyas, naranjas—, puesto que la cacareada escasez, el mercado negro pregonado por los enemigos del gobierno, eran una deformación o una invención capitalinas. Y agregaban, esas cartas de la Isla, que los momios, los reaccionarios de todo pelaje, andaban nerviosos, asustados como «caballos de circo frente al tigre popular», versión de la situación marcada por un optimismo y un voluntarismo que quizás eran contagiosos en Chile, pero que en él no habían predominado antes. ¿Era el efecto de su contacto directo con el ambiente chileno, y sentía él, de algún modo, que yo podía «flaquear», y que era conveniente darme refuerzos ideológicos y psicológicos, mantenerme alineado en la buena causa?

Eran los mismos días en que yo, en lugar de aceptar el traslado a Copenhague, pedía un permiso sin sueldo y decidía entregar el manuscrito de *Persona non grata* para su publicación. Es decir, los días en que resolví quemar mis naves, sin posible retorno. Al Poeta no le dije una palabra, y pensé que se me acercaría, después de la aparición del libro, cuando los hechos estuvieran consumados, y me diría, como en ese encuentro de 1953 en la Galería Imperio, que a lo mejor mi texto tenía una parte de razón, pero que había escogido mal, debido a mi recalcitrante falta de experiencia política, la oportunidad para publicarlo. Yo estaba dispuesto a admitir, en ese caso, que todo había sido, en efecto, el fruto de mi inexperiencia, pero ya no me sentiría avergonzado ni menos arrepentido, como me había sentido hasta cierto punto hacía veinte años en esa Galería. Era un paso más en el complicado proceso de curación de la mala conciencia. Tenía que asumir mis opciones sin complejos, sin sumisiones ideológicas, con libertad de espíritu. Por lo demás, en *Los convidados de piedra*, cuyos primeros borradores ya estaban escritos, trataría de dar mi versión novelesca del tema de la mala conciencia y del espíritu revolucionario, basado en la experiencia del Chile de mi generación, una experiencia que había desembocado en el allendismo y que culminaría más tarde en lo que ya me parecía su secuela inevitable: el golpe de Estado.

Después conocería, por Matilde y por algunas otras personas, la historia de Pablo durante ese 11 de septiembre de 1973 y durante los doce días que siguieron, hasta su muerte, ocurrida el domingo 23 de ese mes. En la madrugada del martes 11, el médico le dijo por el teléfono a Matilde que debía evitar a toda costa que Pablo conociera las noticias. Si su cuerpo soltaba esas temibles adrenalinas (palabra que le escuché a Matilde en diversas ocasiones), cosa que iba a sucederle si se desmoralizaba, el proceso del cáncer se aceleraría.

El consejo del médico era perfectamente irreal, como suelen ser los consejos de los médicos. El galeno se imaginaba, quizás, de acuerdo con el Diccionario de las Ideas Recibidas, a un poeta distraído, ensimismado, en las nubes, pero ocurría que Neruda, aunque se distraía y se ensimismaba con alguna frecuencia, era el reverso casi exacto de esa noción. Vivía escuchando noticiarios radiofónicos, leyendo periódicos, mirando programas de actualidad en la televisión. Le gustaba la conversación informativa a todos los niveles, desde saber quién andaba en amores con quién, hasta escuchar los rumores sobre quién sería ministro de tal o de cual cartera. En esos días de crisis política inminente, se pasaba, según Matilde, con la radio a pilas pegada a la oreja, con los ojos clavados en la pantalla del televisor. El día del golpe conservó su buen ánimo, pese a su gran preocupación, hasta el momento en que conoció la noticia de la muerte de Salvador Allende. Entonces, contaba Matilde, y sólo entonces, su moral se vino al suelo y su salud empezó a deteriorarse en forma rápida y visible.

Tres días después, una mañana, le dictaba a Matilde las páginas finales de sus memorias, las que se refieren al golpe, al bombardeo de La Moneda y a la muerte y el entierro en secreto del presidente Allende. Son páginas apasionadas, rápidas, nerviosas, duramente acusatorias para los aviadores y los soldados que participaron en las operaciones. Cuando se publicó el libro en España, el régimen chileno impidió su entrada en Chile y se encargó, simultáneamente, de difundir el rumor de que esas páginas finales eran apócrifas. La popularidad del Poeta en Chile, que muy temprano, mucho antes del golpe de Estado, adquirió los caracteres de un culto y de un mito, y su prestigio internacional, su Premio Nobel de Literatura, emparejado con el de Gabriela Mistral, hacían que todo lo relacionado con Neruda se convirtiera en un problema espinoso para el gobierno de Pinochet. Sostener que esas páginas, que tendrían que haber sido escritas, para ser auténticas, a muy pocos días de su muerte, habían sido inventadas con fines políticos, manipuladas por manos ajenas, era el recurso más fácil. La propaganda del pinochetismo, como la de cualquier dictadura, abusó siempre de la facilidad, del simplismo, y se arropó con la idea de que toda crítica era «un ataque a Chile».

Años después, Matilde me contó en detalle el episodio del dictado de ese último capítulo. Pablo, desde su cama, miraba, por encima del cerco de palo de su casa, cerco que ahora está lleno de las inscripciones de sus fieles, de sus peregrinos, la playa y el mar de Isla Negra, mientras Matilde, a su lado, en hojas sueltas, escribía lo que él le dictaba. De pronto, esa playa se vio rodeada de soldados con ametralladoras que apuntaban hacia sus ventanas. Era un allanamiento, y se practicaba con el despliegue y la desproporción de fuerzas militares típicos de esos días y que constituían el punto esencial, justamente, del texto que estaba dictando el Poeta: «entraron en acción los tanques, muchos tanques, a luchar intrépidamente contra un solo hombre, el presidente de la República de Chile, Salvador Allende...». Aquí, en Isla Negra, entraba en acción todo un destacamento del Ejército, armado hasta los dientes, para controlar la casa de un poeta gravemente enfermo y de su esposa.

De todos modos, contaba Matilde, el capitán que comandaba el grupo actuó, a pesar de sus posibles instrucciones en contra, con cierta deferencia. Sabemos ahora que en esos días, cuando un oficial de Ejército se comportaba así, con un mínimo de humanidad, sin extremar el celo en la represión, se hacía sospechoso, y que algunos, incluso, fueron torturados y destituidos por este motivo, todo lo cual hace más meritoria la conducta de ese capitán. El hombre se presentó, saludó a «don Pablo», dijo que tenía órdenes de practicar un allanamiento y ofreció, para causar menos molestias, comenzar por el resto de la casa. «Al contrario», le dijo el Poeta, con la voz fatigada que podemos imaginar. «Comience por aquí, y así nosotros después nos quedaremos tranquilos.» Matilde había tenido tiempo de esconder las hojas del dictado entre las páginas de unas revistas amontonadas en una bandeja artesanal de Chiloé, colocada al pie de la cama. El capitán, claro está, no buscaba literatura; el capitán registraba la habitación en busca de armas o de guerrilleros escondidos entre la ropa colgada, y Pablo le dijo, entonces:

—Busque, nomás, capitán. Aquí hay una sola cosa peligrosa para ustedes.

El oficial dio un salto.

—¿Qué cosa? —preguntó, alarmado, llevándose una mano, quizás, a la funda de su pistola.

—¡La poesía! —dijo el Poeta, y suponemos que el oficial, aliviado, se encogió de hombros y pensó que se trataba de una broma de esos pájaros raros que son los escritores. Años más tarde, cuando yo ya estaba de regreso en Chile, conté la anécdota en una columna del diario *La Tercera*, en vísperas del plebiscito que iba a consagrar la Constitución pinochetista de 1980, y los duendes de la imprenta cambiaron la frase del Poeta, que yo había utilizado como título de mi crónica, por: «La policía es peligrosa». Ese título, en esos días, implicaba en verdad algún peligro, lo cual me hizo suponer que la «errata» no había sido tan inocente y me llevó, en definitiva, a dejar de escribir en ese periódico.

A la semana siguiente, Pablo había empeorado. Matilde, por indicaciones del médico, tuvo que pedir una ambulancia y trasladarlo a la clínica Santa María de Santiago. La ambulancia fue detenida por lo menos en dos ocasiones por piquetes de soldados en el camino y revisada minuciosamente. Lo que habían previsto los médicos, el efecto que tendría la desmoralización sobre el estado general de salud del Poeta, se cumplía de un modo dramático. Ya el país tonificante de sus cartas de comienzos de ese año, el de la lucha tranquila, el de los caballos de circo asustados, se había convertido en humo, humo ilusorio. En cambio, la visión pesimista y premonitoria de los comienzos del proceso, la de la hora del desayuno en mi casa de Lima, la de «lo veo todo negro», se confirmaba hasta las más amargas consecuencias.

El testimonio más cercano al final lo recibí de Nemesio Antúnez, el pintor. Nemesio visitó a Neruda en la clínica Santa María el día sábado 22 de septiembre en la mañana, menos de veinticuatro horas antes de su muerte. El Poeta estaba cansado, afiebrado, adolorido, pero perfectamente lúcido. Le dijo a Nemesio que no había que hacerse ilusiones: él veía el fenómeno de la dictadura militar para muy largo tiempo. «Estos milicos», dijo, «actúan ahora con gran brutalidad, pero después van a tratar de hacerse populares, de mostrarse bonachones. Van a darles besos a los niños y a los ancianos en las plazas públicas, delante de la televisión. Van a repartir casitas, canastos con golosinas, medallas. Y se van a quedar por muchos años.» Las palabras del Poeta, dichas a menos de dos semanas del golpe y sólo a horas de distancia de su muerte, fueron durante largos dieciséis años, dieciséis años que a veces parecieron interminables, una profecía perfecta de lo que veríamos después: el general Pinochet entregando un grifo de agua potable o unos títulos de propiedad a un grupo de campesinos, entre mujeres, niños, ancianos y algunos adultos que aplauden y agitan banderitas, o la Primera Dama, eternamente sonriente, presidiendo un desayuno escolar o un reparto de regalos de Navidad en algún sitio inverosímil, entre niños felices y señoras en uniformes de color rosa o manzana.

«Se quedarán durante mucho tiempo», prosiguió el Poeta, «y en el ambiente de la cultura, del arte, de la televisión, en todo, predominará la mediocridad más completa. Yo ya he tomado mi decisión: irme a México, y a ti también te recomiendo salir. La atmósfera chilena se va a volver irrespirable para nosotros.» El Poeta profeta veía el futuro del país con claridad, pero se engañaba, o trataba de engañarse, con respecto a sí mismo. Ese sábado en la tarde entró en coma y murió en las primeras horas del domingo. Su deseo había sido el de ser enterrado en Isla Negra, pero la casa de Isla Negra, inscrita en los registros de la propiedad a nombre de una empresa inmobiliaria del Partido Comunista, había sido confiscada después del 11 (y sólo ha sido devuelta a la Fundación Pablo Neruda a fines de 1988). Fue enterrado provisionalmente en la tumba de una familia conocida de Matilde, familia que nunca se sintió cómoda en la compañía de ese muerto demasiado famoso y subversivo, y después fue trasladado, con un curioso simbolismo proporcionado por el simple azar, a un nicho situado en la calle México del Cementerio General de Santiago de Chile. Es un nicho muy modesto, donde todavía, en el momento en que escribo estas líneas, reposa junto a Matilde Urrutia, frente al mar de las cruces populares del barrio más pobre del camposanto. Si uno camina desde allí hasta la entrada principal, los sectores suben paulatinamente de categoría, ya que las jerarquías de la ciudad de los vivos se reproducen en esta otra ciudad de un modo que parece matemático. Empiezan a presentarse tumbas neoclásicas, llenas de ángeles anunciadores, vitrales, sudarios, ánforas, ornamentaciones de mármol. Uno tiene la impresión de que el Poeta no habría podido conseguir un verdadero descanso en esos monumentos recargados, como no podía descansar, tampoco, en «el Mausoleo» de la avenida de la Motte-Picquet, y de que el nicho de la calle México es un exilio adecuado, un exilio y a la vez un regreso a la simplicidad de sus comienzos. Por encima y más allá del fragor, de la lucha, de la confusión contemporánea, el Poeta, como sus grandes antecesores del Romanticismo, había tratado de conservar, a pesar de todo, con su componente profundo de misterio, la mirada de la infancia, irremisiblemente perdida, y a lo mejor recuperada en la muerte. Por eso, en «El niño perdido», de *Memorial de Isla Negra*, escribía:

...y a veces recordamos
al que vivió en nosotros
y le pedimos algo, tal vez que nos recuerde,
que sepa por lo menos que fuimos él, que hablamos
con su lengua,
pero desde las horas consumidas
aquél nos mira y no nos reconoce...

La estatua y la persona

El cable internacional difundió la noticia del saqueo de la casa del cerro San Cristóbal, la Chascona, que en un comienzo había sido el escenario secreto de sus amores con Matilde. Las memorias de Matilde, *Mi vida junto a Pablo Neruda*, relatan la muerte del Poeta, su entierro, y todo lo que le sucedió a ella y a esa casa en los días que siguieron. Lo relatan sin mayores argucias literarias, pero con intensidad, con fuerza, con una impresionante acumulación de datos y detalles.

Angélica, mi hermana, que estaba en Chile y que asistió a todo eso, me escribió sobre las salas inundadas, sobre los cuadros rotos con punzones y sobre el ataúd colocado en el salón de la parte de arriba de la casa, sobre el crujido de los vidrios rotos, molidos, cuando la gente se acercaba a mirar la cara del difunto o a saludar a su viuda.

También recibí testimonios diversos sobre el entierro, que fue uno de los episodios más impresionantes y conmovedores de esos primeros días, la primera manifestación vigorosa, a sólo dos semanas del golpe militar, de lo que podría ser la oposición a la dictadura. Neruda se convertía rápidamente en símbolo, y el Partido Comunista, o lo que había logrado sobrevivir en Chile del Partido Comunista, trataba de monopolizarlo. Se podría ver desde esos días que la manipulación política del Poeta, provocadora de un permanente malentendido, de una contradicción entre el hombre de la visión poética y el hombre del compromiso, de la disciplina partidaria, iba a continuar después de su muerte en escala todavía mayor, protegida, ahora, por su definitivo silencio.

Una de las versiones de su entierro me llegó, curiosamente, del lado más conservador que uno habría podido imaginarse, del lado de Hernán Díaz Arrieta, Alone, el eterno crítico dominical de *El Mercurio*, que se había convertido en sus últimos años en un incesante fustigador de nuestra izquierda no sólo literaria, sino también política. Recibí el testimonio, precisamente, durante el funeral suyo, algunos años después, y por boca de una amiga que lo había acompañado al del Poeta. Hernán Díaz, en el mundo literario chileno de comienzos de siglo, fue uno de los primeros en reconocer el genio poético del joven Neftalí Ricardo Reyes, que ya había empezado a firmar como Pablo Neruda. Se sabe que le prestó quinientos pesos de entonces para que pudiera financiar la publicación de *Crepusculario*, su primer libro. Se respetaron y fueron amigos siempre, a pesar de que no dejaban de propinarse algún arañazo o picotazo periodístico. Para definir al beligerante Alone de la década del sesenta, Pablo utilizó una expresión que venía del parlamentarismo español de épocas anteriores a Franco: «Insigne escritor y extravagante ciudadano».

Pues bien, la amiga común a la que me he referido antes me contó que Alone supo la noticia de la muerte de Neruda y partió de inmediato a visitar a Matilde. Entró a la casa del costado del cerro San Cristóbal llorando, detalle que Matilde me confirmó. Al día siguiente, acompañado por la misma amiga, partió al entierro. Cerca de la tumba, ese mausoleo prestado en los comienzos por una familia burguesa, los miembros de las Juventudes Comunistas, que estaban rodeados de soldados con ametralladoras, levantaron los puños y rompieron a cantar la Internacional. «Hasta aquí no más llego», dijo, con tranquilidad, Hernán Díaz, que quizás, después de todo, no era un ciudadano tan extravagante como creía o pretendía creer el Poeta, y regresó a su casa de una de las orillas del Parque O'Higgins.

Mi historia de Neruda después de Neruda podría tener una continuación interminable. He contado en otra parte, en un prólogo reciente, la invitación de los comunistas de

Pavía a dar una conferencia sobre él, invitación que al saber que yo era autor de *Persona non grata* no fue cancelada, pero sí reducida a su más mínima expresión, hipócritamente, argumentando, para colmo, que la fecha coincidía con el aniversario de San Francisco de Asís.

Umberto Eco llegó a las oficinas de Enrico Filippini, el entonces director literario de la editorial Bompiani, editora de la traducción italiana, que había recibido el encargo de los de Pavía, y se rió a carcajadas al conocer el pretexto franciscano esgrimido por ellos para reducir mi tribuna a las dimensiones de una sala de clase de quince asientos, pero no hizo el menor amago, desde luego, de meterse en complicaciones a causa de un libro que se revelaba como francamente conflictivo. El Poeta, postrado en su lecho de enfermo y con su lápiz rojo en ristre, había sabido muy bien de qué hablaba cuando me había dicho, a fines de 1972, que aún no había llegado el momento de publicar el libro, que él mismo me había animado antes a escribir, y cuando me había ofrecido subrayar las partes más peliagudas. ¿Podía llegar algún día ese momento, me preguntaba yo, y hasta dónde abarcaría ese subrayado? Pensé entonces que era mejor «hacerse el leso» y no entregarle el manuscrito, y pienso hoy día, dieciocho años más tarde, que no me equivoqué. Esa lectura, en la que él asumía sin darse cuenta el papel de censor, censor público, le habría planteado dilemas y problemas que ya se le planteaban en otros casos, en otros contextos, y que él, en lo que le quedaba de vida, ya no podría resolver. Por algo, en la alusión a mi «caso» que hace en sus memorias, en el capítulo sobre la embajada en París de *Confieso que he vivido*, dice: «Mi flamante consejero llegó de Cuba muy nervioso y me refirió su historia. Tuve la impresión de que la razón la tenían los dos lados, y ninguno de ellos, como a veces pasa en la vida». Como se puede apreciar, un juicio salomónico. De todos modos, dejaba constancia en las líneas que seguían de que fui, en su embajada, un funcionario «políticamente impecable», lo cual, desde el punto de vista cubano y del castrismo difuso y universal de aquellos tiempos, no dejaba de ser una defensa mía clara y perfectamente heterodoxa.

Después de mi regreso a Chile, a fines del año 78, Matilde me pidió que la ayudara a seleccionar los mejores textos no recogidos en libros de la adolescencia y la extrema juventud del Poeta, textos anteriores, en muchos casos, a la aparición de su célebre seudónimo, que pronto había ocultado casi por completo su nombre civil. Cuando nos encontrábamos en pleno trabajo de selección, Matilde encontró una pequeña fotografía, unos seis centímetros de alto por cuatro de ancho, de Rosa Neftalí Basoalto Opazo, la madre del Poeta. Esa fotografía tenía una historia. En la década del sesenta, una anciana que vivía en el barrio bajo de Santiago había llamado por teléfono, había contado que había sido amiga de Rosa Neftalí Basoalto y que al saber, por alguna entrevista de prensa, que Neruda nunca había visto imagen alguna de su madre, muerta poco después de su nacimiento, había resuelto regalarle esa foto. En la imagen se veía a una mujer más bien alta, delgada, de mirada, nariz y óvalo del rostro extremadamente parecidos a los del joven Neruda, el de las fotografías clásicas, en tonos sepia, de Georges Sauré, las mismas que él me había mostrado, ¡para darme pruebas de su flacura comparable a la mía!, en nuestro primer encuentro en Los Guindos. El de Rosa Neftalí era un rostro tranquilo, pensativo, fino, de persona cultivada, y eso coincidía con el hecho de que ejerciera, en el remoto sur de aquellos años, la profesión de maestra. Neruda, después de visitar a la anciana y de regreso en su casa, contempló la fotografía de su madre largamente, y esa noche, sin saber cómo, la extravió. Es probable que la foto lo haya llevado a evocar y a buscar papeles de su infancia, y que se haya perdido entre esos papeles, donde Matilde fue a descubrirla alrededor de veinte años más tarde.

Se me ocurrió el título del libro a propósito de un poema que describía la poesía como «un río invisible» que circulaba por las venas del Poeta: la primera de las artes poéticas de un autor que reincidiría a cada paso, en verso y en prosa, en el tema. Aparte de eso, el título y la foto tenían, para mí, más de algo en común. Siempre tuve la impresión de que el Poeta, a pesar de que parecía una figura gigantesca y aislada, sobre todo para el gran público, se había alimentado de una tradición literaria que estaba, en realidad, bastante arraigada en la vida chilena. En una conferencia de los años cincuenta, le había escuchado contar que iba, de niño, a instalarse debajo de un árbol, junto a una acequia rumorosa, y que allí leía a toda clase de poetas, sin discriminar demasiado: Daniel de la Vega y Augusto Winter, Manuel Magallanes Moure y Pedro Prado, Lamartine y Victor Hugo, Rubén Darío y Julio Herrera y Reissig. Todos ellos aportaban algo a la corriente de su propia poesía, que podía compararse con el agua de esa acequia, que pasaba sin descanso, con su transparencia y sus materiales de aluvión, y que no cesaba de cantar nunca.

¡El río invisible, en buenas cuentas!, y la mirada de Rosa Neftalí Basoalto revelaba que ella también había sabido contemplarlo. La corriente podía remontarse en la historia hasta *La Araucana*, de Alonso de Ercilla, puesto que Chile fue el único país de América que inspiró, en los años de la Conquista, un gran poema fundacional, y ese poema, a su vez, con sus mitologías y sus octavas reales, implicaba toda la tradición lírica de Occidente, desde sus orígenes griegos y latinos, y podía prolongarse, en el presente, hasta los poetas más jóvenes, que a menudo asumían, sin embargo, actitudes parricidas, y se negaban a aceptar su propia herencia.

El culto póstumo a Pablo Neruda, sin duda exacerbado por el clima del Chile dictatorial, tuvo con excesiva frecuencia los rasgos antipáticos, excluyentes, en definitiva anticulturales, de cualquier culto a la personalidad. Entre la auténtica poesía de Neruda y ese culto rígido, retórico, que ha tendido a reemplazar al hombre de carne y hueso por una estatua, un símbolo petrificado, ha existido en los últimos años, me parece, una muy notoria contradicción. A mediados de 1988 se organizó en Chile un congreso llamado «Chile crea», encuentro en que esa retórica y esa actitud

manipuladora y partidista eran bastante visibles. No falta-
ron los típicos homenajes nerudianos de carácter populista,
poético-político, subrayados por abundante rasgueo de gui-
tarras, arengas, globos de colores, y pinturas en los muros
del callejón donde está la Chascona, la casa del cerro San
Cristóbal, pinturas hechas con más entusiasmo que maestría por los sucesores actuales de las Brigadas Ramona Parra,
discípulos remotos y muy inferiores, desde luego, en su calidad artística, de los muralistas mexicanos.

En esos mismos días, el poeta Enrique Lihn murió de
una muerte prematura, triste, en circunstancias tristes, y sus
funerales se efectuaron sin pompa, pero con una asistencia
nutrida y conmovida, en el Parque del Recuerdo. Yo sentí
que el río de nuestra poesía, el río invisible, pasaba en ese
momento por ahí, por ese funeral, donde se habían reunido poetas viejos y muy jóvenes, críticos, novelistas, pintores, amigos de la generación del cincuenta, y de un poco
antes, y de mucho más tarde, y no por esos homenajes ex-
ternos, rituales y, en el fondo, superficiales, que se le tribu-
taban en las cercanías de la Chascona al Neruda estatuario.
Sentí que Lihn y Neruda, a quienes había tratado de re-
conciliar en vida, sin el menor éxito, se reconciliaban ahora,
incluso a pesar de ellos mismos, en la muerte, situación que
aquellos homenajes bulliciosos de alguna manera ocultaban.

Escribí sobre esto en una columna de prensa, y algunos
pensaron que mi texto cumplía una función curiosamente
saludable, que introducía, en nuestro clima notoriamente vi-
ciado, una corriente de aire fresco, precursora, quizás, de
los aires de libertad que llegarían un par de años más tarde,
aires que suponían, también, la diversidad, el pluralismo de
la poesía, en este país de poetas; pero otros, instalados en
sus adustos recintos, me recibieron con caras serias y me
reconvinieron. «No saben lo que es un escritor», solía decir
Pablo, y Matilde, a propósito de mi conflicto con las autoridades cubanas, repitió esa frase en más de una ocasión,
frase que es eminentemente aplicable, sin duda, a la relación del creador literario con cualquier Academia, Partido,

Fundación, Institución, cualquiera que sea su nombre y su propósito declarado.

Entretanto, por encima de todos los avatares, veo al Poeta que baja de su estatua, solitario, que se instala en la proa de un barco de rueda, durante la navegación por un río de la antigua Araucanía, como en uno de los poemas iniciales de *Memorial*, y contempla con ojos muy abiertos la vastedad, la variedad, la belleza del mundo:

> Embriaguez de los ríos,
> márgenes de espesuras y fragancias,
> súbitas piedras, árboles quemados...

El Poeta, que entonces era niño, y que todavía no necesitaba invocar, por consiguiente, al «niño perdido», se aprestaba a celebrar su «pacto con la tierra»; se aprestaba a tomar esa «residencia en la tierra», y, añadiría yo, en el lenguaje, que nunca, a pesar de sus ocasionales desmentidos, abandonaría.

Santiago, mayo de 1990

313

Indice onomástico

Al ser Jorge Edwards y Pablo Neruda los protagonistas de estas memorias, no se incluyen sus nombres en este índice.

Biografías, autobiografías y memorias en colección Andanzas

parallelos con el mundo intellectual en
Francia - (comunismo, grupo muy interna
cional.
 Solo unos de esos intelectuales rechaza
varon el comunismo. otros (NO) Sartre,
Simone de Beauvoir -
 Neruda Sí

Edwards ↑ → comunismo //
Neruda ↓ → o —